中國學術思想 研究輯刊

十八編

林慶彰 主編

第 14 冊

山川地理與南學北學：
從章劉之爭看皖派考據學的經典化

張徐芳 著

馬浮研究

劉又銘 著

花木蘭文化出版社

國家圖書館出版品預行編目資料

山川地理與南學北學：從章劉之爭看皖派考據學的經典化 張
徐芳 著／馬浮研究 劉又銘 著 — 初版 — 新北市：花木蘭文
化出版社，2014〔民 103〕
目 2+90 面＋序 6+ 目 4+146 面：19×26 公分
（中國學術思想研究輯刊 十八編：第 14 冊）
ISBN：978-986-322-685-7（精裝）
1. 章炳麟 2. 劉師培 3. 馬浮 4. 考據學 5. 儒學
030.8 103001982

ISBN-978-986-322-685-7

9 789863 226857

中國學術思想研究輯刊
十八編 第十四冊 ISBN：978-986-322-685-7

山川地理與南學北學：
從章劉之爭看皖派考據學的經典化
馬浮研究

作 者	張徐芳／劉又銘
主 編	林慶彰
總 編 輯	杜潔祥
副總編輯	楊嘉樂
編 輯	許郁翎
出 版	花木蘭文化出版社
社 長	高小娟
聯絡地址	235 新北市中和區中安街七二號十三樓
	電話：02-2923-1455 ／傳真：02-2923-1452
網 址	http://www.huamulan.tw 信箱 hml 810518@gmail.com
印 刷	普羅文化出版廣告事業
封面設計	劉開工作室
初 版	2014 年 3 月
定 價	十八編 16 冊（精裝）新台幣 28,000 元

山川地理與南學北學：
從章劉之爭看皖派考據學的經典化

張徐芳　著

作者簡介

張徐芳，女，1974 年生，江蘇江陰人。2006 年畢業於南京大學中文系中國古代文學專業，獲文學博士學位。曾在南京曉莊學院人文學院任教。2008 年至今，在廈門大學圖書館工作，現爲特藏部館員。發表論文有《「義法」之法——兼論姚鼐論文的方法》等，譯有《人間詞話》（漢英對照之今譯）。

提　　要

　　章太炎、劉師培共同信奉立足種姓的「國粹」。《左傳》是維繫中華文明往古迄漢「不絕如線」的紐帶，對《左傳》的興趣是章、劉交誼的學術基礎。章、劉交往伊始即展開廣泛的學術論爭。雙方分歧源自思想領域。劉師培背棄革命最終導致雙方絕交。

　　從結撰《訄書》起，章太炎開始大力關注「文辭」，在文體上實現了由秦漢文向魏晉文的突破，並發現了六朝「精辨」文的價值。

　　章太炎的「文學」建立在小學基礎上。「故訓求是之文」被推爲「文辭」的極致，「持理議禮」是其文章理想，皖南學派的樸質之文受其推崇。

　　根據「質言」的文辭觀，章太炎完成區分吳、皖，揚州學術因文辭遭貶抑。針對章氏敘述，劉師培積極調動揚州學術資源，運用「自然地理」與「人文地理」的兩種視角，構建起南北學術統系：江南徽州被納入北學系統，以戴震爲代表的皖南學派因而獨立於桐城文風彌漫的江淮地區；因「文辭」受章太炎批評的揚州學術被劉師培單獨拈出，續上皖南的學脈，在其整體稱揚北學的思路下揚州地位得以提升。

　　章、劉通過對「文辭」的避讓，共同推尊皖南。這一傾向在二十世紀初開始的清學史敘述中不斷重複，皖南學派的中心地位得以確立。

目次

緒　論

　　章太炎與劉師培曾是推心置腹的學術知己，後因捲入種種是非，交往中斷。章氏一度有意修好，但因「形格勢禁」終歸無效。〔註1〕其積極、友好的態度在致劉師培的信中有充分體現，個中最打動人心的是太炎先生對昔日切磋學藝的美好時光的懷戀：「疇昔坐談，蓋嘗勤攻君過，時有神悟，則推心歸美。此蓋佣友善道之常，而君豈忘之耶？」〔註2〕可見當日推心置腹之誼與往復論難的「契洽」。章、劉二位爭論學術的往事不僅限於書齋內的口頭討論，也形諸文字。二位分別留存於世的《劉申叔先生遺書》、《章氏叢書》即為明證。比參二書，「勤攻君過」與「推心歸美」的印迹斑斑可考。

　　章、劉論爭的重要方面是對揚州學術的評價。章太炎不太肯定揚州，其意見牽涉到對清學派別的總體把握。章氏綜論清學史面貌的《清儒》以吳、皖二派該括分理。吳派親近文辭，頗受訾議；皖派則因主張其所推崇的樸質文風受到稱讚。在此基礎上，其他各派均藉由近吳或近皖論定高下。文辭是章太炎衡量清學派別的重要尺度。按照這一思路，主張文辭的核心力量——桐城派及揚州駢文派理所當然地處於批評中心。揚州還是清代考據學的重鎮，在《清儒》的敘述框架下，其出色的考據成果幾乎因「文辭」的牽連而被一筆勾銷。這對立志光大揚州學術的劉師培來說顯然是不能接受的。他將怎樣處理？

〔註1〕　參《劉申叔先生遺書》（《劉師培全集》，中共中央黨校出版社 1997 年影印本）
　　　　卷首附《章太炎黃季剛二君關於劉申叔君之文十首》錢玄同題下按語。

〔註2〕　《章太炎全集》（上海人民出版社 1982～1986 年版）（四）頁 157《再與劉光
　　　　漢書》。按，此信收入《劉申叔先生遺書》卷首附《章太炎黃季剛二君關於劉
　　　　申叔君之文十首》時，題作「與劉光漢書七」，繫於「前三年（1909）己酉」。

「文辭」是章太炎從事《訄書》結撰以來傾力關注的中心。通過刪革《訄書》，章太炎開始了由秦漢文向魏晉文邁進的文體探索，並形成了全新的文辭觀。期間經歷了怎樣的過程？

章太炎的「文學」建立在小學的基礎上，小學與名學的目標存在某種一致，這與其紮根於名學的文章理想有何關聯？

章太炎是名重一時的革命領袖，是革命新人劉師培的尊崇對象。當革命處於低潮，雙方表現如何影響了曾經建立的革命友誼，章太炎是如何挽救的，劉師培對於章太炎究竟具有怎樣的意義？

以上問題均值得追問。

對於像章太炎、劉師培這樣才銳學豐、思深意遠的人物，通觀總體然後作高屋建瓴的把握，無疑是實現研究目的的最切實有效的途徑。然而目前對我來說卻幾乎是妄想。為擺脫研究的窘境，本書則嘗試另一種可能的辦法。

在一篇關於傅斯年的論學文章中，陳平原先生述及民初北大文科的基本風貌，引錄了錢玄同對顧頡剛的一段教誨：

> 我們今天，該用古文家的話來批評今文家，又該用今文家的話來批評古文家，把他們的假面目一齊撕破，方好顯露出他們的真相。《聊齋誌異》上記着一段故事，說有一個桑生，先後接納了兩個奔女，不久蓮香指李女為鬼，李女指蓮香為狐；桑生初疑她們是嫉妬性的攻擊，但經歷了長時期的考驗，就證明了蓮香果真是狐，李女果真是鬼。我們今天，正該從今、古文兩派的相互指摘之下接受他們雙方的結論。〔註3〕

錢玄同談狐說鬼的目的，意在增加話語的形象性。但以撕破假面目比擬今古文的觝牾，顯然言之過火，帶有凌越今古文的偏見和意氣。不過，汰去當局者的此層臆見，錢玄同的說法仍具有相當的合理性。陳平原先生評價道：

> 單從互相撕破假面目這一角度看，錢說是站得住腳的。而且，如此讀書，不失為一種取巧的辦法。因為，沒有比論敵更熱心於鑽研對方著作並發掘謬誤的了。民初北大文科學生，很可能正是從解讀經今、古文論戰中，獲得獨立思考的空間，並培養某種程度的懷疑精神。〔註4〕

〔註3〕顧頡剛《秦漢的方士與儒生》（顧頡剛著，上海人民出版社1957年版）序。
〔註4〕陳平原《失落在異邦的「國故」》，《讀書》2002年第6期。

可以相信，傅斯年日後在語言歷史上的獨立思考就應該得益於這一閱讀氛圍。

　　錢玄同教導的這種「借今、古文的縫隙，凸顯自家的學術思考」〔註5〕的方法，為我的觀察角度提供了有力參照，「取巧」則不敢。

　　章、劉彼此都深知對方學問的得心應手處，各自學力也足以洞察對方的罅漏和縫隙。憑藉二位犀利的目光試著去增加自身鏡片的清晰度，使我不期然獲得了些許自信。

　　視角的更新當然不足以保證研究的可信度。為此，文中的論證每推進一步必然都伴隨著一個笨拙的計較。爬梳分理，從傳統的譜錄，到近現代興起的表格的運用，意在通過一系列事象的對比、排列，盡可能做到對事情本來面目的忠實。然而，晚近紛雜的社會現實，當事人陳述時的閃爍其辭，以及事後追憶的不盡可靠，等等，種種因素的摻雜，都給事實的清理增加了難度。對此，文中將盡量小心翼翼地抽絲剝繭；同時，考慮到易代之際士人心境的特殊性，也將盡可能予以同情的理解。

　　本書採用文本細讀的方式，嘗試挖掘某些常見文獻的深層涵義，以加強現有資源的充分利用。閱讀過程中，一再提醒自己保持高度的警惕，恐怕仍躲不過隨處而在的文字陷阱；文中將盡量提高解釋的有效性，以免濫用之嫌。為使行文不致過於拘謹，敘述時適當採取變通，注意調整語氣和方式。

　　文中每一個結論雖然都幾經斟酌，但始終不敢存有絲毫盲目的自信。最終的結果很可能將成為這樣：潛心摸索的過程才是我真正最大的收穫。

〔註5〕　陳平原《失落在異邦的「國故」》，《讀書》2002 年第 6 期。

第一章　章劉之爭始末

　　章太炎與劉師培訂交伊始便很快在人生方向上達成一致，促使他們彼此吸引的力量是在種族革命基礎上談論國粹的共同信念。雙方訂交也意味著一場學術論爭的開始。這場論爭涉及廣泛，更深入到思想領域。以水地區劃方言為例，有關「夏音」與「楚音」的爭論可以追溯到章太炎主張建都武昌的種族革命目標。章、劉二位論學相長的探討氛圍促進了彼此學術的成長，但是，學術以外的干擾因素始終存在。劉師培對革命事業的背棄最終使雙方終止交往。此後，章太炎對他心存芥蒂，直到終身。

第一節　章劉訂交的思想基礎：立足「種姓」的「國粹」

　　1903 年，劉師培因追隨革命抵達上海，與志趣相投的章太炎結識，隨後雙方訂交。〔註1〕也就是這一年，彼此往復書信多次，開始文字交往。目前所知最早的信件，為章太炎來信。《劉申叔先生遺書》卷首附《章太炎黃季剛二君關於劉申叔君之文十首》收錄時題作「與劉光漢書一」，繫於「民元前九年（1903）癸卯」。〔註2〕信中首次提起劉家左氏絕學，隱約流露相期說經的願望：

　　　　上海市井叢雜，文學猥鄙，數歲居此，不見經生。每念疇昔，

〔註1〕 參《劉申叔先生遺書》（《劉師培全集》，中共中央黨校出版社 1997 年影印本）卷首附蔡元培《劉君申叔事略》；梅鶴孫著、梅英超整理《青谿舊屋儀徵劉氏五世小記》（上海古籍出版社 2004 年版）頁 35。

〔註2〕 姚奠中、董國炎《章太炎學術年譜》（山西古籍出版社 1996 年版）頁 82 載，「今存太炎本年（1903）致劉師培書二通」。

心輒惘惘。仁君家世舊傳賈（逵）、服（虔）之學，亦有雅言微旨匡
我不逮者乎？孟瞻（劉文淇）先生所纂《正義》，秘不行世，鄙人素
治茲書，蓋嘗上溯周漢，得其傳人，有所陳義，則以孫卿、賈傅（誼）
爲本，次即子駿（劉歆）父子。中壘（劉向）雖治《穀梁》，然呻吟
《左氏》，見於君山（桓譚）《新論》。是故《說苑》、《新序》所述單
文隻字，悉東序之秘寶、石室之貞符也。數歲以來，籀繹略盡，惜
其不成，仍當勉自第次。學術萬端，不如說經之樂，心所繫著，已
成染相，不得不爲君子道之。他日保存國粹，較諸東方神道，必當
差勝也。〔註3〕

「賈、服」指東漢賈逵與服虔，治《左傳》。賈有《春秋左氏解詁》，服有《春
秋左氏傳解》。〔註4〕「孟瞻」是劉師培曾祖劉文淇的字，一生肆力《左傳》，
曾取賈、服古注疏通證明，成《左傳舊注疏證》八十卷及《左傳舊疏考正》
六卷。〔註5〕信中提到的《正義》當指前者。劉文淇後，子孫傳經，三世弗替。
〔註6〕至劉師培一代，猶能謹守絕業。爲成就一部曠世傑作，劉氏子孫世代相
繼，終清之世也只完成《左氏舊傳疏證》的上半部，因而一直以資料或未完
稿視之，對外宣稱時僅提「長編」、「稿本」，〔註7〕並慎持密守，不向外間流
佈。〔註8〕劉師培的家世和個人天生的異稟，〔註9〕使章太炎相信，通過這位

〔註3〕 《劉申叔先生遺書》（《劉師培全集》，中共中央黨校出版社 1997 年影印本）
卷首附。

〔註4〕 參《後漢書》（范曄撰，中華書局 1965 年版）卷三十六《鄭范陳賈張列傳》（頁
1235）、卷七十九下《儒林列傳》（頁 2583）。

〔註5〕 參《青谿舊屋儀徵劉氏五世小記》（梅鶴孫著、梅英超整理，上海古籍出版社
2004 年版）卷末附劉寶楠《清故優貢生候選儒學訓導劉君墓表》、丁晏《皇清
優貢生候選訓導劉君墓誌銘》。按，張舜徽《清代揚州學記》（廣陵書社 2004
年版）頁 185 稱：「劉文淇整理《春秋左氏傳》，是分兩方面著手的。一是研
究舊注；一是研究舊疏。分寫爲《左傳舊注疏證》和《左傳舊疏考正》兩部
專著。」同書頁 186 還提到：「《左傳舊疏考正》一書，道光十八年（1838）
即已刊行。獨《左傳舊注疏證》一書，卷帙浩繁，不易卒業。」

〔註6〕 參《青谿舊屋儀徵劉氏五世小記》（梅鶴孫著、梅英超整理，上海古籍出版社
2004 年版）卷末附徐乃昌《清故舉人揀選知縣儀徵劉先生墓誌銘》。

〔註7〕 按，《劉申叔先生遺書》（《劉師培全集》，中共中央黨校出版社 1997 年影印
本）卷首附劉富曾《亡姪師培墓誌銘》提及時，稱「《左氏長編》」、「《左疏》
稿本」。

〔註8〕 參梅鶴孫著、梅英超整理《青谿舊屋儀徵劉氏五世小記》頁 15、16。按，此
書建國初始由政府組織整理出版。

〔註9〕 按，《劉申叔先生遺書》（《劉師培全集》，中共中央黨校出版社 1997 年影印本）

年輕人正可一窺劉家左氏絕詣。

　　還在詁經精舍時，章太炎就已經開始學習《左傳》。當時，公羊學如日中天，正值泛濫。戊戌變法時期，康有為的「大同」理想學說更助長了這一趨勢，直到章太炎寫作此信的 1903 年，其影響未輟。〔註10〕這段時間，章氏對《左傳》的學習基本處於獨學無友、自我摸索的狀態，〔註11〕自然很希望得到高人指點，也亟待尋求知音的共賞。因而，劉師培的出現著實讓他驚喜。

　　信中，章太炎掩飾不住獲交知己的興奮：一上來就提起劉氏世守「賈、服之學」的背景及「孟瞻先生所纂《正義》」的行世情況。作為同道，章氏主動公佈自己獨到的發現，以劉向治《左傳》為談論起點，給出一個與以往左氏學不同的經師授受序列，劉師培隨後的覆信就對此發出追問和辯難。限於此通書信目前無從尋檢，難得其詳，但從章太炎的答覆可略知劉氏所言大概：

> 至以中壘（劉向）亦治《左氏》，說似支離，然君山（桓譚）《新論》，明言「劉子政（向）、子駿（劉歆）、伯玉（劉棻）父子，呻吟《左氏》，下至婢僕，皆能諷誦。」此語固非無據。〔註12〕

　　卷首附劉富曾《亡姪師培墓誌銘》稱：「姪生而岐嶷，齠齔授讀，過目成誦，習為詩文，有如宿構。亡友朱君鳳儀目為奇童。迨兄歿，姪入泮後，即膺鄉薦，是為光緒壬寅，補行庚子辛丑恩正併科，時姪年僅十有九也。英妙獲雋，聲譽鵲起。」

〔註10〕參諸祖耿《記本師章公自述治學之功夫及志向》，姚奠中、董國炎《章太炎學術年譜》（山西古籍出版社 1996 年版）民國二十二年（1933）條下附。

〔註11〕《章太炎全集》（上海人民出版社 1982～1986 年版）（四）頁 146《與劉光漢書癸卯》：「今者奉教君子，吾道因以不孤。積年鬱結，始一發抒，勝得清酒三升也。」按，此信亦見於《劉申叔先生遺書》（《劉師培全集》，中共中央黨校出版社 1997 年影印本）卷首附《章太炎黃季剛二君關於劉申叔君之文十首》，題作「與劉光漢書二」，繫於「前九年（1903）癸卯」。

〔註12〕《章太炎全集》（上海人民出版社 1982～1986 年版）（四）頁 146《與劉光漢書癸卯》，《劉申叔先生遺書》（《劉師培全集》，中共中央黨校出版社 1997 年影印本）卷首附《章太炎黃季剛二君關於劉申叔君之文十首》收錄時題作「與劉光漢書二」。按，黃暉《論衡校釋》（中華書局 1990 年版）卷十三《別通篇》劉盼遂按語：馬總《意林》三卷引桓譚《新論》：「劉子政、子駿、伯玉並呻吟《左氏》。」同書卷二十九《案書篇》「劉子政玩弄《左氏》，童僕妻子皆呻吟之。」句下劉盼遂按語：此二語本於桓譚《新論》。馬總《意林》引《新論》云：劉子政、子駿，子駿兄弟子伯玉，俱是通人，尤重《左氏》，教授子孫，下至婦女，無不讀誦，此亦蔽也。」仲任正本斯文。可見，章太炎引文混合二語而成。章氏《春秋左傳讀敘錄》（《章太炎全集》（二）頁 855）辨劉向治《左傳》一節完整表述此段如下：「《論衡》言：『子政玩弄《左氏》，童僕皆呻吟之。』《御覽》卷六百十及六百十六並引桓譚《新論》曰：『劉子政、子

由此可以推斷，劉師培的疑問就圍繞劉氏父子治左氏的話題展開，結論與章太炎相左。

此後幾封信的話題都沒有脫離《左傳》，說明雙方討論興趣濃厚。章太炎《與劉光漢書一》以佛學語言描述個人對《左傳》的癡迷，說的正是實情。但章太炎汲汲辯護劉向與《左傳》的關係，應該還有他特別的考慮。

《左傳》是一部先秦典籍，相傳由左丘明編定。西漢末年，隨著古文經學的崛起，《左傳》傳不傳《春秋》的問題日益凸顯。今文經學傾向於「不傳」，與古文經學觀點適相反對。〔註13〕至清代劉逢祿，在此基礎上更系統全面地提出劉歆篡偽的說法。〔註14〕這引起章太炎的極度不滿。

章氏自述批駁經過曰：

> 既治《春秋左氏傳》，為《敘錄》駁常州劉氏（逢祿）。書成，呈曲園（俞樾）先生。先生搖首曰：雖新奇，未免穿鑿，後必悔之。由是鋒芒乃斂。〔註15〕

俞樾的意見自然有其道理，〔註16〕章太炎後來的反省則是，「《春秋左傳讀》，乃僕少作，其時滯於漢學之見，堅守劉、賈、許、穎舊義，以與杜氏立異，晚乃知其非」。〔註17〕說明師徒立說角度並不一致。聯繫章太炎對詁經精舍時期跟隨俞樾治經的總體評價，〔註18〕可知，家法不同才是彼此分歧的關鍵。

章太炎在完成詁經精舍課藝的同時，並沒停止學習《左傳》。這一時期完

駿、伯玉三人，尤珍重《左氏》，下至婦女，無不讀誦者。』」可參。

〔註13〕參皮錫瑞《經學歷史》（中華書局 2004 年版）頁 51；沈玉成、劉寧《春秋左傳學史稿》（江蘇古籍出版社 1992 年版）頁 80：「關於《左傳》是否解經之作，即《左傳》是經還是史，這是從劉歆到當代爭論了兩千年的題目，和《左傳》的真偽、作者、編定以至所謂《春秋內外傳》等等，都是《左傳》研究中歷來糾纏不清的問題」。

〔註14〕劉逢祿《左氏春秋考證》（《續修四庫全書》本）卷一「惠公元妃孟子」條下：「余年十二，讀《左氏春秋》，疑其書法是非多失大義；繼讀《公羊》及董子書，乃恍然於《春秋》非記事之書，不必待左氏而明。左氏為戰國時人，故其書終三家分晉；而續經乃劉歆妄作也。」

〔註15〕參諸祖耿《記本師章公自述治學之功夫及志向》，姚奠中、董國炎《章太炎學術年譜》（山西古籍出版社 1996 年版）民國二十二年（1933）條下附。

〔註16〕按，俞樾治經頗右《公羊》。參章太炎《自述學術次第》，《中國現代學術經典·章太炎卷》（河北教育出版社 1996 年版）。

〔註17〕章太炎《與徐哲東論春秋書》，《制言》，民國二十五年（1936）第十七期。

〔註18〕章太炎《太炎先生自定年譜》（上海書店 1986 年版）「光緒二十二年（1896）」條：「及從俞先生游，轉益精審，然終未窺大體。」

成五十多萬字的《春秋左傳雜記》〔註19〕即是明證。以此爲基礎，章氏又作
《春秋左傳讀敘錄》，專門駁難劉逢祿新說。其序曰：

> 及劉逢祿，本《左氏》不傳《春秋》之說，謂條例皆子駿（劉
> 歆）所竄入，授受皆子駿所構造，著《左氏春秋考證》及《箴膏肓
> 評》，自申其說。彼其摘發同異，盜憎主人。諸所駁難，散在《讀》
> （《春秋左傳讀》）中。〔註20〕

劉逢祿以「《左傳》不傳《春秋》」爲立說之本，因此，章太炎要支持古文經
說，就必須先予破除。此外，爲建立孔子與左丘明的直接關係，章太炎還努
力改變今文學家塑造的孔子形象。

　　爲利於政教，今文經學從董仲舒的《春秋繁露》開始，經何休的《公羊
傳》，製造了孔子託古改制的預言，視其爲政治家。清代，劉逢祿更準確、細
緻地重建何休的公羊學家法，〔註21〕堅固其說。至康有爲等人，基於維新大
業，更有系統發揮。〔註22〕章太炎深知其中危害，從事《左傳》伊始，就立
志撥開公羊的迷霧。據諸祖耿《記本師章公自述治學之功夫及志向》載其自
述曰：

> 　　余（章太炎）幼專治《左氏春秋》，謂章實齋六經皆史之語爲有
> 見；謂《春秋》即後世史家之本紀列傳；謂《禮經》《樂書》，彷彿史
> 家之志；謂《尚書》《春秋》，本爲同類；謂《詩》多紀事，合稱《詩》
> 《史》；謂《易》乃哲學，史之精華，今所稱社會學也。方余之有一
> 知半解也，《公羊》之說，如日中天，學者煽其餘焰，簧鼓一世。余
> 故專明《左氏》以斥之。然清世《公羊》之學，初不過人一二之好奇，

〔註19〕按，後更名《春秋左傳讀》，「取發疑正讀爲義」，並有《左傳讀續編》。參《章
太炎全集》（上海人民出版社 1982～1986 年版）（二）頁 808《春秋左傳讀敘
錄·序》。

〔註20〕《章太炎全集》（上海人民出版社 1982～1986 年版）（二）頁 808、809。

〔註21〕（美）艾爾曼《經學、政治和宗族──中華帝國晚期常州今文學派研究》（江
蘇人民出版社 1998 年版）頁 176。

〔註22〕按，章太炎《國學概論》（上海古籍出版社 1997 年版）頁 29：「劉氏（逢祿）
亦講《公羊》，卻有意弄奇，康有爲的離奇主張，是從他的主張演繹出來的」。
艾爾曼《經學、政治和宗族──中華帝國晚期常州今文學派研究》頁 173：
「《左氏春秋考證》被收入《皇清經解》。後來，康有爲閱讀《皇清經解》時，
該書曾直接影響康有爲的經學觀。此外，劉逢祿的研究爲魏源、廖平、康有
爲等學者的研究開闢了道路。」另可參鄭師渠《晚清國粹派：文化思想研究》
（北京師範大學出版社 1997 年版）頁 260、261。

康有爲倡改制，雖不經，猶無大害。其最謬者，在依據緯書，視《春秋經》如預言，則流弊非至掩史實逞妄說不止。民國以來，其學雖衰，而疑古之說代之，謂堯舜禹湯皆儒家僞託。如此惑失本原，必將維繫民族之國史全部推翻。國亡而後，人人忘其本來，永無復興之望。余首揭《左氏》，以斥《公羊》。今之妄說，弊更甚於《公羊》。此余所以大聲疾呼，謂非竭力排斥不可也。〔註23〕

依託於章學誠的「六經皆史」說，章太炎對六經作了重新理解。〔註24〕他將整個上古歷史看作一部大史書，有關經典只算得其中的一個類目。這樣，公羊家眼裏先知先覺的孔子在他看來只是眾多史家中的一位，其所有知識充其量不過爲「史」的某個方面。這種大膽的「史化」傾向頗爲出格，已遠遠超出對古史本身的關懷。

確定《春秋》爲史的性質，有助於樹立孔子的新形象。此前，章太炎一直爲此努力，駁劉逢祿的文章受到俞樾批評後，章氏雖然「鋒芒乃斂」，但駁斥公羊的念頭並未就此打消。1897 年，他決定批駁康有爲，直接針對《新學僞經考》。這一次，卻被孫詒讓勸止，理由是要顧全維新大業。〔註25〕雖然其意見遲至 1903 年發表《駁康有爲論革命書》時才公諸於世，但明顯被吸收進1902 年下半年左右完成的重訂本《訄書》。〔註26〕

《訄書》是章太炎 1900 年 1 月左右著手結撰的自選集，當時雖也提到「攘逐滿洲」，但態度不是很堅決；直到當年夏秋間，章太炎因上書李鴻章失敗，才正式表明反清的決心，並迅速反映在隨後修訂的《訄書》中。〔註27〕

相對於初刻（包括排滿意識增強的「補佚」本），重訂本在篇目上有較

〔註23〕姚奠中、董國炎《章太炎學術年譜》（山西古籍出版社 1996 年版）民國二十二年（1933）條下附。
〔註24〕按，王中江《歷史與社會實踐意識：章學誠的經學思想》（《經學今詮續編》，《中國哲學》第 23 輯，遼寧教育出版社 2001 年版）指出：章學誠通過對「六經皆史」的「始源性」追溯，指出考據家前提的錯誤，並開始關注「普遍的『經』之『經世』精神」，強調「『道』和『理』都離不開時代的『器』和『事』這種普遍的實踐意識」，可參。
〔註25〕參《章太炎全集》（上海人民出版社 1982～1986 年版）（四）頁 225《瑞安孫先生傷辭》、《汪康年師友書札》（上海圖書館編，上海古籍出版社 1986～1989 年連續出版）頁 1474～1476《孫詒讓（四）》。
〔註26〕按，重訂本《訄書》直到 1904 年 6 月才出版，參《章太炎全集》（上海人民出版社 1982～1986 年版）（三）朱維錚《前言》。
〔註27〕參《章太炎全集》（上海人民出版社 1982～1986 年版）（三）朱維錚《前言》。

大改動，新增了《方言》、《定版籍》、《原教》等，結構上也作了大幅度調整。
〔註28〕全書引人注目的新變化是增加了「西方社會學」說在其中的份量。開
篇具總綱性質的《原學》提出「今之爲術者，多觀省社會、因其政俗，而明
一指」〔註29〕，強調社會、政治狀況對學術盛衰起決定性作用。這一結論明
顯是在深入研究西方社會學基礎上的新成果，不同於先前熱衷進化論時的認
識。〔註30〕

《訄書》重訂本標誌了章太炎思想的新飛躍，是其一生中的一件大事。
其中最具震撼力的是，《訂孔》對原有儒學體系造成的強勁衝擊。在編排順序
上，該篇僅次於《原學》，佔據全書的顯要位置。篇中指出：

> 雖然，孔氏，古良史也。輔以丘明而次《春秋》，料比百家，
> 若旋機玉斗矣。（司馬）談、（司馬）遷嗣之，後有《七略》。孔子歿，
> 名實足以抗者，漢之劉歆。〔註31〕

康有爲等保皇黨人，雖也曾構築過孔學的新體系，將其塑造成政治改革家形象，
但在保皇的宗旨下，最終仍淪爲變相的尊孔。〔註32〕《訂孔》爲孔子定位時，
不取「儒術所以能爲奸雄利器」〔註33〕之說，實際在弱化孔子與政治的關係，
同時，稱孔子爲「古良史」，又否定了孔子的聖人地位。〔註34〕這一違背常識的
看法在當時的知識界立即引起轟動，一時被斥爲「離經叛道」。〔註35〕

章太炎在這裡建立的「良史」系列，由繼起的司馬談、司馬遷及劉向、
劉歆組成，劉歆並被視爲具有與孔子同等重要的地位。這一系列有兩個關節
點：一是左丘明，一是劉向。認定「《左傳》傳《春秋》」，實際就是搭上孔

〔註28〕 《章太炎全集》（上海人民出版社 1982～1986 年版）（三）朱維錚《前言》。
〔註29〕 《章太炎全集》（上海人民出版社 1982～1986 年版）（三），頁 134。
〔註30〕 參姜義華《章太炎思想研究》（上海人民出版社 1985 年版）頁 165～168。
〔註31〕 《章太炎全集》（上海人民出版社 1982～1986 年版）（三）頁 135。
〔註32〕 參姜義華《章太炎思想研究》（上海人民出版社 1985 年版）頁 169、蕭公權《近
　　　　代中國與新世界：康有爲變法與大同思想研究》（江蘇人民出版社 1997 年版）
　　　　頁 84。
〔註33〕 《章太炎全集》（上海人民出版社 1982～1986 年版）（三）頁 134。
〔註34〕 按，章太炎《與人論樸學報書》（《章太炎全集》（上海人民出版社 1982～1986
　　　　年版）（四）頁 154。光緒三十二年（1906）十月二十三日出版的《國粹學報》
　　　　第二十三期，題作《論樸學報書》）以孔子開創修史體例作爲孔子稱「聖」的
　　　　解釋，可參看。
〔註35〕 夏志學《章炳麟氏〈訄書〉書後》，轉引自姜義華《章太炎思想研究》（上海
　　　　人民出版社 1985 年版）頁 170。

子與左丘明的鏈條；〔註36〕肯定劉向治《左傳》，這個系列就不會在西漢中斷。這樣，經過搭建，往古迄漢中華文明「一線之傳得以不絕」〔註37〕的脈絡便清晰可見，而這正是章太炎「興復古學」〔註38〕的基礎。如果注意到章太炎對「先漢故言」非同一般的興趣，那麼，可以這樣認爲，他堅持「《左傳》傳《春秋》」就不一定單純由於古文的立場，《與劉光漢書一》列數古文傳人時一定要爭劉向治《左傳》，也是出於同樣的考慮。這樣，章、劉圍繞《左傳》而來的爭論，實際還要從學術以外的方面去理解。

　　章太炎的新解釋具有清理維新派戰場的意義，對歷來的常識也是一個全新的顛覆；對《左傳》的關注則體現了古代士人治學的方向。〔註39〕在他眼裏，國家與學術很容易混爲一談。〔註40〕而改造社會勢必也將依賴於學術的振起：

> 釋迦氏論民族獨立，先以研求國粹爲主，國粹以歷史爲主。自餘學術，皆普通之技，惟國粹則爲特別。譬如人有里籍，與其祖父姓名，他人不知，無害爲明哲；己不知，則非至童昏莫屬也！國所以立，在民族之自覺心，有是心，所以異於動物。〔註41〕

〔註36〕 參沈玉成、劉寧《春秋左傳學史稿》（江蘇古籍出版社 1992 年版）頁 382～383。

〔註37〕 《劉申叔先生遺書》（《劉師培全集》，中共中央黨校出版社 1997 年影印本）卷首附《章太炎黃季剛二君關於劉申叔君之文十首‧與孫仲容書》：「先漢故言，不絕如綫。」

〔註38〕 鄭師渠《晚清國粹派：文化思想研究》（北京師範大學出版社 1997 年版）頁 123：「國粹派所要復興的『古學』，是指他們所謂的先秦未受『異學』、『君學』浸染前純正而健全的中國文化，即『國學』。具體說，是指包括儒學在內的先秦諸子學。」「歐洲藉復興古希臘文化，而開近代文明的先河；國粹派也希望通過復興先秦諸子學，而重新振興中國文化。」

〔註39〕 參羅志田《探索學術與思想之間的歷史》（《四川大學學報》2002 年第 3 期）：「由於政教相連的中國傳統對『學』的強調，這個問題（中國向何處去？）無時無刻不與『學』相關（這是民初讀書人常能從『物質』上看到『文明』的一個重要潛因）；反之，當許多人說『學』的時候，其實考慮的、關注的又決非僅僅是學術，而是遠更廣闊的國家民族存亡和發展一類大問題。」按，此文收入其《近代中國史學十論‧附錄》。同年所出論文選集《裂變中的傳承——20 世紀前期的中國文化與學術》第七篇論文《探索學術與思想之間的歷史：清季民初關於「國學」的思想論爭》，收錄時與他篇合併，全文結構有所調整。

〔註40〕 如《章太炎全集》（上海人民出版社 1982～1986 年版）（三）頁 230《訄書‧訂文》附《正名雜義》：「故世亂則文辭盛，學說衰；世治則學說盛，文辭衰。」

〔註41〕 章太炎《印度人之論國粹》，《章太炎全集》（上海人民出版社 1982～1986 年版）（四）頁 366。

將「國粹」對於「民族」的作用加以誇大，這正是國粹同人所持有的共同信念。〔註42〕

　　「論民族獨立，先以研求國粹為主」，與人們熟知的「用國粹激動種性」〔註43〕的口號，如出一轍。「國粹」一詞原繫日本從英文 Nationality 譯出，〔註44〕轉手引進中國後，涵義發生變化。一般從三個層面加以理解：一，廣義的中國歷史、文化。二，中國文化的精華。三，中國文化的民族精神與特性。章太炎提倡的「國粹」屬第一層面。〔註45〕因而，1903 年《與劉光漢書一》提到「學術萬端，不如說經之樂」，「他日保存國粹，較諸東方神道，必當差勝也」，〔註46〕正可從這一方面去理解。「東方神道」指日本以神道設教的思想，章太炎出以文學的語言，僅是修辭的需要。這裡以日本為參照，提倡保存國粹，流露出對「稽古之學」的自信。〔註47〕《與劉光漢書一》限於書信體例，沒有詳論彼此差異，但這一思想在 1908 年初的《國粹學報祝辭》得到

〔註42〕按，章太炎《國學講習會序》：「夫國學者，國家所以成立之源泉也。吾聞處競爭之世，徒恃國學固不足以立國矣。而吾未聞國學不興而國能自立者也。吾聞有國亡而國學不亡者矣，而吾未聞國學先亡而國仍立者也。故今日國學之無人興起，即將影響於國家之存滅，是不亦視前世為尤岌岌乎？」原刊《民報》第七號，轉引自湯志鈞《國學概論》（上海古籍出版社 1997 年版）導讀。國粹派相信，「國有學，則雖亡而復興，國亡學，則一亡而永亡」，鄭師渠先生稱之為「文化決定論」，參其《晚清國粹派：文化思想研究》（北京師範大學出版社 1997 年版）頁 105。

〔註43〕章太炎《東京留學生歡迎會演說辭》，原刊《民報》第六號，轉引自《章太炎政論選集》（中華書局 1977 年版）。

〔註44〕參鄭師渠《晚清國粹派：文化思想研究》（北京師範大學出版社 1997 年版）頁 2。

〔註45〕鄭師渠《晚清國粹派：文化思想研究》（北京師範大學出版社 1997 年版）頁100～102。另，王汎森《中國近代思想與學術的系譜》（河北教育出版社 2001年版）頁 106 指出，「不少國粹主義者的特徵之一便是將中國傳統徹底相對化，他們選擇的『國粹』都不一樣，選擇某一部分常常同時意味拒斥其他部分，也就是以一部分為『粹』而把其他部分斥為渣滓」。同書頁 76 說明道：「太炎所謂的『國粹』，包括小學、歷史、均田、刑名、法律等，但最反覆強調的，還是小學與歷史二端。」可參。

〔註46〕按，此信與大約寫於同時的《獄中癸卯自記》均以「國」、「粹」並稱，而非此時常被提起的「國學」一名，顯示了章太炎對「國粹」的用心程度。另參羅志田《裂變中的傳承——20 世紀前期的中國文化與學術》（中華書局 2003年版）頁 100 有關論述。

〔註47〕關於「國粹派」興復「古學」的理論依據及局限性，參鄭師渠《晚清國粹派：文化思想研究》（北京師範大學出版社 1997 年版）頁 122～129。

充分發揮：

> 部婁無松柏，故日本因成於人，而中國制法自己，儒、墨、道、名尚已。雖漢、宋諸明哲專精屬意，慮非島人所能有也。自棄其重，而倚於人，君子恥之，焉始反本以言國粹。余爲侏張，獨奇觚與眾異，蓋傳記之成事，文言之本剽，雖其潘瀾熒餘，不敢棄也。然當精意自得，沒身而已，務侈而高，誦數九能之士，文旴其外者，吾疾之！及夫學術所至，不簡擇則害愈況，橫政橫民，雖新學階之哉，始自曹司遊士，取則於吾先正，適其胸府，視新學與之合，彌以自堅，莠言浸昌，盲風卷舒，學童漂焉亦視是爲取捨。〔註48〕

針對時髦的「新學」，章太炎強調自身文化的重要性。〔註49〕這段話與 1902 年黃遵憲建議梁啓超放棄辦《國學報》的理由恰相對應。黃氏認爲：

> 日本無日本學，中古之慕隋、唐，舉國趨而東；近世之拜歐、美，舉國又趨而西。當其東奔西逐，神影並馳，如醉如夢，及立足稍穩，乃自覺已身在亡何有之鄉，於是乎「國粹」之說起。若中國舊習，病在尊大，病在固蔽，非病在不能保守也。今且大開門戶，容納新學。俟新學盛行，以中國固有之學，互相比較，互相競爭，而舊學之眞精神乃愈出，眞道理乃益明，屆時而發揮之，彼新學者或棄或取，或招或拒，或調和或並行，固在我不在人也。〔註50〕

參酌二論，前者主張立足本國，先作一番「簡擇」，才不致盲目趨奉「新學」。後者則強調暫不考慮「新學」危害，先大量引進，再與之較量，這樣「舊學之眞精神乃愈出」。雖然理解「國粹」的著眼點不同，一贊成，一反對，但雙方都對本國文化抱有自信，是清楚的。〔註51〕

在此基礎上，章太炎批駁所謂的「新學」其實不知別擇，且「受斡」於一二妄人的「成說」。他列舉中國歷史上有名的「六君子」（顧寧人（炎武），黃太沖（宗羲），王而農（夫之），顏習齋（元），江愼修（永），戴東原（震）），

〔註48〕《章太炎全集》（上海人民出版社 1982～1986 年版）（四）頁 207～208。
〔註49〕按，章太炎認爲，各國文化自有特性，不宜照抄硬搬。參汪榮祖《康章合論》（新星出版社 2006 年版）頁 44～47。
〔註50〕《梁任公先生年譜長編初稿》（《北京圖書館藏珍本年譜叢刊》）1902 年條下。
〔註51〕按，雙方都認爲日本民族歷史文化遺產遠不如中國豐厚。但黃遵憲注意的是「國粹」一詞在日本並不光彩的來歷，章太炎則強調民眾的趨新心理對接受本國文化遺產的誤導。關於中日國粹派的異同，可參看鄭師渠《晚清國粹派：文化思想研究》（北京師範大學出版社 1997 年版）頁 50～54。

「窮知盡慮，以明其恉，本以求治」，但經過新學的剪裁，反而變成「誣民」。這樣，國粹派就有必要肩負起甄別的使命：

> 吾黨之士言國粹者，不摭其實，而取下體，終於阿附橫民。《七略》有云：「雜家者流，蓋出於議官。知國體之有此，見王治之無不貫。」然則講學以待問者，待爲議官而已矣。君子道費，則身隱，學以求是，不以致用，用以親民，不以干祿。高者宜爲陳仲、管寧，次雖爲雷次宗、周續之，未害也。六君子之徒，宜有所裁抑云爾。抑今之學者，非碎與樸是憂，憂其夸以言治也，憂其麗以之淫也，憂其琦傀以近讖也，憂其飴雜以亂實也，憂其繳繞以誣古也。磨之齲之，抒之浚之，扶其已微，攻其所傃，余以是祝賢人君子！〔註52〕

這裡給出一串歷史人物的名單，是要提醒國粹同人注意眼前不良的學風。而要發揚舊學，就必須刮垢磨光。因而在國粹派眼裏，溫故歷史，也就意味著關懷現實，憂患未來，映現出晚近國粹派深沉的歷史情結。至此，「國粹」與「歷史」的緊密關係締造成功。

以此眼光審察章太炎主持《民報》時期的作爲，便不難理解。《民報》編輯原爲胡漢民、汪精衛等人，遵循「六大主義」；章太炎接手後，《民報》關於佛教等方面的文章大增，與他此時大力提倡佛教的思想一致，因此，受到革命人士的質疑和反對。鐵錚（袁金鎧）著論申難，章氏於是作《答鐵錚》回應。〔註53〕文中從「治氣定心」〔註54〕入手，強調建設革命道德的重要性：

> 若夫孔氏舊章，其當考者，惟在歷史，戎狄豺狼之說，管子業已明言。上自虞、夏，下訖南朝，守此者未嘗踰越，特《春秋》明文，益當保重耳。雖然，徒知斯義，而歷史傳記一切不觀，思古幽情，何由發越？故僕以爲民族主義，如稼穡然，要以史籍所載人物制度、地理風俗之類，爲之灌漑，則蔚然以興矣。不然，徒知主義之可貴，而不知民族之可愛，吾恐其漸就萎黃也。孔氏之教，本以歷史爲宗，宗孔氏者，當沙汰其干祿致用之術，惟取前王成迹可以感懷者，流連弗替。《春秋》而上，則有六經，固孔氏歷史之學也。

〔註52〕《章太炎全集》（上海人民出版社 1982～1986 年版）（四）頁 208。

〔註53〕參王汎森《中國近代思想與學術的系譜》（河北教育出版社 2001 年版）頁 203、姜義華《章太炎思想研究》（上海人民出版社 1985 年版）頁 317～318。

〔註54〕語出《章太炎全集》（上海人民出版社 1982～1986 年版）（四）頁 369《答鐵錚》。

《春秋》而下，則有《史記》、《漢書》以至歷代書志、紀傳，亦孔
氏歷史之學也。若局於《公羊》取義之說，徒以三世、三統大言相
扇，而視一切歷史爲芻狗，則違於孔氏遠矣！〔註55〕

這裡首先強調史學對於「孔氏舊章」的重大意義，意在提醒革命同仁：歷史
記憶對於維繫民族情感的重要性。因而，重視歷史有助於在實質上培養民族
感情。《春秋》固然光大了《管子》以來嚴辨「戎狄豺狼之說」的思想傳統，
但如果「徒知斯義，而歷史傳記一切不觀」，那麼對目前的種族革命也是不利
的。章太炎將《春秋》納入「孔氏歷史之學」中來理解，試圖改變以「微言
大義」相向的《春秋》學，並帶入一種歷史視野，以此激勵紮實的民族認同
之感。如果一味局限於公羊學的「三世三統」之義，那麼在思維習慣上容易
助長「徒知主義之可貴」的空洞熱情，「則違於孔氏遠矣」。

　　章太炎精於《左傳》的學術造詣與革命領袖的氣質既引導了「國粹」派
的成長，也一度影響了革命的走向。1902 年，住在儀徵的劉師培舉動異常。
本年，他與僑居揚州的種族革命家王無生（郁人）來往頻繁，暢談革命。通
過王無生，劉師培又與福建黨人林少泉（獬）相識。次年四五月，即隨林氏
奔赴上海，〔註56〕與同在上海的章太炎相遇。此時，太炎先生剛刪革完《訄
書》，對種族革命的看法已較爲成熟，完全具備接引革命新人的知識和能力。
因此，1903 年正是雙方訂交的恰當時機。《章太炎學術年譜》記載本年劉師培
「政治上受太炎影響較大，贊成光復，改名光漢，並撰寫《攘書》，以明反清
之志」，〔註57〕應當符合事實。此外，劉師培還寫有《中國民約精義》，同樣
爲種族革命思想影響的結果。錢玄同序《劉申叔先生遺書》在提到時卻有意
強調其問世的時代氛圍：

〔註55〕《章太炎全集》（上海人民出版社 1982～1986 年版）（四）頁 370、371。
〔註56〕參梅鶴孫著、梅英超整理《青谿舊屋儀徵劉氏五世小記》（上海古籍出版社
　　　　2004 年版）頁 35。按，章、劉訂交的前因，一般的印象均來自蔡元培的《劉
　　　　君申叔事略》，傾向於認爲劉師培「赴京會試，歸途滯上海」的機緣。僅從
　　　　文字表述看，蔡說對劉師培在上海與革命家的接觸顯得突然。比較而言，梅
　　　　說交代相對清楚。重要的是，蔡、梅二說均肯定訂交時間在 1903 年，這是
　　　　關鍵。另，蔡元培 1903 年陷入上海政治風潮，事務繁忙，關於此時期回憶
　　　　文字時有錯亂。可參周佳榮《蘇報及蘇報案：1903 年上海新聞事件》（上海
　　　　科學院出版社 2005 年版）頁 57 注 23 對《釋仇滿》著作權的辨析、《劉申叔
　　　　先生遺書·左盦外集》（《劉師培全集》，中共中央黨校出版社 1997 年影印本）
　　　　卷九《讀某君孔子生日演說稿書後》錢玄同按語對演說者爲誰的推測。
〔註57〕姚奠中、董國炎《章太炎學術年譜》（山西古籍出版社 1996 年版）本年條下。

自庚子（一九○○）以後，愛國志士憤清廷之辱國，漢族之無權，而南明鉅儒黃梨洲（宗羲）先生觝排君主之論，王船山（夫之）先生攘斥異族之文，蘊藴巳二百餘年者，至是復活。愛國志士讀之，大受激刺，故顛覆清廷以建立民國之運動，實爲彼時最重要之時代思潮。劉君于癸卯年（一九○三）至上海，適值此思潮澎湃洶湧之時，劉君亦即加入此運動。于是，續黃氏《明夷待訪錄》而作《中國民約精義》，續王氏《黃書》而作《攘書》。甲辰（一九○四），與蔡子民（元培）、林少泉（獬）諸君撰《警鐘日報》，乙巳（一九○五），與鄧秋枚（實）、黃晦聞（節）諸君撰《國粹學報》，雖論古之作，亦頻頻及此二義。〔註58〕

可見，訂交前，時代思潮就已經爲雙方投身種族革命準備了條件。

劉師培「贊成光復，改名光漢」，實與章太炎此時對「光復」一詞的理解相呼應。經過「蘇報」活動與鬥爭，章太炎對種族革命產生了新的理解，於是爲鄒容《革命軍》作序時，對革命與光復作了如下區分：

同族相代，謂之革命；異族攘竊，謂之滅亡；改制同族，謂之革命；驅除異族，謂之光復。今中國既滅亡於逆胡，所當謀者，光復也，非革命云爾。〔註59〕

據此，雙方接觸後很快在人生方向上達成某種一致。劉師培「光漢」的努力具體體現在對《左傳》研究方法的調整。南桂馨序《劉申叔先生遺書》詳細說明其一生對公羊學態度的幾次轉變：

申叔（劉師培）之于經，主古文者也。及其流落西川，與廖季平（平）、宋芸子（恕）還往，稍渝其宿昔意見，于今文師說多寬假之辭。曰：「季平雖附會周章太甚，然能使群經連環固結，首尾相銜，成一科學，未易可輕也。」桂馨竊聞之，昔在有清乾隆之初，世儒尊漢而薄宋，其所謂「漢」，漢之東京也。乾嘉之際，乃有西京漢說起而爭勝，阮文達左右采獲，爲天下宗。其于今文、古文之短長，未數數也。皖江諸師與蘇常之儒，華實判異，而合其流於揚子江。

─────────────────

〔註58〕《劉申叔先生遺書》（《劉師培全集》，中共中央黨校出版社 1997 年影印本）卷首附錢玄同序。

〔註59〕章太炎《序〈革命軍〉》，朱維錚、姜義華編注《章太炎選集（注釋本）》，上海人民出版社 1981 年版。

文達（阮元）生長是邦，道光季年，告休野處。邗上才雋之士，莫不奉其風教，雲蒸霞蔚，人人說經。劉孟瞻先生由是崛起，四傳益勁，以有申叔。申叔之主古文也，以《左氏春秋》為其家學也。若其兼綜今文而假借廖氏，亦非盡由晚節轉移。蓋揚州學派固如此矣。淩曉樓（曙）治《公羊》、注《繁露》，今文大師也。孟瞻先生乃為其甥。少受經于舅氏，改治《左傳》，與舅氏宗趣雖判，淵源則同。當是時，曹盧執政，斥考據為支離，士大夫多以道學古文相尚，漢說已稍陵遲矣。揚州諸師實系天下樸學之一線，主古文者有之，主今文者有之，風雨晦明，彼此推挹，各自成其述作，而家法井然不淆，初不謂有此即可以無彼也，文達之教然也。申叔之力攻今文，在其講學蕪湖、倡革命于申江時。章太炎先生出獄走扶桑，以《春秋左傳》之故，與申叔臭味翕合，《國粹報》甄錄文字，章、劉為其幟志焉。太炎固排抑南海康氏者，申叔亦駁正劉申受（逢祿）、宋于庭（翔鳳）、龔定庵（自珍）、魏默深（源）諸今文師說以附之，其于廖、康之學，尤齦齦。晚節為通融之言，則余所親聞者，而見諸平日文字者猶鮮，此不可不為表明者一也。〔註60〕

劉師培一度背棄經生應該抱定的家法，說明章太炎對於革命後輩的吸引與影響。

章太炎《國粹學報祝辭》分析到「六君子」之學，劉師培有《非六子論》以示聲援。此篇現已遺佚，錢玄同在《左庵外集‧目錄》下有所說明：「前五年丁未（1907），在日本東京與其妻何志劍女士共辦《天義》，余今憶及者，有《非六子論》（六子謂顧寧人，黃太沖，王而農，顏習齋，江慎修，戴東原也。此文與章太炎先生之《國粹學報祝辭》命意相同，章文見《太炎文錄》卷二）。」「六子」名單與《國粹學報祝辭》所列相同。可見，不數年，章、劉便達成共識，在同一陣營內倡言國故，已是聲應氣求。

同一時期的《國粹學報》刊落今文家說，背景一致。《國粹學報》從創刊至1906年8月止，刊登文字並重今古文，但受到章太炎闌入今文的指責後，此類文字很快便銷聲匿迹。〔註61〕不僅在《國粹學報》，章太炎對《民報》的影響也

〔註60〕《劉申叔先生遺書》（《劉師培全集》，中共中央黨校出版社 1997 年影印本）卷首附南桂馨序。

〔註61〕參《劉申叔先生遺書》卷首附《章太炎黃季剛二君關於劉申叔君之文十首與

顯而易見。章氏接手後，《民報》開始大量增加「國粹」的內容，〔註62〕使《民報》實際成為國粹派的輿論陣地。

章太炎對國粹的關注由來已久，早在 1902 年下半年，重訂《訄書》時可能已有所考慮。如前所述，《訄書》在 1900 年初刻行世，之後又有補佚，書中雖已流露出反滿攘逐的情緒，但仍留有改良的痕迹。1902 年 2 月底，章太炎避開清廷追捕，抵達日本，開始與孫中山接觸，對種族主義有了新的認識。4 月，章太炎與秦力山等發起「支那亡國二百四十二年紀念會」，得到孫中山響應，遂在崇禎帝弔死煤山之日舉行，以喚起民眾的民族情緒，並將革命目標集中於「反滿」。〔註63〕6 月回國後即回鄉刪革《訄書》，完成思想的蛻變。〔註64〕

與孫中山交往的同時，章太炎還與同在日本的梁啓超接觸頻繁。當時，梁啓超的保皇思想有所波動，一度心存「反清變政實意」〔註 65〕，與章太炎暫時取得一致。在日本的三個月中，雙方時常交流討論。〔註 66〕也就是與章太炎開始接觸的 1902 年 3 月，梁啓超開始在《新民叢報》撰寫《論中國學術思想變遷之大勢》。〔註 67〕三個月後章太炎離開日本立即修訂《訄書》。重訂本《訄書》在內容上大力增加思想文化的含量，「對漢、晉以來中國思想學說的變遷大勢作了一番綜合的考察」。〔註68〕這樣，章、梁告別後面世的重訂本

劉光漢書三》及錢玄同附記。

〔註62〕 按，對於《民報》談佛論學之作與其他文字的比例，鄭師渠《晚清國粹派：文化思想研究》（北京師範大學出版社 1997 年版）頁 22 有數字統計。

〔註63〕 參姜義華《章太炎思想研究》（上海人民出版社 1985 年版）頁 160～162。

〔註64〕 按，《章太炎全集》（上海人民出版社 1982～1986 年版）（三）朱維錚《前言》以章氏「到 1902 年春天才最終完成理論上的蛻皮過程」，擬定時間似稍早了一點，因刪革《訄書》本身即是清理思想的過程，而且是完成理論蛻皮的一個重要過程。另參姚奠中、董國炎《章太炎學術年譜》（山西古籍出版社 1996 年版）本年條下。

〔註65〕 語出桑兵《清末新知識界的社團與活動》（三聯書店 1995 年版）頁 90。按，桑兵先生評說較為謹慎。另，（美）張灝《梁啓超與中國思想的過渡（1890～1907）》（江蘇人民出版社 1995 年版）頁 97 指出，梁啓超的「這種矛盾心理的根源在於改良運動本身的思想方式」，可參。

〔註66〕 參姚奠中、董國炎《章太炎學術年譜》（山西古籍出版社 1996 年版）本年條下。

〔註67〕 參姜義華《章太炎思想研究》（上海人民出版社 1985 年版）頁 156、夏曉虹《論中國學術思想變遷之大勢・導讀》（上海古籍出版社 2001 年版）。

〔註68〕 姜義華《章太炎思想研究》（上海人民出版社 1985 年版）頁 170。

《訄書》顯示了與《論中國學術思想變遷之大勢》合拍的思想印記。

這裡有一段公案需要略作說明。朱維錚先生在《清代學術概論·導讀》中，根據梁啓超「余今日之根本觀念，與十八年前無大異同」〔註69〕誤記「十六」爲「十八」，致使其1904年續寫《近世之學術》（清代部分）提前到1902年，引出章太炎、梁啓超究竟誰是治清學史第一人的問題，經過探微索隱，朱先生肯定梁氏乃有心作僞，「並非治清學史的第一人」，而傾向於肯定章太炎的《清儒》爲首出之作。〔註70〕究竟何者爲先，僅憑一個年月的誤記是否就能作此定讞？

《清儒》是章太炎重訂《訄書》時新增的篇目，作爲整個「中國思想學說史」的重要一環。《近世之學術》多處引錄章太炎《清儒》觀點，並有駁正，由此很容易判定成書在《清儒》（重訂本《訄書》）刊印行世之後。但全篇從醞釀、構思到完成有一個過程。1902年上半年的討論與下半年的通信〔註71〕對二書的完成有沒有發生影響，由於缺乏直接證據，因此，究竟誰是「治清學史的第一人」，便不容易說清楚。

這一時期梁啓超因對日本文化地理學說產生濃厚興趣，在撰寫過程中尤其注意運用。〔註72〕在第三章《論周末學術思想勃興之原因》列出的「七事」中，「社會變遷」、「思想言論之自由」、「交通」、「人材之見重」，等條目與章、梁見面三個多月後，章太炎著手修訂的《訄書》有相似的眼光。《訄書》新增的第一篇《原學》首先揭出的就是以「交通」爲依據的「地齊」理論。文中並論「三因」：

> 夫地齊限於不通之世，一術足以杙量其國民。九隅既達，民得以游觀會同，斯地齊微矣。材性者，率特異不過一二人，其神智苟上闚青天，違其時則與人不宜。故古者有三因，而今之爲術者，多觀省社會、因其政俗，而明一指。〔註73〕

〔註69〕梁啓超《清代學術概論·自序》（上海古籍出版社1998年版）。

〔註70〕朱先生一向持此看法，並見《中國歷史文選·清儒》（上海古籍出版社2002年版）「解題」、《周予同經學史論著選集》（上海人民出版社1996年增訂本）頁837等。

〔註71〕按，姚奠中、董國炎《章太炎學術年譜》（山西古籍出版社1996年版）本年條下提到雙方有書信來往，討論修《中國通史》等問題。

〔註72〕參夏曉虹《論中國學術思想變遷之大勢·導讀》（上海古籍出版社2001年版）頁14、15。

〔註73〕《章太炎全集》（上海人民出版社1982～1986年版）（三）頁133。

對「地齊限於不通之世」的引申和運用，還見於同時新增的《方言》篇：

> 東南之地，獨徽州、寧國處高原，為一種。厥附屬者，浙江衢
> 州、金華、嚴州，江西廣信、饒州也。浙江溫、處、台，附屬於福
> 建，而從福寧。福建之汀，附屬於江西，而從贛。然山國陵阜，多
> 自鬲絕，雖鄉邑不能無異語，大略似也。〔註74〕

與新增的這幾篇情況類似，《清儒》在比較吳、皖學風時，較多考慮了「地齊」、
「政俗」的因素：

> 初，大湖之濱，蘇、常、松江、大倉諸邑，其民佚麗。自晚明
> 以來，憙為文辭比興，飲食會同，以博依相問難，故好瀏覽而無紀
> 綱，其流風遍江之南北。惠棟興，猶尚該洽百氏，樂文采者相與依
> 違之。及戴震起休寧，休寧於江南為高原，其民勤苦善治生，故求
> 學深邃，言直覈而無溫藉，不便文士。〔註75〕

對照起來，章、梁兩部新書的完成似乎還應該包涵雙方思想交流的因素。
〔註76〕

　　章、梁告別後，還有一件事值得一提。《梁任公先生年譜長編初稿》本
年收錄黃遵憲來信一通，提及夏秋間梁啓超請示編《國學報》一事，黃氏答
覆：「略遲數年再為之。」〔註77〕朱維錚先生的《清代學術概論·導讀》論
述此事時在注中說明，「倘此推斷不錯，則梁的《國學報》計劃，當曾先與
章太炎共商」，〔註78〕章、梁事先有沒有商量過「國粹」〔註79〕，不得而知，
朱先生的語氣不太肯定。

　　以上朱先生注中沒有引述完全的黃遵憲來信還透露了另外一個信息。信
中黃氏表明雖然不贊成編《國學報》，但附帶提到了一個想法，建議不妨先作

〔註74〕《章太炎全集》（上海人民出版社 1982～1986 年版）（三）頁 206。

〔註75〕《章太炎全集》（上海人民出版社 1982～1986 年版）（三）頁 157。

〔註76〕按，夏曉虹《論中國學術思想變遷之大勢·導讀》主要著眼於受日本學說影
　　　　響的一面。

〔註77〕《梁任公先生年譜長編初稿》（《北京圖書館藏珍本年譜叢刊》本）本年條
　　　　下。

〔註78〕朱維錚《清代學術概論·導讀》（上海古籍出版社 1998 年版）頁 42 注 80。

〔註79〕按，由黃遵憲信中敘述可知，「國學」即「國粹」。另，羅志田《裂變中的傳
　　　　承——20 世紀前期的中國文化與學術》（中華書局 2003 年版）頁 205 指出，
　　　　清季三十年中，稱謂屢變的「中學」、「國學」、「國粹」、「國故」，語意近似，
　　　　並以章太炎起用「國粹」為例，說明章氏改換「標籤」僅是「試圖將在時人
　　　　思想言說中已經邊緣化的『中學』拉回到中心來」。

一國學史。〔註80〕考慮到黃遵憲此時對梁啓超重要而不可忽視的影響，〔註81〕梁氏隨後萌生撰寫國學史的想法極爲自然。1904 年，梁啓超續寫「近世之學術」，論述清學史，即有充分體現。1902 年撰寫《論中國學術思想變遷之大勢》前六章時，在學術與思想之間，梁啓超更傾向於後者，但到 1904 年論清學時，卻「採取分而治之的策略」，學術的分量後來居上。〔註82〕黃遵憲的意見有沒有考慮在內，是一大懸疑。

《國學報》雖因黃遵憲不太積極的態度沒有下文，〔註83〕但章太炎對國粹的關注始終沒有停止。1905 年 2 月，鄧實、黃節等人創辦《國粹學報》，作爲「國學保存會」的機關刊物，揭出「發明國學，保存國粹」的宗旨。當時，因拘獄中的章太炎雖沒有直接參與，但對《國粹學報》的重要影響顯然存在。〔註84〕長期關注「國粹」，加上獄中三年肉體精神的雙重磨煉，〔註85〕使他對佛學體認深切，〔註86〕這一時期，佛教也一併融入了國粹的思考，因而，1906年剛一出獄，至東京演說，章太炎就以「國粹」與「宗教」相號召，爲種族革命服務。

種姓（民族）是章太炎國粹論的基礎，基於種姓的國粹則顯示了「光復」與「革命」的巨大差別。〔註87〕章太炎早年與康有爲等維新志士同倡改良時的

〔註80〕《梁任公先生年譜長編初稿》本年條下。按，此「國學」概念借自日本，移指本國的既有學問。參桑兵《國學與漢學 —— 近代中外學界交往錄》（浙江人民出版社 1999 年版）頁 278 注④。

〔註81〕按，《梁任公先生年譜長編初稿》本年前後載黃氏對梁啓超的學業關懷備至，曾爲其擬訂詳細學習計劃，類似情況所在多有。另，朱維錚《清代學術概論‧導讀》注 35 指出「從梁任《時務報》主筆後，黃遵憲對梁啓超的思想行爲影響之大，在某種程度上已超過康有爲。尤其在戊戌政變後，黃梁保持密切的通信聯繫」，可參。

〔註82〕夏曉虹《論中國學術思想變遷之大勢‧導讀》（上海古籍出版社 2001 年版）頁 14。

〔註83〕按，1902 年 2 月創刊的《政藝通報》第十一號（1904 年 7 月 27 日）載黃節《國學報敘》，可知當時有辦《國學報》的想法，但未見實行。黃氏想法是否與章太炎、梁啓超動議《國學報》有關，值得進一步探討。

〔註84〕按，據鄭師渠《晚清國粹派：文化思想研究》（北京師範大學出版社 1997 年版）頁 20、21 論證，章太炎雖非「國學保存會」會員，但「國學保存會」實遙戴章爲自己的精神領袖與楷模。

〔註85〕參姚奠中、董國炎《章太炎學術年譜》（山西古籍出版社 1996 年版）「光緒三十年甲辰（1904）條下。

〔註86〕《章太炎全集》（上海人民出版社 1982～1986 年版）（四）頁 216《鄒容傳》：「炳麟以《因明入正理論》授之曰：『學此，可以解三年之憂矣！』」。

〔註87〕按，湯志鈞《國學概論》（章太炎講演，曹聚仁整理，上海古籍出版社 1997 年

貌合神離，可溯源於此。〔註88〕走上革命之路後，與孫中山的幾次衝突，仍不
乏這一思想因子的作祟。〔註89〕因此，眾多的革命志士中，章氏唯獨對劉師培
青眼有加，大有緣故。〔註90〕

　　1907年章、劉二人日本相會以前，受制於交通，雙方交往基本限於文字。
革命之餘，一直堅持《左傳》的討論。〔註91〕日本相見後，所居毗鄰，並一
度同寓小石川久堅町二十七番地宅邸，接觸更爲頻繁，〔註92〕討論也日漸深
入。〔註93〕可見，這種叩來鳴往的對答貫穿了彼此交往的全過程，雙方對經

版）導讀頁7，「『國學』既是一國固有之學，中國是有悠久歷史、燦爛文明的
　　　　國家，《史記》記錄了自從黃帝以來的歷史，成爲中國民族的象徵。此後，堯、
　　　　舜、禹、湯、文、武、周公歷代相傳，至孔子而集『國學』之大成。這種傳統
　　　　思想文化，也就是所謂『國學』。它既不同於不是『中國固有之學』的西方文
　　　　化，和我國少數民族的專制統治思想也有差異。因此，『國學』實際是指我國
　　　　漢族之學」。汪榮祖《康章合論》（新星出版社2006年版）指出，章太炎的「排
　　　　滿」是政治性的。另可參其《章太炎研究》（李敖出版社1991年版）頁60。
〔註88〕參姜義華《章太炎思想研究》（上海人民出版社1985年版）第二章「要救國，
　　　　圖維新」論章太炎與維新志士合作過程的種種不愉快及衝突。
〔註89〕按，《民報》後期的多次意氣之爭都與此有或多或少的關係。姜義華《章太
　　　　炎思想研究》頁297論及《民報》內部紛爭時提到，孫中山對章太炎接手
　　　　後的《民報》存在不滿，「特別是對上面刊登許多談論佛學、哲理的文章不
　　　　滿」。同書頁425指出，馮自由、胡漢民等在闡述「三民主義」特別是「民
　　　　族主義」含義時，忽略了民族語言、民族文化、民族共同心理狀態，以及
　　　　民族傳統，在近代民族國家興衰存亡中的重要作用。另，鄭師渠《晚清國
　　　　粹派：文化思想研究》（北京師範大學出版社1997年版）頁128稱，國粹
　　　　派的取向，「淡化了參與現實革命鬥爭的自覺與激情」，王汎森《中國近代
　　　　思想與學術的系譜》（河北教育出版社2001年版）頁203也提到，章太炎
　　　　主持《民報》後，由於對佛教等方面的過於強調，「與孫中山派在思想上有
　　　　距離」，可參看。
〔註90〕按，章、劉在1903年以後的幾通書信也表明，雙方以論左氏學開始的交往情
　　　　投意合，不同於一般的革命友誼。顯然，僅從醉心「國粹」或對「種族革命」
　　　　的一腔熱情單方面理解，並不充分。另可參鄭師渠《晚清國粹派：文化思
　　　　想研究》（北京師範大學出版社1997年版）頁374：「章、劉作爲著名的國學
　　　　大師、國粹派的兩位主帥人物，其定交不限於共同的政治目標，更託情於復
　　　　興中國文化宏大的抱負。」
〔註91〕按，《劉申叔遺書・左盦外集》（《劉師培全集》，中共中央黨校出版社1997
　　　　年影印本）卷十六有《答章太炎論左傳書》，繫於「前六年」，即1906年。
　　　　篇後附《章君來書》、《又章君答書》，可知此年討論多次，均圍繞《左傳》
　　　　「凡例」。
〔註92〕姜義華《章太炎思想研究》（上海人民出版社1985年版）頁239。
〔註93〕按，民元後完成的《春秋左氏傳古例詮微》等討論《左傳》「凡例」的系列論
　　　　文，都是此一時期問難的結果、結論的深化。

由保存「先漢故言」的《左傳》這部經典之作表現出的濃厚興趣，顯示了「國粹」與「種姓」的深刻印記。

第二節　論爭範圍：紮根思想領域——以「水地」區劃方言爲例

　　王風先生在《劉師培文學觀的學術資源與論爭背景》中特列「章劉之爭」一項，予以討論，是目前所知關注章太炎與劉師培論爭的專門論述。文中圍繞小學分歧觀照彼此文辭觀的差異及論爭，得出如下結論：

　　　　發生在晚清的這場文學論爭其戰場實際上是在語言文字領域。〔註94〕

這場論爭是否真的就「在語言文字領域」？

　　中國有悠久的語言解釋傳統，到信奉訓詁的乾嘉學者手裏，更發展爲「以詞通道」的解釋思想。〔註95〕周裕鍇先生聯繫闡釋學的基本精神指出：

　　　　乾嘉學者對訓詁之學的提倡，不過是遵循「語言文字是闡釋學中唯一的先決條件」這一基本定理而已。〔註96〕

因而，語言文字背後的思想才是解釋的真正動力。

　　章、劉二位都有深厚的小學背景，各自訓練有素，對訓詁考證的能事相當精熟並一致推崇。以對「夏音」屬南音還是北音的理解爲例，劉師培在《南北文學不同論》中引《荀子》「君子居楚而楚，居夏而夏」句時，在按語中說明，「夏爲北音，楚爲南音。音分南北，此爲明徵」：

　　　　餘杭章氏謂，夏音即楚音，不知夏音乃華夏之音。漢族由西方入中國，以黃河附近爲根據，故稱北方曰華夏，而南方之地則古爲荒服，安得被以華夏之稱？不得以楚有夏水，而夏楚音近，遂以夏音即楚音也。章說非是。〔註97〕

這段話針對章太炎《方言》夏、楚「同音而互稱」一說。其說如下：

〔註94〕《中國文學研究現代化進程二編》（陳平原主編，北京大學出版社 2002 年版）。

〔註95〕參李開《戴震評傳》（南京大學出版社 1992 年版）頁 15。

〔註96〕周裕鍇《中國古代闡釋學研究》（上海人民出版社 2003 年版）頁 350。

〔註97〕劉師培《南北學派不同論·南北文學不同論》，《劉申叔先生遺書》（《劉師培全集》，中共中央黨校出版社 1997 年影印本）本。

　　中國之燕樂，輓世以南曲爲安雅。而宛平成都會六百年，趨市朝者習其言，其樂浸隆。今南紀諸倡優，皆效幽、冀爲殺伐悲壯矣！

　　章炳麟曰：格以聲音之倫，而燕、趙間多清急，陸法言曰：吳、楚則時傷清淺，燕、趙則多傷重濁。此以紐切言之，燕趙多以輕脣爲牙音，故云重濁。若音響之緩急剛柔，則反是。所謂嗷音也。且京師者，有時而爲陵谷聲樂之大湊，必以水地察其恒爲都會者。齊州以河、漢分南北：河衛之岸，謂之唐、虞；漢之左右，謂之夏、楚。舜以南風，紂以北鄙，劉向辨其違矣。周人作「四始」，而音流入於南，不歸於北。取《說苑·修文篇》義。古者北方有五聲，至文、武始增和穆二變，明南音獨進化完具。故《韓詩》之說《周》、《召》，以爲其地在南陽、南郡間。大史公曰：潁川、南陽，禹之所都，至今謂之夏人。南郡固全楚時郢都也。孫卿有言：君子居楚而楚，居夏而夏，居越而越。夏之與越，相爲正乏；夏之與楚，相爲扶持。故質驗之以地，二南如此。質驗之以水，沔、漢之川，下流入荊州，而命之曰夏水，其國曰楚。若然，夏楚者，同音而互稱。楚從疋聲，聲本同夏，其說詳後。晉名於晉水，齊名於天齊，楚名於夏水，其比類一也。毋其南陽、南郡者，故爲二夏，若鎬池、伊雒之爲二周，與殷之有三薄邪？齊州之音，以夏、楚爲正，與河衛絕殊。故曰能夏則大。然猶謂楚聲南蠻侏離。此河衛之間，里巷婦子之私言，未足以爲權量也。察文王之化，西南被於庸、蜀、濮、彭，而江漢間尤美。故克殷之役，史岑稱之曰：「蒼生更始，朔風變楚。」《出師頌》。審師文王者，必不夷俗裹音楚矣。二南廣之以爲「雅」。雅之義訓爲烏不反哺者，而古文爲疋。疋者，即人腓脛，樂府無所取其度。此以知雅則同夏，而疋與楚同聲，其文皆叚借。故二雅者，夏楚之謂也。二雅張之以爲「頌」。頌者，在《周官》則隸九夏。故金奏肆夏者，頌之《時邁》也。繇是言之，四始之聲，惟楚夏以爲極。〔註98〕

章太炎之所以主「夏音即楚音」，意在通過論證「文王之化」的廣被，說明「四始之聲，惟楚夏以爲極」的南紀盛況。劉師培解釋成「華夏之音」的意圖則在

〔註98〕《訄書》重訂本《方言》，《章太炎全集》（上海人民出版社1982～1986年版）（三）頁203、204。

強調「音分南北」的現象古已有之，從而爲他區分南北文學找到源頭上的支持。二說均有訓詁的依據，孰是孰非，很難遽下定論。〔註99〕但劉師培的《南北文學不同論》不是單篇論文，此篇與《南北考證學不同論》、《南北理學不同論》等五篇文章前後相續，在《國粹學報》連續發表，形成系列，彙爲一組，總題《南北學派不同論》，各篇同爲劉師培構想南北學派不可分割的部分。因此，唯有對南北學派的統系加以分疏，把握其總體構想，才能更準確地理解「音分南北」的眞實涵義。這組論文，數《南北考證學不同論》篇幅最長，份量最重。作者首先以正名方式說明以「考證」命名的合理性，附於題下：

> 近代之儒所長者固不僅考證之學，然戴東原有云，有義理之學，有詞章之學，有考證之學，則訓詁典章之學皆可以考證一字該之。袁子才分著作與考據爲二，孫淵如作書辨之，謂著作必原于考據，則亦以考據該近代之學也。若目爲經學，則近儒兼治子史者多矣，故不若考證二字之該括也。〔註100〕

原其所以，劉師培所指的「考證學」，實際就是一般通稱的經學，其範圍兼括「子史」。根據清儒重視經學及考證的治學特點，劉師培將講論重點置於本論題下正是對此有所考慮。

文章繼而分疏各學派源流所以，分成南北兩派，北派以皖南江永、戴震爲中堅，向外擴散，統領乾嘉，盛況以成。爲直觀說明其分派思路，可參如下二表（頁28～30）：

以上劉師培將以江、戴爲中心的皖南學派劃歸北派，顯然有悖地理常識。他這樣解釋：

> 皖南多山，失交通之益，與江南殊，故所學亦與江南迥異。
> 〔註101〕

〔註99〕按，程會昌（千帆）《文論要詮》（《民國叢書》本）收錄《南北文學不同論》時，此句下有按語：「章君之論，見《檢論‧方言》篇。以聲音訓詁證史者，發自清儒，而近賢尤優爲之。此雖佐證之一尙，而欲考據精詳，則非持此可盡。即如二君之說，以夏通雅，則爲北音，以夏通楚，則爲南音，其據音近爲訓一也，而違異若此。則學者當愼擇焉。要之，史迹茫昧，書闕有間，信以傳信，疑以傳疑，於所不知，案而不斷，亦寡過之一道也」。程先生從僅「以聲音訓詁證史」的局限及文獻不足的角度「案而不斷」，較爲謹愼。另，程先生所據《檢論‧方言》與《訄書》重訂本《方言》字句稍有不同。」

〔註100〕劉師培《南北學派不同論‧南北考證學不同論》，《劉申叔先生遺書》（《劉師培全集》，中共中央黨校出版社1997年影印本）本。

〔註101〕劉師培《南北學派不同論‧南北考證學不同論》，《劉申叔先生遺書》（《劉師

章太炎描述皖南一帶方言時提到,「東南之地,獨徽州、寧國處高原,爲一種」、「然山國陵阜,多自鬲絕,雖鄉邑不能無異語,大略似也」。〔註102〕這段話可能是劉師培立說的直接依據,但作者所用「交通」一詞還帶有特別的意味。梁啓超在 1902 年推尋「周末學術思想勃興之原因」時就熱衷於討論「交通」,不能不使人產生聯想。其論述如下:

> 泰西文明發生,有三階段:其在上古,則腓尼西亞以商業之故,常周航於地中海之東西南岸,運安息、埃及之文明以入歐羅也;其在中世,則十字軍東征,互二百年,阿剌伯人西漸,威懾歐陸,由直接、間接種種機會,以輸入巴比倫、猶太之舊文明與隋、唐時代之新文明也;其在近世,則列國並立,會盟征伐,常若比鄰,彼此觀感,相摩而善也。由此觀之,安有不藉交通之力者乎?交通之道不一,或以國際,各國交涉,日本名爲「國際」,取《孟子》「交際何心」之義,最爲精善。今從之。或以力征,或以服賈,或以遊歷,要之其有益於文明一也。春秋戰國之時,兼併盛行,互相侵伐。其軍隊所及,自濡染其國政教、風俗之一二,歸而調和於其本邦。征伐愈多,則調和愈多,而一種新思想,自不得不生。……故數千年來,交通之道,莫盛於戰國。〔註103〕

> 宋、鄭,東西南北之中樞也,其國不大,而常爲列強所爭,故交通最頻繁焉。於是墨家、名家,起於此間。墨家之性質,前既言之矣;而墨翟亦名學一宗師也。名家言起於鄭之鄧析,而宋之惠施,及趙之公孫龍,大昌之。名家言者,其繁重博雜似北學,其推理俶詭似南學,其必起於中樞之地,而不起於齊、魯、秦、晉、荊楚者,地勢然也。其氣象頗小,無大主義可以眞自立,其不起於大國而必起於小國者,亦地勢然也。要之此齊、秦晉、宋鄭之三派者,觀其大體,自劃然活現北學之精神,而必非南學之所得而混也。地理與文明之關係,其密切而不可易,有如此者,豈不奇哉!〔註104〕

培全集》,中共中央黨校出版社 1997 年影印本)本。

〔註102〕《章太炎全集》(上海人民出版社 1982~1986 年版)(三)頁 206。

〔註103〕梁啓超《論中國學術思想變遷之大勢》(上海古籍出版社 2001 年版)頁 20、21。

〔註104〕梁啓超《論中國學術思想變遷之大勢》(上海古籍出版社 2001 年版)頁 30、31。

梁啓超詳論「交通」，意在說明自由空氣對產生新思想的促進作用，劉師培則對此作了逆向理解，強調多山不便交通的地理致使皖南形成相對封閉的環境，從而與周圍世界斷絕了聯繫。這樣，皖南學術就很自然地與江南學風無緣。

表一　考證學各派源流

	宋	明	清				備註
北學（鮮信緯書，重經術略文辭）			江淮以北	山陽閻若璩（發僞書，開惠、江、王、孫之先）、濟陽張爾岐、鄒平馬驌	淄川薛鳳祚（算學）		咸與江北學派相似
					山陽吳玉搢、萊陽趙曾、偃師武億（小學、金石學）		
					曲阜孔廣森（《春秋》）（得戴震之傳）		
					曲阜桂馥、棲霞郝懿行（《爾雅》、《說文》）守儀徵阮元之傳		
					大名崔述（考辨、訂正古史）		
			皖南	梅文鼎（精推步）			揚州經學之盛，自蘇常外，東南郡邑莫之與京，集北學大成。
				汪紱（即物窮理）			
				江永（聲律、音韻、曆數、典禮，會通、比勘）戴震（辨物正名、同條共貫）	揚州江北	金壇段玉裁（另傳）	
						高郵王念孫（黃承吉，精微之說與其相符）	
						興化任大椿（凌曙，以禮爲標）	儀徵劉文淇（與寶應劉寶楠合稱「淮東二劉」）
						儀徵阮元友於王氏、任氏、從凌氏、程氏（瑤田）問故，與甘泉焦循切磋，樹立風聲。	
南北交通			惠棟、洪亮吉、顧千里、趙翼友教揚州，南學輸北。阮元主學政，北學傳南				
南學（鮮精禮	王應麟（清學	楊愼修、焦竑	炫博騁詞	浙東	萬斯大（明季黃宗羲弟子，禮學）武斷無家法		東南人士朱彝尊、杭世駿、厲鶚、全祖望等喜沉博之文
					蕭山毛奇齡（黜宋崇漢）附會、務求詞勝		
					德清胡渭（象數輿圖之學）採掇未精		

學，飾文詞以輔經術）	鼻祖）	吳越（受浙東影響）				。校勘，執古改今，義多短拙。摭拾，抱殘守缺。吳越短促支離
		吳越（受浙東影響）	蔡德晉、盛世佐、任啓運（《禮經》）	雜糅眾說、不主一家		
			朱鶴齡、陳啓源（《毛詩》）			
			吳鼎、陳亦韓（易學）			
			俞汝言、顧棟高（《春秋》）			
				掇拾、校勘	武進臧琳（迂僻固滯）	
					東吳惠棟、余蕭客、江聲	
					錢大昕、王鳴盛	
					王昶（未窺堂奧）	
					孫星衍、洪亮吉等疏群經	

表二 清學各派總要

派別		代表人物		說明	備註
北方	辨物正名	江北、北方之儒	徽州之儒江永、戴震等		咸精當
	格物窮理			格物類、窮實理，與宋明虛言格物窮理不同。	
南北交通	南方輸入江北	涇縣包慎言、寶應劉恭冕、丹徒莊棫		摭刺公羊	
	江北輸入南方	閩中學派		得阮元義理、訓詁、禮學等	
		浙中學派			
南方	炫博騁詞	萬斯大、蕭山毛奇齡等			所雜陰陽災異，最無稽
	擷拾校勘	江南學者		雖無傷於大道，然亦廢時玩日之一端	
		嶺南（主擷拾，陳澧）			
		黔中（近校勘，遵義鄭珍父子、黎庶昌，獨山莫友芝父子）			

	常州今文之學（莊存與、劉逢祿、宋翔鳳、魏源、鄒漢勛等）	輸入嶺南：王闓運、廖平		東南文士多便之
微言大義		龔自珍、龔澄、邵懿辰、戴望（純師法）		

　　1902 年左右，正是日本地理學說隨翻譯熱潮被大量引進的時候，也是梁啓超論述地理與文明興致最濃的時候。那時，他借助日本學者的成果，憑藉特有的「條陳」功夫〔註105〕發表了一系列地理學論文，〔註106〕贏得廣泛讀者。劉師培對此應該不會陌生。因此，借助「文化地理」，就成了他扭轉論爭局面的關鍵。

　　「多山」與「交通」因爲有梁啓超的系統論述在前，似論據充分，不成問題。因而，當他在 1905 年接過話題再來討論時就顯得順理成章。〔註107〕劉師培年少氣銳的鋒穎催促了他短期內創作的豐盈和高產，從 1905 年 3 月到 10 月，僅半年多，就完成了南北學派的系統構建，迅速博得喝彩。

　　如果對二十世紀初的學界狀況並不生疏，那麼，章太炎對皖南與江南關係的描述同樣不應該遺落在我們的視野之外。《訄書‧清儒》寫道：

　　　　初，大湖之濱，蘇、常、松江、大倉諸邑，其民佚麗。自晚明
　　以來，憙爲文辭比興，飲食會同，以博依相問難，故好瀏覽而無紀
　　綱，其流風遍江之南北。惠棟興，猶尚該洽百氏，樂文采者相與依
　　違之。及戴震起休寧，休寧於江南爲高原，其民勤苦善治生，故求

〔註105〕梁啓超《清代學術概論》（上海古籍出版社 1998 年版）朱維錚導讀 29 引《石語》故事予以說明。尚小明《論浮田和民〈史學通論〉與梁啓超新史學思想的關係》（《史學月刊》2003 年第 5 期）稱述梁啓超雖照搬浮田氏理論，但更具條理的特點，可參。

〔註106〕參梁啓超《論中國學術思想變遷之大勢‧導讀》（上海古籍出版社 2001 年版）。

〔註107〕按，夏曉虹《梁啓超的文學史研究》（《中國文學研究現代化進程》，王瑤主編，北京大學出版社 1996 年版）指出：「嗣後，劉師培撰《南北文學不同論》，與梁氏說法大致相近，而更精微。」並提到，梁啓超「有關文學地理學的構想雖粗具輪廓，專篇論述卻未寫出。倒是梁氏當年的政敵劉師培迅速接過此題目，於《南北學派不同論》中專設《南北文學不同論》一章，證明這一新視角顯然有獨特的魅力」。夏先生重在發掘梁啓超以「文化地理學」視角探觸文學的意義，因而僅限於「南北文學」的闡發，對「文化地理」與「南北學派」的勾連則未予引申。

學深邃，言直戇而無溫藉，不便文士。〔註108〕

這裡區分吳皖的思路及對休寧固守一家的強調，與劉師培的構想十分吻合。但接下來描述的故事卻值得研味：

> 　　震始入四庫館，諸儒皆震竦之，願斂衽為弟子。天下視文士漸輕。文士與經儒始交惡。而江淮間治文辭者，故有方苞、姚範、劉大櫆，皆產桐城，以效法曾鞏、歸有光相高，亦願尸程朱為後世，謂之桐城義法。震為《孟子字義疏證》，以明材性，學者自是薄程朱。桐城諸家，本未得程朱要領，徒援引膚末，大言自壯。案：方苞出自寒素，雖未識程朱深旨，其孝友嚴整躬行足多矣。諸姚生於紈綺綺襦之間，特稍恬愉自持，席富厚者自易為之，其他躬行，未有聞者。既非誠求宋學，委蛇寧靖，亦不足稱實踐，斯愈庫也。故尤被輕蔑。範從子姚鼐，欲從震學；震謝之，猶亟以微言匡飭。鼐不平，數持論詆樸學殘碎。其後方東樹為《漢學商兌》，徽章益分。陽湖惲敬、陸繼輅，亦陰自桐城受義法。其餘為儷辭者眾，或陽奉戴氏，實不與其學相容。儷辭諸家，獨汪中稱頌戴氏，學已不類。其他率多辭人，或略近惠氏，戴則絕遠。夫經說尚樸質，而文辭貴優衍：其分涂自然也。〔註109〕

作者渲染「文士與經儒」的矛盾，顯然意在鄙薄文士的不學。但需要注意的是，章太炎在批評桐城古文「大言自壯」的同時，帶上了對儷辭各家的數落。點名汪中的一筆，暗示了駢文家與揚州的聯繫。汪中是劉師培推重的鄉先賢，〔註110〕也是其文學入門的導師，在《甲辰年自述詩》中，他這樣自我表露：

> 　　我今論文主容甫，采藻秀出追齊梁。〔註111〕

劉師培是揚州人，曾立志光大揚州學術。熟悉他的南桂馨為其序遺集時提到一段故事：

> 　　清三百年駢文莫高于汪容甫；六朝文筆之辨則以阮文達為最堅。昔周書昌（永年）、程魚門（晉芳）論定文章，稱桐城為天下正

〔註108〕《章太炎全集》（上海人民出版社 1982～1986 年版）（三）頁 157。

〔註109〕《章太炎全集》（上海人民出版社 1982～1986 年版）（三）頁 157、158。

〔註110〕劉師培《左盦外集》（《劉師培全集》，中共中央黨校出版社 1997 年影印《劉申叔先生遺書》本）卷二十《六儒頌‧序》：「予（劉師培）束髮受經，服膺汪氏（中）之學。」按，《六儒頌》亦見其《左盦集》卷八，但《序》文少此句。

〔註111〕劉師培《中國中古文學史講義》（上海古籍出版社 2000 年版）附錄。

> 宗。申叔承汪、阮風流，刻意駢儷，嘗語人曰：「天下文章在吾揚州
> 耳！後世當自有公論，非吾私其鄉人也。」〔註112〕

劉師培化用眾所周知的桐城掌故爲揚州張目。當年，周永年、程晉芳寄語姚鼐「天下文章，其出於桐城乎」時，語氣「似乎是期待多於肯定」〔註113〕，這裡則充滿了舍我其誰的自信。章太炎對汪中及儷辭諸家的不屑，對年少躊躇的劉師培來說，顯然是個不小的挑戰。考慮到章太炎的前輩身份及在當時的社會聲望，初入學界的劉師培將何以自處？這是他首要面對的實際問題。

章太炎在衡量學術高下時，以近吳或近皖作爲一項重要標準。這在《南北考證學不同論》中被巧妙安排。同樣以皖南爲中心，劉師培通過揚州學人與戴震弟子的交往打通了與皖南的關節，從而續上了北方的學脈，同時因強調地理上與江南的隔絕，又與南方的吳派徹底劃清了界限，順利實現了其南北學術的構想。而章太炎尊皖抑吳的思想在重北輕南的敘述下也得到了充分發揮。

將視線從「南北考證學」移開，聯繫其前後相關論著，不難發現，劉師培對清學史派別的把握與章太炎竟然有針鋒相對的意味。同樣，爲直觀起見，這裡以圖表形式照搬其思路，成章太炎《清儒》清學分派表如下（頁33）：

皖南與江北的聯繫已如上述。此外，章太炎推舉黃式三，稱其與皖南交通，意在擡高自家淵源所自的浙東學術，劉師培則將黃式三與陳澧爲伍，同倡漢宋調和論。章太炎最反感陳澧的漢宋調和，劉師培並分理學爲實理和虛理，江永實理受其表彰，浙東虛理則遭貶斥。《南北學術不同論》針對《清儒》的這些方面均大可索解。

《訄書‧清儒》的完成在1902年夏至次年春，〔註114〕1904年在日本發表，次年重印，1906年再次改版，可見其影響之大，受眾之多。〔註115〕劉師培的《南北學派不同論》則在1905年的《國粹學報》上接連刊載。二位著論時間與「章劉之爭」前後相始終。因而，如果按照王風先生的說法，稱這場文學論爭的範圍「在語言文字領域」，恐怕封域不足。

〔註112〕《劉申叔先生遺書》（《劉師培全集》，中共中央黨校出版社1997年影印本）卷首附南桂馨序。
〔註113〕參曹虹《陽湖文派研究》（中華書局1996年版）頁7。
〔註114〕參姚奠中、董國炎《章太炎學術年譜》（山西古籍出版社1996年版）本年條下。
〔註115〕參《章太炎全集》（上海人民出版社1982～1986年版）（三）朱維錚《前言》。

《清儒》清學分派表

	清　初		乾　隆　朝　以　後				說明	與文辭之關係
清學派別	草創未精博，時糅雜宋明讕言		成學著系統者	吳南	惠棟：好博而尊聞（先有何焯、陳景雲、沈德潛等，尚洽通，雜治經史文辭）	弟子		該洽百氏，樂文采者相與依違之
						江聲、余蕭客（再傳江藩）		
						汪中、劉台拱、李惇、賈田祖	教於揚州	
						王鳴盛、錢大昕	聞風興起	
	德清胡渭審察地望　濟陽張爾岐明《儀禮》　太原閻若璩定偽書　崑山顧炎武明古韻			皖南	戴震：綜形名，任裁斷（受學婺源江永，深通小學、禮經、算術、輿地等）	弟子	教於京師	言直覈而無溫藉，不便文士（桐城諸家方苞、姚鼐等；陽湖惲敬、陸繼輅等；儷辭諸家汪中等）
						任大椿、盧文弨、孔廣森		
						最知名：金壇段玉裁、高郵王念孫（再傳德清俞樾、瑞安孫詒讓）		
						鄉里同學：金榜、程瑤田、凌廷堪、三胡（胡匡衷、胡承珙、胡培翬）		
						交通之學：定海黃式三（傳浙東學，始與皖南交通）		
				常州今文學	莊存與	弟子		皆以公羊為宗，務為瑰意眇辭，以便文士
						陽湖劉逢祿		
						長洲宋翔鳳		
						邵陽魏源、仁和龔自珍、邵懿辰		
						德清戴望		
						湘潭王闓運（弟子井研廖平）		
				陳澧	勾合漢宋，棄大體絕異者，取小小翕盍，以為比類。善傅會，諸顯貴務名者多張之			
備註	理學之言，竭而無餘華；歌詩文史楛；經世先王之志衰							

　　《南北文學不同論》中，劉師培以「音分南北」作爲區分南北文學的依
據，其間理論過渡的橋梁是「聲能成章者謂之言，言之成章者謂之文」，〔註116〕
而這正是劉師培針對章太炎語言文學「二者殊流」〔註117〕所給予的理論跟進。
同樣借助小學，劉師培以「聲音之學」爲聲援，將「文字者，基於聲音者也」
推衍成「作文以音爲主」，建立起語言文學的聯繫，〔註118〕與章太炎說對立。
可見，雙方從小學開始的論爭不僅涉及文學，也牽動整個南北學術體系的框
架。

　　需要進一步指出的是，章、劉論述「夏音」、「楚音」有更爲深層的思想
依據。劉師培《南北文學不同論》指出，「神州語言雖隨境而區，而考厥指歸，
則析分南北爲二種」，〔註119〕其下小注給出了詳細的中國方言分佈狀況，與章
太炎對方言的總體區劃大體一致，只是劉氏特以南北爲分，以奠定南北文學
的語音基礎。章氏十類中特突出楚音一種，〔註120〕尤其強調「蒼生更始，朔
風變楚」的重要性。《訄書・方言》篇尾指出：

　　　　夫十土同文字，而欲通其口語，當正以秦、蜀、楚、漢之聲。
　　然勢不舍徑而趣回曲，觀於水地，異時夏口之鐵道，南走廣州，北
　　走蘆溝橋，東西本其中道也，即四鄉皆午貫於是。君子知夏口則爲
　　都會，而宛平王迹之磨滅不終朝。是故言必上楚，反朔方之聲於二
　　南，而隆《周》、《召》。〔註121〕

　　章太炎設想建立以楚音爲基礎的全國通用語，意思非常顯豁。十種方言，
爲何獨舉「秦、蜀、楚、漢之聲」？除了文字音韻的依據，〔註122〕章太炎別
有一番地理的解釋。

　　他認爲，「水地」意義上的南方都會——夏口，據有水陸交通之便，早晚

〔註116〕《劉申叔先生遺書》（《劉師培全集》，中共中央黨校出版社 1997 年影印本）。
〔註117〕參章太炎《文學說例》，原刊《新民叢報》第五、九、十五號，轉引自《中國
　　　　近代文論選》（舒蕪等編選，人民文學出版社 1959 年版）。
〔註118〕參王風《劉師培文學觀的學術資源與論爭背景》，《中國文學研究現代化進程
　　　　二編》（陳平原主編，北京大學出版社 2002 年版）。
〔註119〕《劉申叔先生遺書》（《劉師培全集》，中共中央黨校出版社 1997 年影印本）。
〔註120〕按，《章太炎全集》（上海人民出版社 1982〜1986 年版）（三）《檢論》收錄此
　　　　篇時取消湖南一種，區爲九類。
〔註121〕《章太炎全集》（上海人民出版社 1982〜1986 年版）（三）207。
〔註122〕章太炎《駁中國用萬國新語說》指出：「南北相校，惟江、漢處其中流，江陵、
　　　　武昌，韻紐皆正，然猶須旁采州國，以成夏聲。」《章太炎全集》（上海人民
　　　　出版社 1982〜1986 年版）（四）頁 340。

會代替北方「宛平」〔註123〕。章太炎的解釋實際指向他之前擬想的一個預言。
《檢論》卷七《相宅》篇首《序》稱：

> 先武昌倡義九年，章炳麟與孫文遇于日本東京，縱言及建都，
> 歸而疏文，曰《相宅》。其後十年，清主退，南北講解，孫公不能持
> 前議，將建金陵。而章炳麟亦以蒙古、關東，遠不受控，且懼清裔
> 復興，亦釋前議，以宛平爲大湊。臨事之與縣論，道固殊也。宛平
> 既建，漠北卒不守，遼東粟末以上亦制于佗人。自以所策無效，天
> 保未定，終後不知其所說駕也。〔註124〕

「先武昌倡義九年」，爲 1902 年。同年章太炎與孫中山訂交。序言所指會晤
與交談即在此時。章太炎當時建議設三都，「謀本部則武昌，謀藩服則西安，
謀大洲則伊犁」，〔註125〕重視武昌的理由在於其地處水陸交通的樞紐地位。
〔註126〕其實章太炎以武昌爲國都的設想在初版《訄書・宅南》中，就大體
成型。《宅南》著眼於水利交通，專門論述武昌的重要性。其用意則在於防
範滿洲貴族：

> 且胡種北攣，而圈地既不可復矣，逐之宜也。不能逐，將冤侮
> 雅遜乎？則寧就其故而予之，非新割吾民之壤以畀仇矣。故東不邑
> 金陵，南不邑長沙，而武昌焉爲都會者，無他，將北望襄樊以鎮撫
> 河雒，而斥候及燕以爲采衛，使滿洲貴族之在河朔，猶無失其保塞
> 之職爾。夫保塞者之拘於籓籬，而食息其壤。斯其所以不得南渡，
> 以奸吾政也。〔註127〕

從 1900 年初版的《宅南》到 1902 年與孫中山交談後的《相宅》，前者還只是
主分而治之的策略，滿洲在中國仍有一席之地，後者則徑以敵國而取代之，
這一變化正顯示出章太炎越來越強烈的排滿心理。

　　出於對未來新生國家的想像，章太炎通過分析山水形勢汲汲論證武昌爲
建都必選之地的正當性與合理性。方言上的依據就是以楚音爲中國方音之

〔註123〕按，舊縣名，屬北京市，此指北京。參徐復《訄書詳注》（上海古籍出版社
　　　　2000 年版）頁 351 注三。
〔註124〕《章太炎全集》（上海人民出版社 1982～1986 年版）（三）頁 562。
〔註125〕《章太炎全集》（上海人民出版社 1982～1986 年版）（三）頁 564。
〔註126〕參《訄書》重訂本《相宅》，《章太炎全集》（上海人民出版社 1982～1986 年
　　　　版）（三）頁 75。
〔註127〕《章太炎全集》（上海人民出版社 1982～1986 年版）（三）頁 75。

正。《方言》篇首指出，「且京師者，有時而爲陵谷聲樂之大湊，必以水地察其恒爲都會者」。因此，全篇圍繞「水地」審察「都會」之音。在中國「以河、漢分南北」的總前提下，借助從舜到文、武時代的聲樂遷化論證「南音獨進化完具」的判斷。漢水流域的夏、楚屬於這一聲系，與「河衛之岸」的唐、虞及北鄙紂音不同。接著說明「二南」中「南陽」爲「禹之所都」、「南郡」爲「全楚時郢都」，因而「夏之與楚，相爲扶持」，以上論「地」。就「水」而論，也是蹤迹彰明，夏、楚仍可以互稱。因此，章太炎得出「齊州之音，以夏、楚爲正」的結論。

這段論證有一個疑點。章太炎提出「夏音即楚音」，但習慣上從《荀子》以來就有以夏爲北，爲雅樂正聲，楚聲爲「南蠻侏離」的說法，二說似乎存在矛盾。章太炎的處理是這樣的：他首先斷定賤視楚聲的這一看法爲「里巷婦子之私言」，不足爲據，另用「克殷之役」——「蒼生更始，朔風變楚」的經典說法，說明這才是符合文王一系的認識。因此，他指出，「審師文王者，必不夷俗裹音楚矣」。最後再輔以小學的論證，「雅」之古文爲「疋」，而「疋」、「楚」爲同聲叚借，章說因而得以成立。

章太炎持論依據爲「聲樂」對「水地」的依賴：「夫聲樂者，因於水地，而蒼生當從其文者以更始。」〔註128〕因此，全文有相當篇幅論證「江漢之盛」，從河渠水道的疏通治理加以說明。最後得出結論：「迹江漢之盛，有輪郭於春秋，張於吳、晉，弭於宋，以至今。然其萌芽，即自變楚始。」〔註129〕

章太炎對武昌水地的關注及擬想武昌爲國都的思想後爲劉師培採納。劉氏《關中稱西北隩區，長江爲東南天塹，其地土之肥瘠，形勢之險夷，試以歷朝陳迹，證之近今大勢，博考精求，爲政治地理學之一助論》就繼續武昌爲水陸交通樞紐的思路，論述其形勢，並稱，「湖北據長江之中，以湖北控內地，則重在襄陽；以湖北理外交，則重在武昌。武昌八達之區，自上海至夏口，不過四日程，最便交通。且崇明沙爲外戶，白茅沙爲內戶，江陰、圌山、象山、焦山、都天廟、青山咀、烏龍山、田家鎮，重門疊險，置身堂奧，禦人戶闥。其土足以養其人，其才足以衛其國。居今日而講政治地理，固不能捨是而別據形勝也」，〔註130〕由襄陽到武昌，思路進退不出章太炎範圍，劉師

〔註128〕《章太炎全集》（上海人民出版社 1982～1986 年版）（三）頁 205。
〔註129〕《章太炎全集》（上海人民出版社 1982～1986 年版）（三）頁 205。
〔註130〕梅鶴孫著、梅英超整理《青谿舊屋儀徵劉氏五世小記》（上海古籍出版社 2004

培更規以「政治地理」，設想又進一步。可惜章太炎的意見後因形勢轉移未被
採納，章氏重檢《相宅》篇時仍心存遺憾。〔註131〕

　　章太炎強調「楚音」，不論是關於「夏水」與「楚國」關係的地理論證，
還是說明「四始之聲，惟楚夏以爲極」的南紀盛況，均顯示出以語言文字發
揚國粹的濃厚興趣。《檢論·方言》篇末有按語：「右《方言》篇，亡清庚子
（1900）、辛丑（1901）間爲之。時念清亡在邇。其後十年，義師亦竟起于武
昌。然正音之功，卒未顯箸。今世語音合唐韻者，莫如廣州，朱元晦（熹）、
陳蘭甫（澧）皆徵明之，其次獨有武昌耳。若夫小成榮華，固不足道。元魏
李沖云：『四方之語，竟知誰是？帝者言之，則爲正。』孝文雖胡人，亦知其
非是矣。」〔註132〕與其發明武昌形勝的初衷如出一轍。

　　章太炎重視水地的方言思想影響了 20 世紀中國早期對方言的分區。這一
時期黎錦熙以水域爲界的十二區成爲繼章太炎之後的又一代表。〔註133〕與章
太炎一樣，黎氏分法因爲過分強調水地而影響了結論的可靠，〔註134〕是另一
話題。

第三節　論爭的不和諧音：來自學術以外的干擾

　　章、劉之爭有力促進了彼此的思考，利於雙方學術的成長。劉師培「失
足」後章太炎曾致信勸慰，特揀取當年推心置腹的論學情誼相感召，並提醒
對方，珍惜這「千載一遇」的緣份：

　　　　申叔足下：與君學術素同，蓋乃千載一遇。中以小釁，翦爲仇
　　讎，豈君本懷，慮亦爲人詿誤。兼以草澤諸豪，素昧問學，夸大自
　　高，陵懱達士，人之踐怨，古今所同，鋌而走險，非獨君之過也！
　　天羑其衷，公權隕命，君以權首，眾所屬目，進無搏擊彊禦之用，

　　　年版）頁 102 附錄《劉申叔集外遺文》。
〔註131〕按，關於章太炎擇址建都的意見變化，另可參姜義華《章太炎思想研究》（上
　　　海人民出版社 1985 年版）頁 546、547。
〔註132〕《章太炎全集》（上海人民出版社 1982～1986 年版）（三）頁 488。
〔註133〕按，劉師培曾構想此類著作，未成。其《甲辰年自述詩》（劉師培《中國中古
　　　文學史講義》附錄，上海古籍出版社 2000 年版）：「方言古有《輶軒集》，遺
　　　語流傳顏籀知」，句下自注：「余擬采輯各種方言書，以地分類。」可參。
〔註134〕參盛林、宮辰、李開《二十世紀中國的語言學》（黨建讀物出版社 2005 年版）
　　　頁 346～348。

退乏山林獨善之地，彼帥外示寬弘，內懷猜賊，閑之游徼之門，致諸干揗之域，臧穀扈養，由之任使，賫春執爨，莫非其人，猜防積中，范醢在後，悲夫，悲夫！斯誠明哲君子所爲嗟悼者也。夫恩素厚者怨長，交之親者言至，僕之於君，藝術素同，气臭相及，猥以形壽，有逾恒人，視之若先一飯，精義冥思，亦有多算。君雅好聞望，不台於先，我自謂文學緒業，兩無獨勝，懷此觖望，彌以恨恨！然僕豈有雍蔽之志哉？學業步驟，與年相將，悠悠之譽，又非由己。疇昔坐談，蓋嘗勤攻君過，時有神悟，則推心歸美。此蓋儞友善道之常，而君豈忘之耶？自頃輖張，退息墳典，匈懷相契，獨有黃生，思君之勤，使人髮白。何意檉附，乃尋斧柯？令中夏無主文之彥，經術有違道之謗，獨學少神解之人，干祿得鼎烹之悔，以此思哀，哀可知已！君雖縶離鞅絆，素非愚闇，內奉慈母，亦聞史家成敗之論。絜身遠引，雖無其道，陽狂伏梁，爲之由己。蓋聞元朗、沖遠，皆嘗爲凶人牽引矣，先迷後復，無減令名。況以時當遯尾，經籍道息，儉德避難，則龍蛇所以存身，人能弘道，而球圖由之不隊。禍福之萌漸，廢興之樞機，可不察乎？然則唐棣之華，翩然如反，未之思也，何遠之有？〔註135〕

「學術素同」、「藝術素同」，章氏再三以同道自處，頗爲體貼地替其誤入歧途開脫。「思君之勤，令人髮白」，乃發自肺腑的由衷感慨。這裡不乏惺惺相惜地知音賞歎，更可見出太炎先生以「弘道」精神懷抱人生的莊嚴思考。因而，除設身處地審度其現實處境，又進一步爲護惜其千古令名獻計獻策，「絜身遠引，雖無其道，陽狂伏梁，爲之由己」，盼其「歸來」的懇切心情溢於言表。〔註136〕

信件開頭提到的「鋌而走險」，指劉師培入端方幕一事。對於這一不光彩的「落水」事件，劉師培外甥梅鶴孫記錄了詳細經過：

〔註135〕《章太炎全集》（上海人民出版社1982～1986年版）（四）頁157《再與劉光漢書》。按，《劉申叔先生遺書》（《劉師培全集》，中共中央黨校出版社1997年影印本）卷首附《章太炎黃季剛二君關於劉申叔君之文十首》收錄時題作「與劉光漢書（七）」，文字稍有不同。

〔註136〕《劉申叔先生遺書》（《劉師培全集》，中共中央黨校出版社1997年影印本）卷首附《章太炎黃季剛二君關於劉申叔君之文十首》錢玄同按語稱，「然章公對於申叔，實深愛其學，時縈思念，故前三年己酉（1909）尚移書勸其歸隱」，可參。

舅氏（劉師培）於戊申年（1908）再赴日本，閉戶著書，不問外事；倡社會主義革命，不像前幾年振聾發聵的宣傳種族革命了。其時年廿四歲，但已名聞全國。端方爲兩江總督，李瑞清爲兩江師範學堂監督，這時要開辦歷史、地理選科，爲全國高等教育的先河，必需請碩學高名的人擔任教授。訪得上海學通中西的姚文棟先生之子明煇，夙承家學，聘爲地理教授。惟歷史一門，仍乏通才。有人建議，延聘舅氏。但李瑞清以舅氏名挂黨籍，不敢專主。一日謁端督於寶華盦。端方因得到海內止存三本的《西嶽華山碑》，寶愛非常，遂在署內闢一精舍名寶華盦，公餘常與一班文學名流，在盦內讀碑談藝。李瑞清先商之丹徒陳慶年。陳字善餘，是一個博學多識的人，與端方契洽，時在督署爲首席幕僚，言聽計從。他本與舅氏有舊，聽了極爲贊成，力任進言。次日，即與端談到儀徵劉氏，三世傳經，家學淵源，爲嘉道以來江淮間第一。他本人又是英年博學，雖爲革命黨人，近年已不談種族革命。他若能來，實爲上選。端遂囑江寧藩司樊雲門具函禮聘，由李陳電約返國。舅氏尚在考慮，這時舅母何震久厭居東，聽小人之言，適符她的名利思想，以爲能與官場聯繫，自然另有出路，遂極力慫恿，加以要挾。舅氏是一個疎於世故的人，聽她的話，不能堅定立場，權其得失，就貿然返國。

舅氏與余杭章太炎氏學術既同，情好甚敦。因有不良分子造爲誹謗，說章炳麟外和內忌，游揚當道，有不利於孺子之心等語，登諸報章。再經舅母加以飾詞，舅氏引爲大恨，遂向太炎絕交。太炎百計修好，舅氏都是置之不理，有信亦不復的。太炎急了，遂寫了一封信與溫州孫仲容先生詒讓，託他調停。〔註137〕

引文結尾提到的信，題名爲《與孫仲容書》，原信說：

仲容先生左右，得書並《周禮正義》一襲，謹振董再拜以受。發書在去歲八月，至五月朏始達。自昔未侍先生杖履，既遭黨錮，修謁無緣，並賜書亦濡滯半歲，喜益悲矣。……海內耆碩，自德清（俞樾）、定海（黃以周）二師下世，靈光巋然，獨有先生。雖年

〔註137〕梅鶴孫著、梅英超整理《青谿舊屋儀徵劉氏五世小記》（上海古籍出版社2004年版）頁47、48。

逾中身，未爲大臺。浙人所仰望者，亦無第二人。願存精神，加餐食，長爲鄉土表儀，幸甚！幸甚！麟以寡昧款啓之身，荐更憂患，學殖荒蕪，無可自憙。內省素心，惟能堅守舊文，不惑時論。期以故訓聲均，擁護民德，遠不負德清師，近不負先生。雖並世目爲頑固，所不辭矣。儀徵劉生，舊名師培，新名光漢，字申叔，即恭甫（劉壽曾）先生從子，江淮之令。素治古文《春秋》，與麟同術，情好無間。獨苦年少氣盛，憙受浸潤之譖。自今歲三月後，讒人交構，莫能自主，時吐謠詠，棄好崇仇。一二交游，爲之講解，終勿能濟。以學術素不逮劉生故。先生於彼，則父執也。幸被一函，勸其弗爭意氣，勉治經術，以啓後生，與麟勠力支持殘局，度劉生必能如命。懇懇陳述，非爲一身毀譽之故。獨念先漢故言，不絕如綫，非有同好，誰與共濟。故敢盡其鄙陋，以浼先生。惟先生少留意焉。……後學章炳麟頓首上，五月初三日。〔註138〕

這封信是章太炎輾轉收到孫詒讓信後的回覆。作者首先交代對方音問遲達及自己年來顛沛的狀況，循循致意。隨後，章太炎以身膺「浙人」後繼的使命出發，請身爲前輩的孫詒讓暫處「海內耆碩」的「大老」身份，從中調護。章氏之所以不憚其煩，「懇懇陳述，非爲一身毀譽之故。獨念先漢故言，不絕如綫，非有同好，誰與共濟」，這種對保全「先漢故言」的高度自覺，正是促使「太炎百計修好」的深層動力。〔註139〕

孫詒讓是劉師培的父執輩，與劉氏上代交好，〔註140〕至此請動，實屬萬

〔註138〕《劉申叔先生遺書》（《劉師培全集》，中共中央黨校出版社 1997 年影印本）卷首附。按，梅鶴孫所引原函，與此篇不盡相同，當另有所本。又，此信有多種版本，《劉申叔先生遺書》收錄時，附有錢玄同按語：「《制言》三十影印原函，又《文錄》二，又《國粹》四十一。《文錄》與《國粹》皆有刪節，今依原函逐錄。」《制言》爲 1934 年秋章氏至蘇州舉辦國學講習會後創辦，1935 年 9 月創刊。《文錄》見於《章太炎全集》（上海人民出版社 1982〜1986 年版），《國粹》當指《國粹學報》。《文錄》與《國粹學報》除刪節外，字句上也略有更動，這對勤於刪革舊文的章太炎來說十分正常。但二文所刪正是有關勸解劉師培一節，應該別有隱衷。

〔註139〕南桂馨《劉申叔先生遺書》序稱，章太炎「以《春秋左傳》之故，與申叔臭味翁合」。陶菊隱《籌安會「六君子」傳》（中華書局 1981 年版）頁 127 載，武昌起義後，背棄革命的劉師培被拘留，章太炎以明儒方孝孺爲喻，請求保全「讀書種子」，劉氏得以幸免。可參。

〔註140〕參梅鶴孫著、梅英超整理《青谿舊屋儀徵劉氏五世小記》（上海古籍出版社

不得已。太炎先生認爲，先前所請調停之人沒有說動劉師培的原因在於「以學術素不逮劉生故」。《青谿舊屋儀徵劉氏五世小記》在引述此信時，這樣措詞：「太炎這封信寫得很有意思」。既是不情之請，自不便貿然強求；無奈骨鯁在喉，不吐委實不快。情急之下，唯有施展筆端騰挪跌宕的功夫，精心製作。用心把玩，確實很有意思。

　　從信末所署時間可知，此信完成於五月初三日，而孫詒讓恰於當年三月患上中風，五月二十二日即去世。〔註141〕章太炎當時正講學日本，〔註142〕考慮當時信件收發狀況，孫氏大概未及等到覆信，就遽爾長逝。章太炎「幸被一函，勸其弗爭意氣」及「度劉生必能如命」的美好願望遂成空想。

　　章太炎十分欽佩孫詒讓學問人品，一度想「親侍杖履」，但「自昔未侍先生杖履，既遭黨錮，修謁無緣」。信件開頭這幾句概括未免過於簡略，不便瞭解其礙於形勢的前因後果。爲清楚起見，可聯繫章氏《瑞安孫先生傷辭》參看。文中記載：

> 炳麟始交平陽宋恕平子，平子者，與瑞安孫先生爲姻，因是通於先生。……然炳麟始終未嘗見先生顏色，欲道海抵溫州，履先生門下，時文網密，不可。平子以白先生。先生笑，且曰：「吾雖無長德，中正之官，取決於膽，猶勝諸薦紳怯懾畏事者。自有館舍，可止宿也！」其後傾側擾攘堨壒之中，播遷江海間，久不得先生音問，平子亦荒忽不可得蹤迹。……先生視《新方言》以爲精審，賜之《周禮正義》，且具疏古文奇字以告。八月發書，比今歲五月，始達江戶，將以旬月抽讀《正義》，且以書報先生，願輔存微學，擁護民德，遠不負德清師，近不負先生。嗚呼！不浹辰乎，先生遂捐館舍，焉知向日所以詔炳麟者，今遂爲末命也！乃者先生不以炳麟寡昧，有所譽敕，自茲其絕！〔註143〕

胸中有此一段契闊因緣，自然不能釋懷。

　　梅鶴孫引述完《與孫仲容書》後，緊接著又一次記錄了章太炎的努力：

2004 年版）頁 48。

〔註141〕參朱瑞平《孫詒讓小學譾論》（商務印書館 2005 年版）附《孫詒讓學術活動繫年》。

〔註142〕參姚奠中、董國炎《章太炎學術年譜》（山西古籍出版社 1996 年版）本年條下。

〔註143〕《章太炎全集》（上海人民出版社 1982～1986 年版）（四）頁 223～225。

　　　　太炎在寫信與孫先生的次年，聽到舅氏就端幕的消息。除託某
　　君寄聲切責何震外，又寫了一封信與舅氏，情詞肫摯，識解明通。
　　〔註144〕

動用內外四方的力量後，唯有寄希望於情感的召喚，於是就出現了開端所引的那封信。

　　此舉雖然談不上能有多大把握，但在往日「情好甚敦」的交往中並不缺少因此而柳暗花明的先例。在講述這一事件過程中，劉氏後人交代了一個雙方「重歸於好」的插曲：

　　　　戊申年（1908）又赴日本，這一次外祖母同去的。章太炎也在
　　日，住在舅氏家中。章先生囚首垢面，衣巾經月不浣。養松鼠於袖
　　中，果殼和乾肉狼藉，室內蟲蠅飛擾。又夜斥下女，繼以號哭，旋
　　復高歌，舅母不能堪，噪逐之。先生逡巡出，入小旅舍。外祖母以
　　爲同在客中，宜相照顧，曉舅母以大義，命舅氏迎之歸。故先生見
　　外祖母，必致敬禮，與舅氏親若昆季。乃未久，以論學及政見不同，
　　聞其中有奸人播弄，遂略有齟齬，是年即歸國。〔註145〕

這裡的「章先生」酷肖傳聞中的「章瘋子」。爲人頗爲放浪的作風與噪逐之下「逡巡出，入小旅舍」的狼狽適相對照，二者形象生動地拼貼出章氏日常生活的剪影，從而爲認識太炎先生非比尋常的個性安上了精彩注腳。小小插曲的尾聲勾勒了一個申明大義的母親形象。這起由生活瑣事所觸發的逐客風波終因母命得到平息。因此，《與劉光漢書七》中，「君雖結離鞅絆，素非愚闇，內奉慈母，亦聞史家成敗之論」，以「慈母」、「史家」並舉，論其「素非愚闇」的生活根基，應該吸附了昔日記憶的碎影，而非尋常隨意的筆致。

　　《青谿舊屋儀徵劉氏五世小記》循著「記事」的線索親切追敘了劉師培短暫充盈的一生，以暗自感傷的筆觸記錄其身染沉疴的不幸。筆下屢屢泛起的無奈沖淡了全書溫馨的回憶氛圍。尤其不能釋懷的，是「舅氏」生命末期的「羈孤積瘁」〔註146〕。書中寫道：

〔註144〕梅鶴孫著、梅英超整理《青谿舊屋儀徵劉氏五世小記》（上海古籍出版社2004
　　　　年版）頁49。
〔註145〕梅鶴孫著、梅英超整理《青谿舊屋儀徵劉氏五世小記》（上海古籍出版社2004
　　　　年版）頁37。
〔註146〕語出梅鶴孫著、梅英超整理《青谿舊屋儀徵劉氏五世小記》（上海古籍出版社
　　　　2004年版）頁51。

　　舅氏自入川後，我就未見過一面。看到以上幾篇記載，聯想到
山西、四川幾年。他的病體如此嚴重，有醫生數十、診各殊詞之語，
亟思早日生還故里之情，讀之不禁淚下。而在這幾年外祖母在揚州，
皆不知其詳，就是家書亦不提及，思念之切，無夜不形諸夢寐。我
雖常隨母親歸寧省視，那能得到慰藉於萬一呢？外祖母是個意志堅
強的人，雖言笑如常，而內心痛苦，眞是不可想像的。迨靈耗傳來，
外祖母以七八高年，攖茲奇慘，遂於十月十二日逝世。去舅氏之歿，
僅一月有餘，傷哉！〔註147〕

劉母的百般呵護，在病重的劉師培至少能帶來些許精神的安慰，〔註148〕很可
惜，遠離桑梓的劉師培沒能圓夢，留下了永久的遺憾；這位老母親也因喪子
的巨大悲痛遽爾離世。對劉師培來說，老母的出面干預雖不能決定其人生走
向，但最起碼，內乏親慈的訓論，身邊缺少了規勸的聲音。劉師培後期一再
捲入政治漩渦，〔註149〕無疑加速了身心俱疲的過程，劉母痛心之餘，對此有
無過分自責呢？畢竟，母子相繼辭世前後僅隔月餘，實在太短促了。

　　對於章、劉交惡，《青谿舊屋儀徵劉氏五世小記》稱，「乃未久，以論學
及政見不同，聞其中有奸人播弄，遂略有齟齬」，〔註150〕所言大體不差。但理
解「論學」「不同」還不能過於生硬，否則雙方 1903 年開始頗爲投緣的論爭
事實便無從說起。

　　文章開頭所引的《與劉光漢書七》提示了論學過程中的不和諧音：「君
雅好聞望，不台於先，我自謂文學緒業，兩無獨勝，懷此觖望，彌以恨恨！
然僕豈有雍蔽之志哉？學業步驟，與年相將，悠悠之譽，又非由己」，可以

〔註147〕梅鶴孫著、梅英超整理《青谿舊屋儀徵劉氏五世小記》（上海古籍出版社 2004
　　　　年版）頁 53。
〔註148〕梅鶴孫著、梅英超整理《青谿舊屋儀徵劉氏五世小記》（上海古籍出版社 2004
　　　　年版）頁 51 提到，劉師培發病期間，劉母命人對來訪客人「一概謝絕」，並
　　　　以自家收藏讓他「優游翻閱」。對此情景，書中記載，「我看他的意思，似乎
　　　　很以爲樂的」，可參。
〔註149〕按，劉師培先隨端方入川，端方被暗殺後又至山西，依附閻錫山，經其推薦，
　　　　入袁世凱幕。劉氏贊成「君政復古」，此論出，即成爲眾所唾棄的罪人。參《劉
　　　　申叔先生遺書》（《劉師培全集》，中共中央黨校出版社 1997 年影印本）卷首
　　　　附尹炎培《劉師培外傳》及此篇下錢玄同按語。
〔註150〕梅鶴孫著、梅英超整理《青谿舊屋儀徵劉氏五世小記》（上海古籍出版社 2004
　　　　年版）頁 37。

感覺到章太炎的話外之音是針對劉師培一段時間以來的壓抑心理。〔註 151〕
在章氏眼裏，這位年輕人似乎有點急不可耐，因而信中提到，「猥以形壽，
有逾恒人，視之若先一飯，精義冥思，亦有多算」，實際在提醒對方，自己
的學業名望並非一蹴而就，也非刻意求取，而是有歲月的磨煉與驚人的意志
作保證的。〔註 152〕論學過程中的這種遺憾，應該不是章太炎本人的過於敏
感，離事實不會太遠吧。

　　劉師培年少氣盛、急於求成。從日常瑣事到革命行動，其行事作風都折
射了這一特別的心理。這裡不妨援引梅鶴孫記述的一則趣事：

> 　　舅氏（劉師培）爲深度近視眼，十餘歲即帶眼鏡，當時外國
> 眼鏡還未風行，只有銀框橢圓式，已比從前大圓鏡時髦了；但銀質
> 日久必起黑釉，必須常用粉擦。舅氏那有此種閒情，因此常爲眼鏡
> 變黑發怒，甚至摔擲。有一年冬天伯外祖母壽辰，賓客甚盛。江陰
> 何秋輦中丞彥昇來祝壽，章服鮮華，目御黃金鏡架，自增璀璨。舅
> 氏見之，即詢以何處可購。秋老即告以可向寶盛銀樓定製。次日，
> 即向外祖母說必須得此。外祖母言：「何來如此多金，無已，將我
> 的首飾持去改製吧。」即出飾金數件。舅氏向來未與市賈交易，並
> 不知銀樓所在，遂展轉託人代辦，不數日携歸，舅氏大樂，跳躍而
> 出。〔註 153〕

講述人本意在呈現劉師培天真可愛的一面，故事本身卻提供了更多信息。「常
爲眼鏡變黑發怒」，恐怕不是常人容易有的心理。一副眼鏡也許說明不了什麼
人生的大問題，但至少可以反映其性格急躁易怒的一面。

　　爲說明這一點，梅鶴孫再三舉例：

> 　　舅氏一直在家庭庇蔭與外祖母劬勞慈愛之下生長的，當然對於
> 人情世故是生疏的。所以在上海與子民（蔡元培）、太炎諸公朝夕談

〔註151〕參鄭師渠《晚清國粹派：文化思想研究》（北京師範大學出版社 1997 年版）
　　　　附《章太炎劉師培交誼論》。
〔註152〕按，章太炎在革命人士中享有較高聲望，至東京演說轟動一時。參姚奠中、
　　　　董國炎《章太炎學術年譜》（山西古籍出版社 1996 年版）1906 年條下。另，
　　　　章太炎爲革命冒險的經歷可參魯迅《關於太炎先生二三事》所記「七被追捕，
　　　　三入牢獄」。「七被追捕」說的第一手材料，見陳力衛整理、注釋《章太炎致
　　　　重野成齋的信（1900 年）》（李慶編注《東瀛遺墨——近代中日文化交流稀見
　　　　史料輯注》，上海人民出版社 1999 年版）。
〔註153〕梅鶴孫著、梅英超整理《青谿舊屋儀徵劉氏五世小記》頁 28。

論，思想日新。加以性情急躁，聽見人提一個意見，不假思索，不計利害，馬上實行。甲辰（1904），到河南會試，未中進士，心中更爲憤鬱，革命觀點愈加高漲。歸途過上海，住在一品香，當時廣西巡撫王之春奉清廷命，來滬與外國人簽定密約。這個密約醞釀已久，內容當然是喪權辱國的。舅氏與諸革命同志大爲憤恨，遂在一品香定議。由萬福華探明王之春次日在三馬路金谷春番菜館宴客。是日下午，舅氏即與陳佩忍等人，據聞還有章行嚴，各懷手槍前往行刺。由萬福華衝鋒直抵樓上。其時萬與王之春已經對面，正欲開槍，乃子彈不出膛，頃刻爲其護兵所執。舅氏與陳等甫到樓梯上層，目覩情形，隨即棄槍於地奔出。當被邏者盤問。見其形色倉黃，言語支吾，知爲怯弱書生，加以嫌疑罪名，拘入捕房坐了一夜，次日釋放。舅氏因有兩三處報館主持筆政，留滬未歸。萬福華直到辛亥光復時甫出獄。〔註154〕

劉師培參與刺殺不可能簡單歸結爲性情急躁的原因，〔註155〕但這次戲劇性的革命行動之所以倉皇失敗，很大程度歸因於革命志士心理準備的不足，否則臨陣不至如此匆促慌張。劉師培作爲積極參與者，表現十分拙劣。這只能說明無政府主義崇尚冒險與極端的理論對青年具有一時的蠱惑力和煽動性，但並沒能夠給他們提供充足的心理準備。〔註156〕這次行動可視爲劉師培與無政府主義的初次結緣，〔註157〕當時，革命陣營內許多矛盾尚未展開，對其思想影響不大。

〔註154〕梅鶴孫著、梅英超整理《青谿舊屋儀徵劉氏五世小記》（上海古籍出版社 2004年版）頁 36。

〔註155〕按，這是清末眾多暗殺行動中的一次，無疑受無政府主義（即社會主義）鼓吹的暗殺理論的影響。1903 年左右，各種進步刊物紛紛介紹無政府主義的暗殺手段，是這次行動的相關背景。參毛策《蘇曼殊傳論》（中國人民大學出版社 1995 年版）頁 32、33。又，清末盛行暗殺，涉及多種組織及團體，並不限於贊同革命者，保皇黨人也有參與，參桑兵《清末新知識界的社團與活動》（三聯書店 1995 年版）頁 115。

〔註156〕按，1904 年劉師培以「激烈派第一人」的筆名完成《論激烈的好處》，是這次行動的相關背景。參《辛亥革命前十年間時論選集》三聯書店 1960 年版）第一卷下冊，頁 887。

〔註157〕按，劉師培當時深爲盧梭社會契約論所吸引，對無政府主義學說關注不多。參王汎森《反西化的西方主義與反傳統的傳統主義——劉師培與「社會主義講習會」》，《中國近代思想與學術的系譜》（河北教育出版社 2001 年版）。

　　1906 年，東京的革命陣營處於低潮，日本的無政府主義團體內部卻有重要發展。1905～1906 年之間在獄中經過無政府主義洗禮的幸德秋水放棄了原先倡導的議會政治與公民普選路線，轉而相信工團主義與暴力主義，導致了日本社會主義團體的分裂。〔註158〕1907 年初，劉師培因被追捕而攜家東渡，與在日本的章太炎會面，彼此關係融洽。〔註159〕也就在這時，章太炎在同盟會內部掀起第一次反孫風潮，並有過激舉動。〔註160〕章太炎、劉師培這些同盟會中的「新思想家」〔註161〕很快與幸德接洽，共同組建了亞洲和親會，以聯合亞洲各國的無政府主義力量。〔註162〕

　　隨著日本無政府主義社團內部的分裂並介入同盟會內部事務，原有的各種矛盾糾集一處，日益激化。〔註163〕「新思想家」的無政府主義活動不久也遭到破壞。〔註164〕這期間章、劉思想均處於劇烈轉變的動盪期，也是疑慮如何革命的思想徘徊期。因為與「孫中山派的革命家」一度存在分歧，章、劉在同盟會中越來越趨向邊緣，處境十分不利。〔註165〕此時，章太炎情緒低落，原先給他革命力量的宗教暫時也成了心靈的避難所，因而萌生求佛印度的想法：

　　　　余自三十歲後，便懷出世之念。宿障所纏，未得自在。既遭王

〔註158〕參王汎森《反西化的西方主義與反傳統的傳統主義——劉師培與「社會主義講習會」》，《中國近代思想與學術的系譜》（河北教育出版社 2001 年版）。

〔註159〕參馬以君《蘇曼殊年譜》（《佛山科學技術學院學報》1985 年第 2 期、1986 年條第 1、3 期）本年條下、鄭師渠《晚清國粹派：文化思想研究》（北京師範大學出版社 1997 年版）附錄《章太炎劉師培交誼論》。

〔註160〕參姜義華《章太炎思想研究》（上海人民出版社 1985 年版）頁 253、254。

〔註161〕係屋壽雄語，轉引自王汎森《反西化的西方主義與反傳統的傳統主義——劉師培與「社會主義講習會」》，《中國近代思想與學術的系譜》（河北教育出版社 2001 年版）。

〔註162〕參馬以君《蘇曼殊年譜》（四）（《佛山科學技術學院學報》1987 年第 1 期）1907 年條下。

〔註163〕陶菊隱《籌安會「六君子」傳》（中華書局 1981 年版）頁 124 注①稱，「當時日本《革命評論》社主角宮崎滔天、平山周、和田三郎、北一輝等，先後參加了同盟會，並捲入了這次同盟會的內部鬥爭。其中宮崎滔天支持孫中山，平山周支持章太炎，和田三郎、北一輝則站在劉師培的一邊。另可參姜義華《章太炎思想研究》（上海人民出版社 1985 年版）頁 253～258。

〔註164〕按，1908 年 10 月，劉師培創辦的中國第一份宣揚無政府主義的報紙——《衡報》被查禁，標誌了「新思想家」無政府主義活動的結束。參王汎森《中國近代思想與學術的系譜》（河北教育出版社 2001 年版）頁 208。

〔註165〕參王汎森《反西化的西方主義與反傳統的傳統主義——劉師培與「社會主義講習會」》，《中國近代思想與學術的系譜》（河北教育出版社 2001 年版）。

賊之難，幸免橫夭，復爲人事牽引。濁世昌披，人懷悁恨。莊生云：
「陰陽錯行，天地大絯。水中有火，乃焚大槐。」今之謂也。非速
引去，有歐血死耳。當於戊申孟夏，披緇入山。舊好有曼殊師者，
蓋懷厭世離俗之志，名利恭敬，視之蔑如。雖與俗俛仰，餐啖無禁，
庶幾盧能之在獵群，亦猶誌公之茹魚膾；視彼身在蘭闍，情趣纓弗
者，乃相去遠矣。因以三十九歲所造影象寄之。蓋未得法身，雖大
士猶互存相見，而況其凡乎。〔註166〕

「非速引去，有歐血死耳」，足見形勢十分糟糕。1907～1908 年間，章太炎多
次邀請蘇曼殊同赴印度，但終因資斧不足未能成行。〔註167〕爲解決旅費，章
太炎開始聯絡在日本的清政府官員。〔註168〕1907 年底，劉師培以幫助章太炎
籌措旅費爲名，攜家回國，迅速與端方取得聯繫，並爲章太炎與端方談論條
件出力斡旋，生出歷史上一段公案。〔註169〕

　　劉師培靠攏端方是雙方交惡的導火線。1908 年初，章太炎、劉師培及蘇
曼殊仍同寓一處，〔註170〕關於端方的話題應該是寓所內的熱點。柳無忌《蘇
曼殊及其友人》記述：「陳仲甫（獨秀）亦講過，申叔（劉師培）把曼殊認作
傻子，他們夫婦和端方的關係，都不避曼殊面談講着。曼殊聽了，却把來告訴
仲甫。」〔註171〕同年蘇曼殊落款爲「四月八日」的《與劉三書》提到，「太（章
太炎）少（劉師培曾化名金少甫）兩公又有齟齬之事，而少公舉家遷怒於余。
余現已遷出，飄泊無以爲計」。〔註172〕蘇曼殊告知陳獨秀，實際等於將劉家結
交端方事公之於眾。聯繫 1908 年初，劉師培寓所發生的逐客風波，章太炎兩
度從劉氏寓所搬出，〔註173〕可以說，章、劉思想的波動催生了不愉快因素。

〔註166〕章炳麟《自題造象贈曼殊師》，《蘇曼殊全集》（柳亞子編，中國書店 1985 年
　　　　影印北新書局本）（四）頁 125。

〔註167〕參馬以君《蘇曼殊年譜》（《佛山科學技術學院學報》1987 年第 1 期、1987
　　　　年第 3 期）1907、1908 年條下。

〔註168〕參鄭師渠《晚清國粹派：文化思想研究》（北京師範大學出版社 1997 年版）
　　　　附錄《章太炎劉師培交誼論》。

〔註169〕參鄭師渠《晚清國粹派：文化思想研究》（北京師範大學出版社 1997 年版）
　　　　附錄《章太炎劉師培交誼論》。

〔註170〕參馬以君《蘇曼殊年譜》（《佛山科學技術學院學報》1987 年第 3 期）本年條
　　　　下。

〔註171〕《蘇曼殊全集》（柳亞子編，中國書店 1985 年影印北新書局本）（五）頁
　　　　21。

〔註172〕《蘇曼殊全集》（一）頁 208《與劉三書》「戊申（1908）四月日本」。

〔註173〕《蘇曼殊全集》（一）頁 339《與劉三信》「戊申（1908）八月上海」：「末底

章太炎不久便身陷來自劉師培夫婦的造謠誹謗，遭到革命同志對其人品的懷疑，在同盟會中陷於孤立。〔註174〕

章、劉交往，在於共同贊成革命的前提。因而，1906年當新形勢下新的學說再度興起，雙方一旦為其吸引，伴隨而來的必然是種族革命信念的動搖。〔註175〕無政府主義取消一切現行制度的極端理論使劉師培苦悶彷徨；同樣處在思想蛻變期的章太炎，也苦於找不到出路而一度消極頹唐。差別只在於，章太炎還承認步入理想社會前，需要先有一個過渡政府，劉師培則更激進，完全堅信可以一步到位，甚至連賴以革命的軍備也被一併取消。〔註176〕這就難怪會引起同盟會革命派的警惕。劉師培的這種急切心理，使他在鼓吹無政府主義過程中熱情高漲。從主辦《天義報》到《衡報》，劉師培、何震夫婦均一手操辦，積極異常。〔註177〕因而，報紙一旦遭到封禁、活動被迫停止，新的信仰已使他無可退守。聯絡端方並不違背其行事極端的邏輯，要麼徹底的革命，要麼徹底的保守。〔註178〕章、劉以贊成革命而開始的交往，最終必然因革命分歧而導致交往基礎的鬆動。南桂馨所謂「以政治而途分」〔註179〕的概括，大抵符合實際。

革命信念一旦動搖，建立其上的國粹也勢必遭到牽連。章太炎的信件顯示，論學過程中的怨忿早就為雙方的交往投下了陰影，根基其實並不牢靠。

（章太炎）、無畏（劉師培），同心離居，言之有餘恫焉。」

〔註174〕參姜義華《章太炎思想研究》（上海人民出版社1985年版）頁306、307、鄭師渠《晚清國粹派：文化思想研究》（北京師範大學出版社1997年版）附錄《章太炎劉師培交誼論》。按，兩書出發點不同。前者強調章太炎與端方聯絡處於被動，問題出在劉師培；後者則強調章太炎作為前輩，沒有盡到引導的責任，在出處大節的節骨眼上不是屬聲喝止，而是一再以保全「學術」為其開脫，可合參。

〔註175〕梅鶴孫著、梅英超整理《青谿舊屋儀徵劉氏五世小記》（上海古籍出版社2004年版）頁47：「舅氏（劉師培）於戊申年（1908）再赴日本，閉戶著書，不問外事；倡社會主義革命，不像前幾年振聲發聵的宣傳種族革命了。」可參。

〔註176〕參鄭師渠《晚清國粹派：文化思想研究》（北京師範大學出版社1997年版）附錄《章太炎劉師培交誼論》。

〔註177〕參王汎森《反西化的西方主義與反傳統的傳統主義——劉師培與「社會主義講習會」》，《中國近代思想與學術的系譜》（河北教育出版社2001年版）。文中並指出，章太炎雖然深受無政府主義影響，但沒有全心參與。

〔註178〕王汎森《反西化的西方主義與反傳統的傳統主義——劉師培與「社會主義講習會」》，《中國近代思想與學術的系譜》（河北教育出版社2001年版）。

〔註179〕南桂馨《劉申叔先生遺書》（《劉師培全集》，中共中央黨校出版社1997年影印本）序。

章太炎的幾句道理解除不了劉師培「雅好聞望」的急切心理。《青谿舊屋儀徵劉氏五世小記》對劉師培的事業、文章是這樣總結的：

> 舅氏學問文章，閎通淹雅，固爲學者所交推。但文人習氣，不免急功近名。加以妗氏時常慫恿，以爲在教育界當教授，是沒有什麼出路的；國内政治已到如蜩如螗的趨勢，學者不研究政治是行不通的種種論調，時加浸潤。況楊度、孫少侯等正在爲袁世凱包辦帝制，搜羅海内名流之時，舅氏與嚴復、繆小山諸君又是好友，所以就被列名籌安會。袁世凱即任以參政和上大夫的職位，是以當時就有《國情論》、《君政復古論》等文字流布。〔註180〕

「文人習氣」、「妗氏」慫恿，以及礙於朋友情面的不得已，等等，多種世俗力量的介入既激化了彼此矛盾，也影響到劉師培對其個人道路的選擇。〔註181〕也難怪，章太炎勸諫的種種努力，終歸無效。

　　章、劉交惡所反映的不只是私人之間的恩怨，實際還牽涉到雙方與革命陣營的衝突。〔註182〕研究者在處理這一問題時，一般都會補記上性格因素的一筆。〔註183〕關於這一點，章、劉二位其實頗爲相似。以此作風爲人與行事，

〔註180〕梅鶴孫著、梅英超整理《青谿舊屋儀徵劉氏五世小記》（上海古籍出版社2004年版）頁54。

〔註181〕按，對於章、劉交惡，鄭師渠《晚清國粹派：文化思想研究》附《章太炎劉師培交誼論》稱：「固然，我們強調劉對章的忌恨是二人交誼破裂的眞實原因，並不意味著無視二者政治上對立（革命者與叛徒）的意義，而只是説，事實上在此種對立被人們明確意識到之前，劉的忌恨心理的發展已足以摧毀了彼此的交誼罷了。」對忌恨心理有所誇大。另，《青谿舊屋儀徵劉氏五世小記》（上海古籍出版社2004年版）再三強調受小人撥弄的因素。劉師培同時交好也有這方面的記録。如蔡元培《劉君申叔事略》（《劉申叔先生遺書》卷首附）稱，「君忽與炳麟齟齬，有小人乘間運動何震，劫持君爲端方用」。《劉申叔先生遺書》（《劉師培全集》，中共中央黨校出版社1997年影印本）卷首附《章太炎、黃季剛二君關於劉申叔君之文十首》，題下有錢玄同按：「以讒人離間，竟致失和」。《青谿舊屋儀徵劉氏五世小記》末附汪東《題青谿舊屋儀徵劉氏五世小記後》稱「惑於僉壬」。陶菊隱《籌安會「六君子」傳》（中華書局1981年版）、姜義華《章太炎思想研究》（上海人民出版社1985年版）頁296～315等有更詳細的介紹，可參看。

〔註182〕按，柳亞子《蘇玄瑛新傳》稱「章劉以私憾失歡」，僅及一層。見《蘇曼殊全集》（柳亞子編，中國書店1985年影印北新書局本）（四）頁276。

〔註183〕按，如《民報》後期章太炎與孫中山的矛盾就緣於心急氣火，未作調查便急於結論，參姜義華《章太炎思想研究》（上海人民出版社1985年版）頁303。王汎森先生在分析劉師培追求無政府主義的理想遭受挫折時就引用了「性急

誤解與衝突便在所難免。1907 年以前兩個性情急躁的人同處的機會並不多，1907 年以後，終於搬到一處，同在屋簷下，齟齬也隨之而來。雙方除了要應付來自生活的難題，更何況，在晚清民初，還要經受易代之際身心人格的巨大考驗，這絕對是個不小的挑戰。由於事情的發展最終關係到革命的大是大非，章太炎在勸退不成後，對劉師培終身懷有芥蒂。〔註 184〕

如果說章、劉訂交緣於對革命的信仰，那麼由此而來的熱情曾使雙方的論爭頗見精彩，卻是不容置疑的事實；同時也應該承認，過於熱情的結果一定程度上阻礙了論爭的正常開展，〔註 185〕相應地其學術結論的可靠性也必然有所折扣。〔註 186〕同樣，隨著分歧的深入與雙方交往的中斷，彼此爭論也陷入了僵局。〔註 187〕

無恒」的概念，參其《反西化的西方主義與反傳統的傳統主義 —— 劉師培與「社會主義講習會」》，《中國近代思想與學術的系譜》（河北教育出版社 2001 年版）。

〔註 184〕按，章太炎晚年回憶時很少提及劉師培。參鄭師渠《晚清國粹派：文化思想研究》（北京師範大學出版社 1997 年版）附錄《章太炎劉師培交誼論》。

〔註 185〕按，王風《劉師培文學觀的學術資源與論爭背景》（陳平原主編《中國文學研究現代化進程二編》，北京大學出版社 2002 年版）提到，劉師培對於章太炎在 1906 年構築的《文學論略》新體系，沒有進行正面論爭，篇中頁 20 注 4 提到這樣的事實，「在當時的《國粹學報》上，章太炎連載《春秋左傳讀敘錄》，劉師培連載《漢代古文學辨証》，共同打擊今文學派，這是二人學術上配合最密切的時期」，可見論爭精力的轉向。

〔註 186〕按，南桂馨《劉申叔先生遺書》序中提到革命前後劉師培對公羊學態度的幾次轉變即是例證。另，沈玉成、劉寧《春秋左傳學史稿》（江蘇古籍出版社1992 年版）頁 354～355 提到，「無論章太炎還是劉師培，都拘守古文家左丘明受經作傳之說，對《左傳》內容缺乏深入考察，因此其對《左傳》成書情況的分析還有許多可商榷之處」，可參。

〔註 187〕王風《劉師培文學觀的學術資源與論爭背景》（陳平原主編《中國文學研究現代化進程二編》，北京大學出版社 2002 年版）頗為惋惜地說明章、劉 1907 年關於「美術」與「實學」爭論的夭折，「章太炎為文學建立的龐大理論構架因為劉師培陣地的遷移而缺少強有力的回應，不免有點可惜」。

第二章　皖南學派中心地位的確立
——章劉對文辭的避讓

　　章太炎的《清儒》嚴辨吳、皖，其劃分依據是吳派「好博而尊聞」，皖派「綜形名，任裁斷」。這段話屢屢爲人提起，同篇論述兩派與文辭的關係卻少有人注意。其論惠棟，「猶尚該洽百氏，樂文采者相與依違之」，戴震則「求學深邃，言直覈而無溫藉，不便文士」。章氏的樸學背景暗示：皖派學理精粹，吳派則似不夠醇正。與吳派有染的江南文士，除桐城古文巨子及麾下陽湖諸子外，還有揚州儷辭諸家，同樣遭到不屑。《清儒》篇的補寫在 1902 年夏末至次年初，同年正是章太炎開始專注於文辭、討論文辭與「正名辨物」關係的重要年份。章氏特拈出「文辭」一節，事出有因。劉師培自許爲光大揚州學術的重要傳人，針對章太炎揶揄揚州的敘述，積極調動自然地理與人文地理的豐富資源，構建起南北學術的新體系。劉師培繼章太炎、梁啓超之後再次推尊皖南，加強了皖南爲清學中樞的印象。

第一節　《訄書》自擬《昌言》與章太炎的文體探索
——六朝「精辨」文的新系列

　　章太炎重視「歷史」對於革命的意義，一生勤於筆耕，以文字發明往古，宣揚中國文化。彙集其思想精粹的《訄書》結集後共經歷兩次大的體系調整，內部零碎修正更不計其數，顯示了隨時檢討的思想印記。《訄書》最終定名爲《檢論》，觀其過程，始終處於修改狀態。〔註1〕

〔註 1〕《章太炎全集》（上海人民出版社 1982～1986 年版）（三）朱維錚《前言》。

　　《訄書》對於形成《檢論》的預備性質，依託於章太炎思想的成長。章氏《自述學術次第》稱，「余所撰著，若《文始》、《新方言》、《齊物論釋》及《國故論衡》中《明見》、《原名》、《辨性》諸篇，皆積年討論，以補前人所未舉。其他欲作《檢論》明之」。〔註2〕可見，《文始》等書彙聚了《訄書》以後的新思想，境界更上一層。《檢論》的完成正是以此爲基礎。此句下另有章氏小字按語：「舊著《訄書》，多未盡理，欲定名爲《檢論》，多所更張。」〔註3〕顯示了《訄書》所寄寓的遠大抱負及章氏持續的關注。

　　《訄書》書名取自「逑鞠迫言」，「逑鞠」意爲「窮迫」，〔註4〕收錄的都是章太炎急於想說的話。〔註5〕書中除部分內容取自章氏早年的讀書筆記外，其餘即爲離開詁經精舍後的新作。1897 年，章太炎受《時務報》經理汪康年邀請，從杭州趕赴上海，參與該報編纂。當時梁啓超主筆政，周圍聚集了一批維新人士。章氏不同意維新派的「孔教」觀，雙方因而發生衝突，章太炎最終憤然離開。隨後，他又參與創辦了興浙會及會刊《經世報》，另外還有《實學報》、《正學報》等，均因思想分歧導致彼此分道揚鑣。經歷一系列風波後，1898 年 5 月，章太炎重又回到上海，與宋恕、孫寶瑄等連日縱談，差不多同時，章氏開始《訄書》部分篇章的寫作。〔註6〕

　　章太炎的初衷是希望形成一部類似《昌言》的著作。《昌言》作者爲漢代仲長統，他「每論說古今及時俗行事，恒發憤歎息。因著論名曰《昌言》」，「昌」，「當也」。〔註7〕章氏任職各報館期間，因限於刊物性質及合作約束，均沒能充分自由地宣佈個人意見，始終心有未饜。此時以《昌言》自期，正可見其用心。同年 6 月，光緒皇帝發佈「明定國是」詔書，開始「革政」。圍繞新政，章太炎與上海友人又頻繁聚會，互相討論，其中便有汪康年。7 月，光緒皇帝命令將《時務報》改爲官辦，汪康年趁機將原《時務報》改名《昌言報》，並聘任章太炎爲主筆。〔註8〕其中有無章太炎的意見參與，值得追問。

〔註2〕章太炎《自述學術次第》，《中國現代學術經典·章太炎卷》（劉夢溪主編，陳平原編校，河北教育出版社 1996 年版）頁 655。
〔註3〕章太炎《自述學術次第》，《中國現代學術經典·章太炎卷》（劉夢溪主編，陳平原編校，河北教育出版社 1996 年版）頁 655。
〔註4〕參徐復《訄書詳注》（上海古籍出版社 2000 年版）頁 6 注三。
〔註5〕參姜義華《章太炎思想研究》（上海人民出版社 1985 年版）頁 113。
〔註6〕參姜義華《章太炎思想研究》（上海人民出版社 1985 年版）頁 39～73。
〔註7〕《後漢書》（范曄撰，中華書局 1965 年版）卷四十九《王充王符仲長統列傳》（頁 1646）正文及注一。
〔註8〕參姜義華《章太炎思想研究》（上海人民出版社 1985 年版）頁 71、73。

　　1900 年《訄書》初刊本印出後，章氏曾請其敬重的學界耆宿孫詒讓過目，卻未見許可：

　　　　先生（孫詒讓）節族愈陵，不與世推移。炳麟著《訄書》未就，以其草稿問於先生，方自擬仲長統。先生曰：「《淮南鴻烈》之嗣也，何有於仲長氏！」〔註9〕

章太炎仍稱初刊本為草稿，〔註10〕足見其繼思改進之意。孫詒讓僅以《淮南子》擬配，未許其達到理想。胡適稱，《淮南鴻烈》成書於漢代，「時尚修辭」，其書亦「重修飾」。〔註11〕孫詒讓衡量《訄書》，其著眼點是否在此，不容妄斷。但章太炎隨後的文辭觀顯然發生了變化。其《自述學術次第》稱，「三十四歲以後，欲以清和流美自化。讀三國、兩晉文辭，以為至美，由是體裁初變」。〔註12〕所謂「三國兩晉文辭」，僅以章氏標舉之一的「吳、魏之文」言，即「儀容穆若，氣自卷舒」。〔註13〕「清和流美」、「氣自卷舒」所指示的是自然少修飾的文章風貌，與《淮南鴻烈》恰成對比。

　　章太炎三十四歲這一年為 1901 年，以本年作為文辭觀轉變的標誌，〔註14〕有特定涵義。章氏第二年修訂《訄書》時，就將重點之一落在文辭上，說明這一新認識的影響。

　　《章太炎先生自定年譜》「光緒二十八年（1902）」條下記載：

　　　　余始著《訄書》，意多不稱。自日本歸，里居多暇，復為刪革傳于世。

　　　　初為文辭，刻意追躡秦漢，然正得唐文意度。雖精治《通典》，以所錄議禮之文為至，然未能學也。及是，知東京文學不可薄，而崔實、仲長統尤善。既復綜覈名理，乃悟三國兩晉間文誠有秦漢所

〔註 9〕章太炎《瑞安孫先生傷辭》，《章太炎全集》（上海人民出版社 1982～1986 年版）（四）頁 224。

〔註10〕參朱瑞平《孫詒讓小學讜論》（商務印書館 2005 年版）頁 181。

〔註11〕劉文典撰，馮逸、喬華點校《淮南鴻烈集解》（中華書局 1989 年版）卷首附胡適序。

〔註12〕《中國現代學術經典・章太炎卷》（劉夢溪主編，陳平原編校，河北教育出版社 1996 年版）頁 648。

〔註13〕《中國現代學術經典・章太炎卷》（劉夢溪主編，陳平原編校，河北教育出版社 1996 年版）頁 648。

〔註14〕《章太炎先生自定年譜》（章太炎著，上海書店 1986 年版）「光緒二十七年（1901）」條下。

　　　　未逮者，於是文章漸變。〔註15〕

聯繫章氏《自述學術次第》「本治小學，故慕退之（韓愈）造詞之則，爲文奧衍不馴」的論述，可知其選擇從追攀高古的韓愈文入手，有著小學的深刻背景。〔註16〕本著「使雅言故訓，復用於常文」的願望，〔註17〕在選擇學習對象時，略識文字的韓愈文自然榮膺首選。〔註18〕這是章太炎初治文辭由韓愈文「刻意追躡秦漢」的大致線索。章氏懸的甚高，眞正實現起來並不容易，起碼到著手修訂《訄書》時，仍只得「唐文意度」，而《通典》「議禮之文」與仲長統等的論政之文也仍然只是不可企及的理想。這也正是初版《訄書》所體現的文辭水平，難怪孫詒讓不以《昌言》許之。修訂《訄書》的機會促使他對文辭作進一步思考。由於是成書後的第一次大改動，〔註19〕就需要綜合各方面意見及最新認識。章氏年譜特表本年對「文辭」的注意，說明修訂中確實以此爲努力方向之一。〔註20〕

　　初版《訄書》並沒提及仲長統等人，修訂本中，新增了《學變》篇，專門評述仲長統等修飭「國學」對於東漢文學的意義：

　　　　東京之衰，刑賞無章也。儒不可任，而發憤者變之以法家。王
　　　符之爲《潛夫論》也，仲長統之造《昌言》也，崔寔之述《政論》
　　　也，皆辨章功實，而深嫉浮淫靡靡，比於「五蠹」；又惡夫以寬緩之
　　　政，治衰敝之俗。《昌言》最恢廣。上視楊雄諸家，牽制儒術，奢闊

〔註15〕《章太炎先生自定年譜》（章太炎著，上海書店 1986 年版）「光緒二十八年（1902）」條下。

〔註16〕章太炎《自述學術次第》，《中國現代學術經典・章太炎卷》（劉夢溪主編，陳平原編校，河北教育出版社 1996 年版）頁 648。

〔註17〕章太炎《自述學術次第》，《中國現代學術經典・章太炎卷》（劉夢溪主編，陳平原編校，河北教育出版社 1996 年版）頁 648。

〔註18〕章太炎《文學說例》（轉引自舒蕪編選《中國近代文論選》，人民文學出版社 1959 年版）：「唐時樂文采者，猶云『宜略識字』。」曹聚仁整理、章太炎講演《國學概論》頁 9：「韓昌黎説：『凡作文章宜略識字。』所謂『識字』，就是通小學的意思。」湯志鈞整理《章太炎先生國學講演集》（姚奠中、董國炎《章太炎學術年譜》「民國十一年（1922）」條下附）「4 月 8 日・（乙）通小學」：「夫韓、柳之文，都通小學，故多佶屈聱牙處，蓋亦彼時之土語耳。」諸説可參。

〔註19〕參《章太炎全集》（上海人民出版社 1982～1986 年版）（三）朱維錚《前言》。

〔註20〕姚奠中、董國炎《章太炎學術年譜》（山西古籍出版社 1996 年版）1902 年條下揭示，「本年，章太炎對文辭法度相當留意，故撰《自定年譜》時，於本年專及之」，說明其重視程度。

無施，而三子閡達矣。〔註21〕

章太炎以「刑賞無章」說東京衰落的原因，因而著眼於法家「辨章功實」的立言風範，並由此體味到根源於此的《昌言》等作品的價值。初版《訄書‧儒法》篇已提出法家「貴其明信，不曰摧輕重」〔註22〕，與這裡表彰《昌言》等論政文「辨章功實」可互參。〔註23〕修訂本新增的《清儒》篇更以「仲長子」尊稱仲長統，援引其說以抨擊陳澧「勾合漢、宋」的不妥。〔註24〕說明修訂過程中給予仲長統的傾心。

章太炎能脫化「唐文意度」、趨近「清和流美」的晉宋境界，很可能受到譚獻影響。他說：「譚君為文，宗法容甫（汪中）、申耆（李兆洛）。」〔註25〕李兆洛提倡融通駢散，是嘉道以來不拘駢散論的有力推動者；汪中為文善於「陶冶漢魏」，出入於「單複奇偶」，二位均以「渾樸自然」為歸趣。這種不同於走聲華一路的為文取向，深得譚獻欣賞。〔註26〕章氏曾從譚獻問業，雙方文章觀的接近頗能提示譚獻所給予的啟示。〔註27〕此外，章太炎還有不同於駢散思路的特別思考。「古文」之名針對駢文，是後起概念。韓愈、柳宗元在框定古文範圍、確立古文意趣時與駢文相對待，因而局部看來，古文、駢文似乎義界甚嚴，其實整體上並沒能夠超出六朝「文筆之辨」的思維，在文章觀上也就不可能有太大突破。〔註28〕「文筆之辨」在清代演為相當激烈的駢散之爭，駢文派領袖阮元首先揭出的標的就是從《易‧文言》借來的「有韻」、「無韻」概念，可以見出「文筆之辨」的深刻影響。〔註29〕章太炎感慨「雖體勢有殊，論則大同矣」，大概就有所指吧。〔註30〕

〔註21〕《章太炎全集》（上海人民出版社 1982～1986 年版）（三）頁 144、145。
〔註22〕《章太炎全集》（上海人民出版社 1982～1986 年版）（三）頁 11。
〔註23〕徐復《訄書詳注》（上海古籍出版社 2000 年版）頁 93 注三：「功實，實際的功效。」
〔註24〕《章太炎全集》（上海人民出版社 1982～1986 年版）（三）頁 159。
〔註25〕《中國現代學術經典‧章太炎卷》（劉夢溪主編，陳平原編校，河北教育出版社 1996 年版）頁 648。
〔註26〕參曹虹《清嘉道以來不拘駢散論的文學史意義》，《文學評論》1997 年第 3 期。
〔註27〕參姜義華《章炳麟評傳》（南京大學出版社 2002 年版）頁 652。
〔註28〕按，關於駢散消長大勢，參曹虹《陽湖文派研究》（中華書局 1996 年版）頁 100、101。
〔註29〕章太炎《國故論衡》（上海古籍出版社 2003 年版）頁 51：「近世阮元以為孔子贊《易》，始著《文言》，故文以耦儷為主，又牽引文筆之說以成之。」
〔註30〕章太炎《自述學術次第》，《中國現代學術經典‧章太炎卷》（劉夢溪主編，陳

　　章太炎在處理這一問題時另闢蹊徑。1936 年他在蘇州開辦「章氏國學講習會」，講演文學時董理了民國初年駢散之爭的一重公案，對駢散雙方相執不下表示不解。章氏依據的理論是「駢文散文各有體要」，具體主張如下：

　　　　駢、散二者本難偏廢。頭緒紛繁者，當用駢；敘事者，止宜用

　　散；議論者，駢散各有所宜。〔註31〕

敘事、議論等均屬文章之「用」，程千帆先生在總結文體辨析問題時，說明南宋眞德秀《文章正宗》以來頗有主張以此劃分體類者，〔註32〕並指出，「近人乃多有主依西人之法，以『用』代『體』爲標準，而區文爲說理、記事、抒情之三類者」。〔註33〕這一思考方向有助於理解章太炎對駢散之爭問題的清理。區分駢散說的雖然是體式，但它所面臨的問題卻與辨析文體有一致性，即在歸類時很難做到整齊劃一。因此，章太炎這裡的處理就頗有「以『用』代『體』」的意思。〔註34〕

　　受西人觸發引起的這類思考，在章太炎的作品中有一定體現。他在 1902 年完成的《文學說例》中提到本年左右對涉江保《希臘羅馬文學史》頗有興趣。書中稱，「世謂希臘文學，自然發達。觀其秩序，如一歲氣候，梅花先發，次及櫻花，桃實先熟，次及柹實。故韻文完具而後有散文，史詩功善而後有戲曲」，〔註35〕進化先後次第井然。當時章太炎正熱衷於進化論的推衍，其《文

　　　　平原編校，河北教育出版社 1996 年版）頁 648。

〔註31〕章太炎《文學略說》，王乘六、諸祖耿記，孫世揚校，吳永坤、程千帆重校，《章太炎先生國學講演錄》（南京大學中文系古典文學教研室、《南京大學學報》編輯部 1987 年編印（內部交流））。

〔註32〕按，關於眞德秀以來以「用」劃分的大致情況，可參程會昌（千帆）《文論要詮》（《民國叢書》第一編第 55 冊）頁 101《文賦》後「識語」。

〔註33〕參程會昌（千帆）《文論要詮》（《民國叢書》第一編第 55 冊）頁 101《文賦》後「識語」。

〔註34〕湯志鈞整理《章太炎先生國學講演集》（姚奠中、董國炎《章太炎學術年譜》（山西古籍出版社 1996 年版））「民國十一年（1922）」條下附。「4 月 15 日・（戊）辨文學應用」：「《文心雕龍》一書，固專講文體者，自來駢體散文之訟案，各按一理，百世而不能決。韓、柳主散文，宋儒攻駢體至烈，然有挾孔子之《文言》與《繫辭》爲駁者，此皆不必。文章之妙，不過應用，白話體可用也。發之於言，筆之爲文，更美麗之，則用韻語，如詩賦者，文之美麗者也。約言之，敘事簡單，利用散文，論事繁複，可用駢體，不必強，亦無庸排擊，惟其所適可矣。」可參。

〔註35〕章太炎《文學說例》，轉引自舒蕪編選《中國近代文論選》（人民文學出版社 1959 年版）。按，1902 年章太炎再次流亡日本時，購得一批日譯西學名著和日人著作，其中就有《希臘羅馬文學史》。參姜義華《章炳麟評傳》（南京大

學說例》就以初版《訄書・訂文》中提出的語言文字進化觀念為依據，推導出「語言文字之繁簡，從於社會之質文」的結論。〔註36〕因此，《希臘羅馬文學史》與《文學說例》思想基礎一致，容易引起章氏共鳴。

涉江保以敘述對象分類，注意到每一類目有不同的功用，章太炎返觀中國文學，得到相似的結論。〔註37〕他發現，作爲文學源頭處的《尙書》，各篇風格不一。「商、周誓誥，語多磔格。帝典蕩蕩，乃反易知」。以各篇在當時的使用論，一爲「口說」，語多「直錄」，一爲「裁成有韻之史」，章氏由此找到了各篇差異的原因所在。按此線索層層追索，中國文學中的難解之結，均有可說。以「諸夏」獨有的「儷體」論，固然產生在具備了「一訓而數文」的文字基礎以後，但也不是僅有「故傷繁鄭」一類：

> 儷體爲用，固由意有殊條，辭須翕闢，子句無施，勢不可已。
> 所以晉、宋作者，皆取對待爲工，不以同訓爲尙。儀徵推崇斯體，
> 上溯《文言》，義自《文心雕龍・麗辭篇》出。信哉其見之卓也。若夫華
> 質之分，貞濫之辨，斯於散句，故無低昂。百年以來，亦旣明晢。

「儷體」能滿足頭緒太多的敘事需要，是其不可替代處。章氏由此擴大到對散文的觀察，結論也與以往不同。

從「口說」到「文辭」，每一類文體都有其「用」，因而他說：「溝分畛域，無使兩傷，在文辭則務合體要，在口說則務動聽聞，庶幾調適上遂乎！」(《章太炎全集》(上海人民出版社1982～1986年版)(三)頁227。)「務合體要」針對「文筆」二體。傳統的「文筆之辨」因爲在同一層面各自爭勝，就不容易看到對方的優長，「進化論」則著眼於存在的必然性，強調「合理」的一面，借助這一思想，章太炎形成了等視駢散的觀念。

章氏1936年的演講提到「頭緒紛繁者，當用駢」，與《文學說例》陳說涉江保「韻文先史詩，敘述複雜大事者也」，表述相當一致，從中可見《希臘羅馬文學史》的啓示。

思路一旦從駢散之爭跳開，其文章視野就相當開闊了。駢散思維下的文章觀來自《文選》對「總集」的框範，章太炎注意到，《文選》眼光仍失之偏狹：

學出版社2002年版)第348、349頁。

〔註36〕章太炎《文學說例》，轉引自舒蕪編選《中國近代文論選》(人民文學出版社1959年版)。

〔註37〕章太炎《文學說例》，轉引自舒蕪編選《中國近代文論選》(人民文學出版社1959年版)。按，以下引文同出此篇，不另注。

　　《文選》之興，蓋依乎摯虞《文章流別》，謂之總集。《隋書·
經籍志》曰：「總集者，以建安之後，辭賦轉繁，眾家之籍，日以
孳廣，晉代摯虞，苦覽者之勞倦，於是芟翦繁蕪，自詩賦下，各為
條貫，合而編之，謂之《流別》。」然則李充之《翰林論》，劉義慶
之《集林》，沈約、丘遲之《集鈔》，放於此乎。《七略》惟有詩賦，
及東漢銘誄論辯始繁，荀勖以四部變古，李充、謝靈運繼之，則集
部自此著。總集者，本括囊別集為書，故不取六藝、史傳、諸子，
非曰別集為文，其他非文也。《文選》上承其流，而稍入《詩序》、
《史贊》、《新書》、《典論》諸篇，故名不曰《集林》、《集鈔》，然
已痏矣。其序簡別三部，蓋總集之成法，顧已迷誤其本，以文辭之
封域相格，慮非摯虞、李充意也。〔註38〕

從目錄學角度考察「總集」興起原因，章氏認為，摯虞開始的《文章流別》
之所以單列「詩賦」以下，是出於建安以後辭賦繁盛、便利閱讀的考慮，但
並非以此並包總集。後世相沿成習，遂有「集部」名稱。《文選》誤以「集」
部為「總集」，其《序》「簡別三部，蓋總集之成法」，因而將經、史、子三部
中同樣是「文」的大量篇章遺落在視野之外。有了這個判斷，章太炎的視線
便轉移到這三部之上。

　　三部中章氏獨鍾情於諸子。其論諸子，旨在救治中國學說的「汗漫」之
失。因而，「各為獨立，無援引攀附之事」的周秦諸子特別受到推崇。〔註39〕
1903 年，章太炎因《蘇報案》被拘繫獄中三年，這段時間通過認真修習《瑜
伽師地論》、《唯識論》等法相宗典籍，〔註40〕其見解又透過一層：

　　　　少時治經，謹守樸學，所疏通證明者，在文字器數之間；雖嘗
博觀諸子，略識微言，亦隨順舊義耳。遭世衰微，不忘經國，尋求
政術，歷覽前史，獨於荀卿、韓非所說，謂不可易。自餘閎眇之旨，
未暇深察。繼閱佛藏，涉獵《華嚴》、《法華》、《涅槃》諸經，義解

〔註38〕章太炎《國故論衡》（上海古籍出版社 2003 年版）頁 55。
〔註39〕章太炎《諸子學略說》，《國粹學報》（國學扶輪社編，文海出版社 1970 年影
　　　　印本）1906 年第二十至二十一期「學篇」，署名「章絳」。按，此文為同年
　　　　八月成立的國學講習會講義，載《國學講習會略說》時題作《論諸子學》，
　　　　參王風《劉師培文學觀的學術資源與論爭背景》（陳平原主編《中國文學研
　　　　究現代化進程二編》）。
〔註40〕章太炎《自述學術次第》，《中國現代學術經典·章太炎卷》（劉夢溪主編，陳
　　　　平原編校，河北教育出版社 1996 年版）頁 643。

漸深，卒未窺其究竟。及因繫上海，三歲不覿，專修慈氏、世親之
書，此一術也，以分析名相始，以排遣名相終，從入之途，與平生
樸學相似，易於契機，解此以還，乃達大乘深趣。私謂釋迦玄言，
出過晚周諸子不可計數；程、朱以下，尤不足論。〔註41〕

「從入之途，與平生樸學相似，易於契機」，類似的表述還見於《答鐵錚》。
文中稱，「僕所以獨尊法相者，則自有說。蓋近代學術，漸趨實事求是之途，
自漢學諸公分條析理，遠非明儒所能企及。逮科學萌芽，而用心益復縝密矣。
是故法相之學，於明代則不宜，於近代則甚適。由學術所趨然也」。〔註42〕
法相宗與樸學學理的切近，是章太炎樂意接受的一大要因。但「佛法雖高，
不應用於政治社會，此則惟待老莊也。儒家比之，邈焉不相逮矣」，〔註43〕
以經國為念的章太炎最終仍不得不回到老莊。基於對「名理」的興趣，章太
炎進一步窺入深契老莊的魏晉玄文，從而實現了對早期崇信秦漢高文的突
破。〔註44〕

　　章太炎反對《文選》以「集部」為「文辭之封域」的直接做法就是形成
兩篇以「略」為題的文章，以界說文學。一為收於《國故論衡》的《文學總
略》，〔註45〕另一篇即晚年蘇州講學時的《文學略說》，均強調文辭的「封域」
問題。〔註46〕

　　這兩篇文章中，文學的領地大大拓展，但凡著於竹帛、施之政事者，禮
樂文章，一切並包，成為文學的至大範圍。太炎先生立足小學以論文辭，因
此能廣封域、拓疆界，程千帆先生對此心領神會，但也注意到其中存在的陷

〔註41〕章太炎《菿漢微言結語》，《中國現代學術經典·章太炎卷》（劉夢溪主編，陳
　　　　平原編校，河北教育出版社 1996 年版）頁 639。
〔註42〕《章太炎全集》（上海人民出版社 1982～1986 年版）（四）頁 370。
〔註43〕章太炎《自述學術次第》，《中國現代學術經典·章太炎卷》（劉夢溪主編，陳
　　　　平原編校，河北教育出版社 1996 年版）頁 643。
〔註44〕章太炎《自述學術次第》，《中國現代學術經典·章太炎卷》（劉夢溪主編，陳
　　　　平原編校，河北教育出版社 1996 年版）頁 648：「秦、漢之高文典冊，至玄理
　　　　則不能言。」
〔註45〕按，原名《論文學》收入《國學講習會略說》，1906 年 9 月刊於《國粹學報》
　　　　第二十一至二十三期「文篇」時改題《文學論略》。《國故論衡》再作收錄時，
　　　　改為今名。參王風《劉師培文學觀的學術資源與論爭背景》（陳平原主編《中
　　　　國文學研究現代化進程二編》）。
〔註46〕參章太炎《七略別錄佚文徵序》，《章太炎全集》（上海人民出版社 1982～1986
　　　　年版）（一）頁 359、程千帆《文論要詮》（《民國叢書》第一編第 55 冊）頁 27
　　　　《文學總略》後按語。

阱。在其出示由此分成四科的層級表後，[註47] 提醒閱讀者，「章君所持，則較廣之義，以文學得名，本由文字也。然徵之載籍，則此四義，固嘗各具其用，覽者弗審其旨，則必扞格難通。此循誦前文，當加注意者，一也，又設自行撰述，於此四義，固得任情擇用，然亦必標舉宗趣，庶來者無迷其途，此點檢己作，當加注意者，二也。不爾則道其所道，非吾所謂道，其不陷於膠葛者，幾希矣」。[註48] 然則各用其用，方爲是「用」。

「文」的義界重新確立後，原先受《文選》眼光拘限的「集部」就不能再獨佔文章之名，以往對六朝文的習慣印象也就需要重新調整。章太炎從「集部」以外入手，搜尋向來被忽視的「魏晉佳論」：

> 駢散之分，實始於唐，古無是也。晉宋兩代，駢已盛行。然屬對自然，不尚工切。晉人作文，好爲迅速。《蘭亭序》醉後之作，文不加點，即其例也。昭明《文選》則以沉思翰藻爲主，《蘭亭》速成，乖於沉思，文采不豔，又異翰藻，是故屏而弗錄。然魏晉佳論，譬如淵海，華美精辨，各自擅場。但取華美，而棄精辨，一偏之見，豈爲允當，顧《文選》所收對偶之文，猶未極其工切也。[註49]

這裡以《文選》漏收《蘭亭序》爲靶子，對「《文選》所收對偶之文」的審美畛域加以質疑，並發掘晉宋文章「屬對自然，不尚工切」之美，認爲稱得上是眞正的「精辨」之文，即重新闡釋了什麼是歷史上最具滋養力的「文」。[註50]

從秦漢文到魏晉文，章太炎針對《訄書》的「文體探索」滲透了不同時期對文章的理解。[註51]《訄書》出版後，他仍孜孜矻矻，繼續修訂。[註52]

[註47] 按，依次爲：甲、最廣義──文。乙、較廣義──文章（施之竹帛）；禮樂（施之政事）。丙、廣義──有句讀文；無句讀文。丁、狹義──文彰（今人所謂純文學）。參程千帆先生《文論要詮》（《民國叢書》第一編第 55 冊）頁 28《文學總略》後按語下所製表。

[註48] 程會昌（千帆）《文論要詮》（《民國叢書》第一編第 55 冊）頁 28《文學總略》後按語。

[註49] 章太炎《文學略說》王乘六、諸祖耿記，孫世揚校，吳永坤、程千帆重校，《章太炎先生國學講演錄》（南京大學中文系古典文學教研室、南京大學學報編輯部 1987 年編印（內部交流））。

[註50] 按，從王弼、阮籍、嵇康，（章太炎《自述學術次第》，《中國現代學術經典‧章太炎卷》（劉夢溪主編，陳平原編校，河北教育出版社 1996 年版）頁 648。）到裴頠、范縝等，其所歸隊「整個顚覆了傳統學界對於『八代之文』的想像」。參陳平原《中國現代學術之建立──以章太炎、胡適之爲中心》（北京大學出版社 1998 年版）頁 388。

[註51] 按，陳平原先生指出，《太炎先生自定年譜》1902 年論述「文辭」的一段話，

1909 年，上海擬定「近世文人筆語五十家」，章太炎與譚嗣同、黃遵憲、王闓運等人名列其中。章氏因文章蘄向不同，不屑與各位爲伍，因而致信鄧實特表反對。信中也提出了自己的文章理想：

> 昨聞上海有人定近世文人筆語爲五十家，以僕紆廁其列。僕之文辭爲雅俗所知者，蓋論事數首而已。斯皆淺露，其辭取足便俗，無當於文苑。向作《訄書》，文實閎雅，篋中所藏，視此者亦數十首。
>
> 蓋博而有約，文不奄質，以是爲文章職墨，流俗或未之好也。〔註53〕

章氏認爲，就公眾所知一二，並不能代表對其文章的評價。眞要論來，只有《訄書》、《國故論衡》等，才眞正當得起文章之目。〔註54〕章太炎曾以「恢廣」、「閎達」二語把握仲長統等文章的美學內涵，〔註55〕這裡則調動同一美學層次的「閎雅」一詞，用以稱賞《訄書》，說明修訂後的《訄書》漸臻於最初的理想。其言語之中流露出的自信，不難體會。

許《訄書》以「文實閎雅」，既符合章太炎對《昌言》理想的一貫追求，也反映其自身越來越明晰的文章觀念。從初版《訄書》的不類《昌言》，到修訂本得到同一層面的讚譽，期間經歷了由關注《昌言》而獲得全新文辭觀的過程。

第二節　《訂文》與「正名」——章太炎「持理議禮」的文章理想

章太炎重視諸子固然爲救治中國學術的「汙漫之失」，還有其本身極爲自信的文學根源於名學的觀念。〔註56〕1902 年，章太炎完成《文學說例》，文中

「主要針對的是《訄書》的文體探索」。參陳平原《國故論衡・導讀》（上海古籍出版社 2003 年版）頁 17。

〔註52〕按，《章太炎全集》（上海人民出版社 1982～1986 年版）（三）朱維錚《前言》揭示了各種手稿及修訂痕迹，可參。

〔註53〕《與鄧實書》，《章太炎全集》（上海人民出版社 1982～1986 年版）（四）頁 169～170。

〔註54〕參陳平原《國故論衡・導讀》（上海古籍出版社 2003 年版）頁 18。

〔註55〕按，「恢廣」指「恢大宏富」，「閎達」指「才識宏富通達」。參徐復《訄書詳注》（上海古籍出版社 2000 年版）頁 93 注四、五。

〔註56〕章太炎《與鄧實書》（《章太炎全集》（上海人民出版社 1982～1986 年版）（四））頁 170：「文生於名，名生於形，形之所限者分，名之所稽者理，分理明察，謂之知文。」按，此句及以下後爲其《國故論衡・論式》（上海古籍出版社 2003

從文字出發考慮文學問題，定義文學為「爾雅以觀於古，無取小辯」，〔註57〕
繼續了初版《訄書》「訂文」為「正名」的觀念。

《文學說例》是在初版《訄書‧訂文》基礎上的再思考。初版《訂文》
篇以進化論的語言觀審察中國社會，認為文字隨社會而發展，「文字之盈歉」
〔註58〕是社會盛衰的表徵。因而，對文字總量尤其關注。經初步統計，在文
字發展勢頭良好的北宋以前，中國固有文字總量至少在二萬，〔註59〕北宋以
後文字發展幾乎停滯：

> 自史籀之作書，凡九千名，非苟為之也，有其文者必有其諠言。
> 秦篆殺之，《凡將》諸篇繼作，及鄘氏時，亦九千名。衍乎鄘氏者，
> 自《玉篇》以逮《集韻》，不損二萬字，非苟為之也，有其文者必有
> 其諠言。北宋之亡，而民日呰偷，其隸書無所增；增者起於俗儒鄙
> 夫，猶無增也。是故脣吻所恃，千名而足；檄移所恃，二千名而足；
> 細旃之所承，金匱之所藏，箸於文史者，三千名而足；清廟之所奏，
> 同律之所被，箸於賦頌者，四千名而足。其他則視以為腐木敗革也
> 已矣！若其所以治百官、察萬民者，則蔬乎檄移之二千而止。以神
> 州之廣，庶事之博，而以佐治者廑是，其庸得不澶漫掍殽，使政令
> 逡巡以日廢也？〔註60〕

從百姓生活到朝政大典，需用量至少在四千，目前可供使用的也才二千，這
樣就難免左支右絀，發生混淆。對比當時東西方語言，英語字量最多，起碼
有「六萬言」〔註61〕，足夠用於表達。章太炎由此找到了政令廢弛、國家不

　　年版）所引，文字略有改動。
〔註57〕章太炎《文學說例》。原刊《新民叢報》第五、九、十五號，轉引自舒蕪編選
　　《中國近代文論選》（人民文學出版社 1959 年版）。按，「辯」為「辨」字之
　　誤。「爾雅以觀於古」一語出自《大戴禮記》。王聘珍《大戴禮記解詁》（中華
　　書局 1983 年版）卷十一《小辨》引原句如下（文中小注略）：「子曰：『辨而
　　不小。夫小辨破言，小言破義，小義破道。道小不通，通道必簡。是故循弦
　　以觀於樂，足以辨風矣；《爾雅》以觀於古，足以辨言矣；傳言以象，反舌皆
　　至，可謂簡矣。夫道不簡則不行，不行則不樂。夫亦固十稘之變，由不可既
　　也，而況天下之言乎！』」可參。
〔註58〕《章太炎全集》（上海人民出版社 1982～1986 年版）（三）頁 44。
〔註59〕按，重訂本《訄書‧訂文》作「三萬」。參《章太炎全集》（上海人民出版社
　　1982～1986 年版）（三）頁 208。
〔註60〕《章太炎全集》（上海人民出版社 1982～1986 年版）（三）頁 46。
〔註61〕《章太炎全集》（上海人民出版社 1982～1986 年版）（三）頁 45。

治的癥結，難怪會大發感慨。他認爲，後世之所以社會日進，文字（按，指總字量）日退，導致不敷使用的局面，原因在於「民日喆偷」〔註62〕的社會習性。

當時正是西潮湧進，翻譯興起的時候。以中國原有文字應付外來新名詞，遠遠不夠。章太炎注意到民情從俗的特點，如果聽任其便，結果很可能將廢棄中國文字而不用。他揭示道：「今自與異域互市，械器日更，志念之新者日繫，猶暖暖以二千名與夫六萬言者相角，其窶便既相萬，及緣傅以譯，而其道大窮。今夫含生之屬，必從其便者也。然則必有弟靡以從彼者，雖吾文字，亦將弃不用矣。」〔註63〕爲改變這一狀況，章太炎特別從《荀子》那裡尋找思想的武器：

> 先師荀子曰：後王起，「必將有循於舊名，有作於新名。」是故國有政者，其倫脊必析，綱紀必秩，官事民志，日以孟晉，雖欲文之不孟晉，不可得也。國無政者，其出話不然，其爲猶不遠，官事民志，日以喆偷，雖欲文之不喆偷，不可得也。〔註64〕

依據荀子正名辨物與漸變的發展觀，後世「文之不孟晉」，正由於「官事民志，日以喆偷」，反過來，要「文之孟晉」，就必須「倫脊必析，綱紀必秩」，也即建設基於名學的社會人倫、典章制度，這是章太炎對文字與國家關係的深層思考。

文字與名學，章太炎之所以方便捏合，緣於其深厚的樸學背景。徐復先生指出，「名家，以正名辨義爲主。考據家皆從《爾雅》、《說文》入手，而亦以考訂六書，正名辨物爲臬極」，又「古人以字爲名，名家綜核名實，必以正名析詞爲首」，因此，「考據之文，亦出名家」的結論依據充分。〔註65〕

〔註62〕《章太炎全集》（上海人民出版社 1982～1986 年版）（三）頁 46。

〔註63〕《章太炎全集》（上海人民出版社 1982～1986 年版）（三）頁 47。

〔註64〕《章太炎全集》（上海人民出版社 1982～1986 年版）（三）頁 44、45。按，「有作於新名」中，「作」字義訓，王先謙解作「變」，整句意爲新名以託奇辭變亂舊名，按章太炎此處理解，「作」乃「造作」之「作」，「以作新名屬之後王」，爲增新字張目。參王先謙撰，沈嘯寰、王星賢點校，《荀子集解》（中華書局 1988 年版）卷十六《正名篇》「必將有循於舊名，有作於新名」條下、劉師培《劉申叔先生遺書‧左盦外集》（《劉師培全集》中共中央黨校出版社 1997 年影印本）卷九《荀子名學發微》同一條目下。

〔註65〕參徐復《訄書詳注》（上海古籍出版社 2000 年版）頁 148 注九。按，章太炎《諸子略說》（王乘六、諸祖耿記，孫世揚校，吳永坤、程千帆重校，《章太

　　《訂文》即「正名」，〔註66〕《訂文》的目的就是要解決文字不足所導致的名實淆亂。章太炎從中國固有文字的進化規律出發，探索適合本國國情的造字方法，立下兩大原則：

> 今之有物無名、有意無詞者，尋檢故籍，儲材不少，舉而用之，亦猶修廢官也。必古無是物、古無是義者，然後創造，則其功亦非難舉矣。〔註67〕

在依循舊名的基礎上，斟酌用字辦法，文字不足的現狀將大爲改觀。因而他指出，中國文字雖然「單舉者」數量有限，但用字時有雙聲疊韻、「事物名號，合用數言」等現象，再加上「故訓」一途，這樣算起來數量並不少。爲此，章太炎特分析文字的不同使用情況，分別造字辦法，劃作七項：「故有之字，今彊借以名他物者」、「通俗之言」與「科學之言」、表「志念之曲折」之字、「官吏立名，疆域大號，其稱謂與事權不同者」、「轉譯官號」、「雖知其義，卒不可譯」之字、「人名地名，固自譯音，然亦或當知其義」者等。〔註68〕綜合各項，章氏所從事者實際相當於「正名」的工作。《訂文》篇首強調發明文字與辨別名實的關係，用意即在此。其論曰：

> 昔之以書契代結繩者，非好其繁也，萬事之篿萌，皆伏於蠱，名實惑眩，將爲之別異，而假蹄迒以爲文字。然則自大上以至今日，解垢益甚，則文以益繁，亦勢自然也。〔註69〕

思想越複雜，用以表達思想的文字也日趨繁複，這是文明進步的需要。章太炎估計，改造文字的措施一旦發生效用，就可使「布政之言，明清長弟，較然如引繩以切墨，品庶昭蘇，而龁偷者競矣」。〔註70〕通過造字，消極應世的民情可轉化出積極的社會效果，形成章氏改變語言文字現狀的樂觀看法。

炎先生國學講演錄》（南京大學中文系古典文學教研室、《南京大學學報》編輯部 1987 年編印（内部交流））頁 191 說明「荀子因孔子正名之言，作《正名》篇」問題時，援《禮記》、《國語》等有關「正名」語說明孔子「正名之言」本古人之說。其中引到鄭注《論語》，「正名謂正書字也。古者曰名，今世曰字」，說明「名」與「字」的關係。可參。

〔註66〕徐復《訄書詳注》（上海古籍出版社 2000 年版）頁 48 注六：「正名，章先生（太炎）謂即辨正文字。」

〔註67〕《章太炎全集》（上海人民出版社 1982～1986 年版）（三）頁 47。

〔註68〕《章太炎全集》（上海人民出版社 1982～1986 年版）（三）頁 48～51。

〔註69〕《章太炎全集》（上海人民出版社 1982～1986 年版）（三）頁 44。

〔註70〕《章太炎全集》（上海人民出版社 1982～1986 年版）（三）頁 47。

「訂文」爲「正名」，建立在文字基礎上的文學，〔註71〕其最終目的也就在「正名」，兩者並不矛盾。王風先生就此指出，「『文學』在這裡被界定爲追求文字本義的學問，成了『正名』的延伸，可見章太炎所謂『文學』是直接爲他『訂文』的文化關懷服務的」，〔註72〕所論正是。

1904 年章太炎在日本出版印行的《訄書・訂文》重訂本問世。新版《訂文》在保持原先正文內容基本不變的情況下，〔註73〕調整並改動附錄，大量吸收《文學說例》的看法，標題也由原來的《正名略例》改作《正名雜義》。爲揭明宗旨，章太炎特作說明，「非誠正名而附其班，蓋《匡謬正俗》之次也」。〔註74〕《匡謬正俗》是唐代顏師古的一部訓詁書，〔註75〕章氏不用「名家」所有「正名」概念，而懸此書爲著述標的，說明「訂文」所指實際仍在「文字」的界域。〔註76〕

本著這一宗旨，《文學說例》從文字的源頭處說起，進而推出其文章理想。章太炎認爲，六書中的象形、指事、會意、形聲，皆以文字本義爲職志，其餘像假借，在於使用。〔註77〕假借中的引申「與夫意義絕異而徒以同聲通用者」〔註78〕在初版《訄書・訂文》已有區分，《文學說例》更使之謹嚴周密。章太炎在其中增加的新內容是引入了日本姊崎正治的「表象主義」概念。

〔註71〕按，章太炎《文學說例》提出「世有精練小學拙於文辭者矣，未有不知小學而可言文者也」，將「小學」置於文辭之上，形成立足文字的文辭觀。

〔註72〕王風《劉師培文學觀的學術資源與論爭背景》，陳平原主編《中國文學研究現代化進程二編》（北京大學出版社 2002 年版）。

〔註73〕按，僅格式、統計數字有變動。

〔註74〕《章太炎全集》（上海人民出版社 1982～1986 年版）（三）頁 210。

〔註75〕參徐復《訄書詳注》（上海古籍出版社 2000 年版）頁 382 注五。

〔註76〕按，章太炎《檢論》（《章太炎全集》（上海人民出版社 1982～1986 年版）（三））關於「名家」之名學與考據所謂之名學，似有區分。如《清儒》篇謂「段（玉裁）、王（念孫）、俞（樾）、孫（詒讓）」，「卒最精者乃在小學，往往得名家支流」，以「名家支流」稱小學家之「名學」，與《訄書》各版徑以「名家」相稱，其中應該有所分別。

〔註77〕章太炎《文學說例》，舒蕪編選《中國近代文論選》（人民文學出版社 1959 年版）。按，初版《訄書・訂文》附《正名略例》：「其在六書，本有叚借一例，然爲用字法，非爲造字法。」《章太炎全集》（上海人民出版社 1982～1986 年版）（三）頁 48。

〔註78〕章太炎《文學說例》，舒蕪編選《中國近代文論選》。按，初版《訄書・訂文》以「諧聲字」爲例。參《章太炎全集》（上海人民出版社 1982～1986 年版）（三）頁 45。

姊崎氏認爲，「人間思想，必不能騰躍於表象主義之外。有表象主義，即有病質」。〔註79〕章太炎贊同此說，並認爲，表象越多，「病質」越多。以此審察中國文學，「以代表爲工，質言爲拙」的「賦頌之文」與「聲對之體」，更以「表象」爲尚，因而病質最重。〔註80〕

　　章太炎承認「文學」根源於「文字」，但文字自身有「孳乳」而爲「正文」的調節功能，可以擺脫「表象主義」的泛濫。文學則相反，從進化角度看，有「習用古文」、「怠更新體」的惰性，「表象主義」便趨於嚴重。章氏因此形成反對「文言」的觀念：

> 言語不能無病，然則文辭愈工者，病亦愈劇。是其分際，則在文言、質言而已。文辭雖以存質爲本幹，然業曰文矣，其不能一從質言可知也。文益離質，則表象益多，而病亦益甚。〔註81〕

因而，要去除「表象」之病，只有回到「質言」。「故訓求是之文」，〔註82〕與劉勰所說的「解散」的「雜文」，〔註83〕均被譽爲「文辭之極致」。〔註84〕

　　近世「故訓求是之文」以戴震爲開端，其弟子發揮優長，以王念孫爲最。以此認識爲前提，章氏批評詆戴、段、王爲「破碎」之學的不正確說法，提出後學的任務應當在王氏基礎上「拾遺苴漏，發爲凡例，疏通古文」，補其不足。

　　考慮到具體處理時的不同情況，章太炎尤其重視「有韻之文」的特殊性，指出「有韻之文，或以數字成句度，不可增損，或取協音律，不能曲隨己意，強相支配，疣贅實多，故又有訓詁常法所不能限者」、「亦有當時常語，非訓詁所能解剖者」，因此，疏通時就不能過於膠著「文義」。另外，分辨古語與今義的差別、「篇題多無義例」等情況時，都須對此顧及，這樣便不致「無當於本恉」。發明文字本義才是其所謂文學之最終目的，重申了「文字」對於「文

〔註79〕章太炎《文學說例》，舒蕪編選《中國近代文論選》（人民文學出版社 1959 年版）。
〔註80〕章太炎《文學說例》，舒蕪編選《中國近代文論選》（人民文學出版社 1959 年版）。
〔註81〕章太炎《文學說例》，舒蕪編選《中國近代文論選》（人民文學出版社 1959 年版）。
〔註82〕章太炎《文學說例》，舒蕪編選《中國近代文論選》（人民文學出版社 1959 年版）。
〔註83〕劉勰《文心雕龍・論說》（范文瀾注，人民文學出版社 1958 年版）。
〔註84〕章太炎《文學說例》，舒蕪編選《中國近代文論選》（人民文學出版社 1959 年版）。以下引文出處同此。

「學」的優先地位。

　　章太炎推崇「故訓求是之文」，專門針對宋以來不學的文學現狀，歐陽修、蘇軾尤其被斥爲文壇禍首。章氏《訄書・學蠱》陳其危害突過程、朱，並指出，歐、蘇於學，一在「不辨於名理」，一在「設兩可之辯」〔註85〕，因此，《文學說例》論「散行噂沓，儷辭緄殺，《蒼》、《雅》之學，於茲歇絕」的「衰宋」之風時，〔註86〕首先就溯源於此。與此相對的「形名求是之道」則受到特別推崇：

　　　　幸有顧炎武、戴震以形名求是之道約之，然猶幾不能勝。何者？
　　淫文破典，軵靡者眾。今即詣士人以程、朱，輒勃然，以爲傃儒鄙
　　生我矣；詣以（歐陽）修、（蘇）軾，什猶七八驩舞。校其向背之數，
　　學之不講，誰之咎也？〔註87〕

顧、戴二家注重名理，〔註88〕而名家出於禮官。〔註89〕這樣，「持理議禮」很自然就成爲其文章理想，當作推崇論辨文的依據：

　　　　夫持論之難，不在出入風議，臧否人群，獨持理議禮爲劇。出
　　入風議，臧否人群，文士所優爲也；持理議禮，非擅其學莫能至。
　　〔註90〕

「持理議禮」既與「學」相聯繫，也就站到了「文士」的對立面。這一看法與章太炎對後世「文人」的認識有關。

　　《文學說例》一上來就澄清「文人」概念，以東漢王充對人材的劃分爲依據，說明後世文人由於不通小學造成了知識結構的退化：

〔註85〕《章太炎全集》（上海人民出版社 1982～1986 年版）（三）頁 146、147。
〔註86〕章太炎《文學說例》，舒蕪編選《中國近代文論選》（人民文學出版社 1959 年版）。按，《辭源》（商務印書館 1979 年版）頁 548 釋「噂沓」爲議論紛雜，可參。
〔註87〕《章太炎全集》（上海人民出版社 1982～1986 年版）（三）頁 147。
〔註88〕章太炎《諸子略說》（王乘六、諸祖耿記，孫世揚校，吳永坤、程千帆重校，《章太炎先生國學講演錄》（南京大學中文系古典文學教研室、南京大學學報編輯部 1987 年編印（內部交流）））頁 191：「名家主形名，形名猶言名實。」
〔註89〕按，章太炎據《漢書・藝文志》辨「名家不全出於禮官」，所論實仍本於「禮」。參其《諸子略說》（王乘六、諸祖耿記，孫世揚校，吳永坤、程千帆重校，《章太炎先生國學講演錄》（南京大學中文系古典文學教研室、南京大學學報編輯部 1987 年編印（內部交流）））頁 190～191。
〔註90〕章太炎《國故論衡》（上海古籍出版社 2003 年版）頁 82。

　　文學之始，蓋權輿於言語。自書契既作，遞有接構，則二者殊流，尚矣。漢世（司馬）相如、（揚）雄、（班）固之屬，皆嘗纂《凡將》訓《蒼頡》，故其文辭閎雅，知言之選。唐時樂文采者，猶云「宜略識字」；至賦詩言「餗」，矜慎不舉。兩宋以降，斯道漸普，然有所述作，猶號曰古文辭，其稱謂不能無取於墳籍。既昧雅訓，則譸蹐狂舉者眾。昔王仲任（充）有言：能說一經者為儒生，博覽古今者為通人，采掇傳書以上書奏記者為文人，能精思著文連結篇章者為鴻儒。故儒生過俗人，通人勝儒生，文人踰通人，鴻儒超文人。《論衡·超奇篇》夫漢人自《史篇》、《蒼頡》，齠齒以上，大抵從師受誦。逮其成立，劣能守文則曰儒，草創述作則曰文，誠其第次當如是也。今則文墨辭說之士，乃往往不逮經儒遠甚。姚姬傳（鼐）欲事東原（戴震），猶被謝斥，何有其錄錄者？校其功實，非通小學與不通小學之效歟？〔註91〕

後世「文人」的不學，被歸咎於不通小學之過。緣此，文人地位的升降全賴小學一道，小學具有凌駕文學之上的地位。〔註92〕而名家之說，「關故訓者也」，〔註93〕建立在名學基礎上的玄學又「常與禮律相扶」〔註94〕。因此，「持理議禮」的文章理想必然以「小學」為關軸，〔註95〕這是章太炎通過清理五朝學獲得的新發現。「小學」、名學與「典禮之學」構成章太炎所謂「學」的重要內容。章太炎提出「持誦《文選》，不如取《三國志》、《晉書》、《宋書》、《弘明集》、《通典》觀之」，〔註96〕是其有補於學的閱讀建議。

　　「文」與「學」的對立，源於章太炎對「六經皆史」的重新理解。章氏《清儒》篇稱，「六藝，史也。上古以史為天官，其記錄有近於神話」，〔註97〕

〔註91〕章太炎《文學說例》，舒蕪編選《中國近代文論選》（人民文學出版社 1959 年版）。

〔註92〕章太炎《文學說例》，舒蕪編選《中國近代文論選》（人民文學出版社 1959 年版）。

〔註93〕章太炎《文學說例》，舒蕪編選《中國近代文論選》（人民文學出版社 1959 年版）。

〔註94〕章太炎《五朝學》，《章太炎全集》（上海人民出版社 1982～1986 年版）（四）頁 76。

〔註95〕章太炎《國故論衡》（上海古籍出版社 2003 年版）頁 83：「小學既廢，則單篇撥落；玄言日微，故儷語萃靡。」可參。

〔註96〕章太炎《國故論衡》（上海古籍出版社 2003 年版）頁 83。

〔註97〕《章太炎全集》（上海人民出版社 1982～1986 年版）（三）頁 154。

意味著「經」是夾雜了神話迷信的古史，〔註98〕有待甄別。此句下案語提示，「人言六經皆史，未知古史皆經也」。〔註99〕「六經皆史」說出自章學誠，本意說「古人不著書，古人未嘗離事而言理，六經皆先王之政典也」。〔註100〕章太炎既破其「政典」說，反過來更提出「古史皆經」，因而經的範圍不限於章學誠所說的「官書」，〔註101〕而是遍包九流，〔註102〕大大擴充了經的範圍。六藝中的《詩》、《書》等近於神話，屬甄別對象。《禮》、《春秋》則「雅馴近人世」。爲此，荀子「隆禮義，殺《詩》、《書》」，至漢代「杜（林）、賈（逵）、馬（融）、鄭（玄）之倫」，繼續其事，由是「六藝復返於史」，無「神話之病」。〔註103〕顯然，「禮、義」與「《詩》、《書》」在荀子那裡是對立的。章太炎接受了這一思想，並推廣其說，用以針砭文士：

> 足下云：辭章詩歌，其用賢於歷史，此本諸希臘亞歷斯陀德者。夫《論》稱文勝爲史，盡飾之至，素以爲絢，宜莫如史志。然則本六藝以述典法，其緒言爲文辭，竺學而不文，白賁也；尚辭而弱質，翰音也。識典章者，辭章詩歌，始吉圭無盈辭，荀卿、賈生知之矣。且古之爲詩，以陳國俗，鄭君序其《詩譜》曰：「欲知源流清濁之所處，則循其上下而省之；欲知風化芳臭氣澤之所及，則傍行而觀之。」夫《蟋蟀》、《山樞》、《葛生》薿蔓之辭，似若放曠，其實皆爲國事發憤。高屬近神仙者，獨有樂府。然如《獨鹿》諸篇，猶有所感切陳諫。詩不系國風，雖幼眇善感人，無以增懷古之念。陵虛高行，自有老、莊、浮屠之說，助其悲欣，無以辭章詩歌爲也！僕又聞之：凡諸樸學，雖阿好者，有非弗能隱；雖媚嫉者，有是弗能蔽。瑕垢黽采，放情同見，是以無偏無黨，文辭即否。忌者相攻，雖橫言無一字中律令，可也。朋黨相比，雖多病，則謂之美。近世比周之德，獨文士爲眾。荀卿欲

〔註98〕 參周予同主編《中國歷史文選》（上海古籍出版社2002年版）下冊頁328。

〔註99〕 《章太炎全集》（上海人民出版社1982～1986年版）（三）頁154。

〔註100〕 章學誠《文史通義》（葉瑛校注，中華書局1994年版）卷一內篇《易教》上。

〔註101〕 參章太炎《國故論衡·原經》頁56。按，關於章學誠理論中的矛盾與不徹底性，及章太炎對此所作的批評，可參周勛初先生《清儒「六經皆史」說辨析》（《周勛初文集》第七冊《無爲集》，江蘇古籍出版社2000年版）。

〔註102〕 章太炎《國故論衡·原經》頁59：「（章）學誠必以公私相格，是九流悉當燔燒，何獨《太玄》也！」

〔註103〕 《章太炎全集》（上海人民出版社1982～1986年版）（三）頁155。

隆禮義，殺《詩》、《書》，僕亦以爲當如是矣。〔註104〕

「辭章詩歌」因背棄古詩傳統，無補於世道，終於站到了「文學」的對立面。

與「韻語代益陵遲，今遂塗地」的情形相反，〔註105〕「論辯之辭，綜持名理，久而愈出，不專以情文貴，後生或有陵轢古人者矣」〔註106〕。一有「陵轢古人」，一爲「發揚意氣」、「不愚固不能詩」，成爲相反的兩極。這一趨向最終成爲章太炎衡文的標準。〔註107〕

第三節　「自然地理」與「人文地理」的視角轉換　　——揚州學派的提出及南北學術統系的劃分

章太炎的《清儒》提出區分吳、皖之說，文中概括二派特點爲，吳派「好博而尊聞」，「樂文采者相與依違之」；皖派「綜形名，任裁斷」，「言直覈而無溫藉，不便文士」，〔註108〕均涉及對於文辭的態度。比較而言，後者更符合其文章觀念及理想，因而受到特別推崇。爲此，章太炎揣想文士與經儒的較量，地點設在被視爲考據大本營的四庫館。〔註109〕戴震作爲經儒的勝出樹立起皖南獨尊天下的地位，其文辭觀被視爲一代正宗；桐城派作爲「江淮間治文辭者」的首席代表，被置於批評中心。與桐城並派爭長的「儷辭諸家」也被施以戴學的衡量尺度。揚州駢文「或陽奉戴氏，實不與其學相容」〔註110〕的總體判斷實際表明了章太炎對此一派的抑揚。「文士」與「經儒」的交惡說明各自存在不同理想——「夫經說尚樸質，而文辭貴優衍」。〔註111〕吳、皖之外，

〔註104〕章太炎《與王鶴鳴書》，《章太炎全集》（上海人民出版社1982～1986年版）（四）頁152。

〔註105〕章太炎《國故論衡・辨詩》（上海古籍出版社2003年版）頁88。

〔註106〕章太炎《國故論衡・辨詩》（上海古籍出版社2003年版）頁88。

〔註107〕章太炎《國故論衡・論式》（上海古籍出版社2003年版）頁85：「近論故無取紛綸之辭，近詩故好爲揚屬之語。」同書頁86：「大氐近論者取於名，近詩者取於縱橫。」可參。

〔註108〕《章太炎全集》（上海人民出版社1982～1986年版）（三）頁156、157。

〔註109〕按，章太炎舉姚鼐拜師戴震事爲例，但敘述時誤植時間地點，並模糊其說。王達敏《姚鼐拜師戴震見拒考論》（《國學研究》第7卷，北京大學出版社2000年版）認爲，拜師事件發生在姚、戴入四庫館前，當時並未影響二人關係，而傾向於將交惡時間定在二位於四庫館共事時。其說可參。

〔註110〕《章太炎全集》（上海人民出版社1982～1986年版）（三）頁157。

〔註111〕《章太炎全集》（上海人民出版社1982～1986年版）（三）頁158。

另成一系的常州今文經學「務爲瑰意眇辭，以便文士」，〔註112〕其誇誕之風根本背離「經說」的本來方向，因而遭到更爲激烈地批評。借助「質言」的文辭觀，章太炎完成了對清學各派的抑揚，是其文辭觀在學術領域的延伸。

　　《清儒》是修訂本《訄書》新增的篇目。1904 年，隨著修訂本幾次刊印所形成的閱讀熱潮，其影響也漸次擴散。同年，梁啓超續寫的《近世之學術》就採用其吳、皖分派之說。〔註113〕1905 年，劉師培完成《南北學派不同論》，在論述清學派別時，章太炎的吳、皖分派說再次得到引用。劉師培不同於以上二位的處理是，引進舊有的南北思路，將吳、皖二派置於南北學術的框架下作全新解讀。

　　劉師培的設想直接針對《清儒》鄙棄揚州的敘述。借助南北學術，既可以照顧到幾乎是既成事實的吳、皖之分，又可以爲揚州學術爭得一席之地。歷史上的揚州是個兩屬的概念。從地域上說屬江北，在文化氣質上又有江南的特徵。〔註114〕因此，爲便宜計，揚州屬江南或江北的兩可之說均能成立。章太炎的《清儒》以高原環境的獨特氛圍解釋徽州，「休寧於江南爲高原，其民勤苦善治生，故求學深邃，言直覈而無溫藉，不便文士」，〔註115〕聯繫其《方言》篇對此地「山國陵阜，多自鬲絕」〔註116〕的地理描述，正可印證其「地齊限於不通之世」〔註117〕的思想。因而，強調地理條件以說明皖南學風，論據充分。劉師培繼續了這一思路。但章太炎重在說明地理因素對形成徽州本地學風的直接催生作用，劉師培應用時則間接得多。他綜合理解了章太炎《清儒》、《方言》二篇「高原」的涵義，其解釋既包含高原本身對樸質學風形成的影響，也有高原不便交通的地理特徵。章太炎的著眼點在徽州內部；劉師

〔註112〕《章太炎全集》（上海人民出版社 1982～1986 年版）（三）頁 158。
〔註113〕參梁啓超《論中國學術思想變遷之大勢》（上海古籍出版社 2001 年版）頁 122。
〔註114〕參（澳）安東尼婭・芬安妮《揚州：清帝國的一座中心城市》「揚州：城市、位置、區域」（載（美）林達・約翰遜主編、成一農譯《帝國晚期的江南城市》，上海人民出版社 2005 年版）、（美）梅爾清著、朱修春譯《清初揚州文化》（復旦大學出版社 2004 年版）頁 7～13「揚州的地理位置」。按，後書通過不同政治氛圍下地方精英與官方權力的互動，詳細描述了揚州從迷戀晚明到傚仿北京，其城市品格經歷了清初的江南氣質到乾隆時北方氣質的遷化。揚州是一個兼具南、北方雙重氣質的城市，有關揚州城市的印象還帶動了對周邊城市的想像。
〔註115〕《章太炎全集》（上海人民出版社 1982～1986 年版）（三）頁 157。
〔註116〕《章太炎全集》（上海人民出版社 1982～1986 年版）（三）頁 206。
〔註117〕《章太炎全集》（上海人民出版社 1982～1986 年版）（三）頁 133。

培則受家鄉揚州的牽引將眼光觸及徽州以外。「江南」因爲與文辭的關係含有
貶義，尊崇一時的皖南可以通過高原與外界的隔絕獨立於江南之外，而要使
揚州與「文辭」絕緣，則唯有借助於「字面」意義的江南與江北。〔註 118〕這
樣，北與南這兩個對立的概念便逐漸浮出。

從「江南」、「江北」推進到「南方」、「北方」這一更爲廣闊的視野，可
藉由各自與「文辭」的關係完成。歷史上以南北區劃兩種不同文化性格的思
想由來已久，從《中庸》的「南強」、「北強」〔註 119〕到清代江藩的《宋學淵
源記》等論著，因南北風土不同而注意及聲韻、書法等方面的差異，均有例
可舉。〔註 120〕《宋學淵源記》指出，「南人習尚浮誇，好騰口說」，〔註 121〕
與江南崇尚「文辭」的性格頗爲相像。「北人質直好義，身體力行」，〔註 122〕
則近於江北。江南與南方、江北與北方，並不缺乏聯繫。

1902 年梁啓超受日本地理學說影響，提出以黃河與揚子江流域爲中國文
化發源地，將中國學術劃作南北二系。〔註 123〕根據劉師培當時對新學的興趣，
從梁啓超那兒汲取靈感不是沒有可能。其《南北學術不同論》開篇《總論》
以山水區劃南北即有梁說的影子。梁啓超還與章太炎形成默契，梁氏「山地」
不便「交通」、「勤苦善治生」等方面的論述，均與章氏一致。因此，劃分南
北學術既有悠久的歷史，又有眼前成功的事例，爲劉師培學說的推行預備了
一定的社會心理基礎。這可以看作劉氏迅速採納南北思想的直接動力。

在南北格局基礎上擡高揚州，就必須提升揚州所在北方一系的學術地
位。皖南是一致尊崇的對象，藉重皖南也是方便之舉。但皖南地處江南，爲

〔註 118〕按，「字面」一詞出自（澳）安東尼亞‧芬安妮《揚州：清帝國的一座中心城
市》「揚州：城市、位置、區域」（載（美）林達‧約翰遜主編成一農譯《帝
國晚期的江南城市》）。
〔註 119〕《中庸章句》頁 6：「寬柔以教，不報無道，南方之強也」、「衽金革，死而不
厭，北方之強也」。《四書章句集注》（上海書店出版社 1987 年版）。
〔註 120〕按，「聲韻」如隋陸法言《切韻》序：「吳楚則時傷清淺，燕趙則多涉重濁」
（《唐寫本切韻（殘卷）》，《續修四庫全書》本），劉師培《南北學派不同論‧
南北文學不同論》作「吳楚之音時傷清淺，燕趙之音多傷重濁。」；「書法」
如清阮元《揅經室三集》（《四部叢刊初編》本）卷一《南北書派論》南派「疏
放妍妙」、北派「拘謹拙陋」。
〔註 121〕江藩《宋學淵源記》（上海書店 1983 年版）頁 12。
〔註 122〕江藩《宋學淵源記》（上海書店 1983 年版）頁 12。
〔註 123〕梁啓超《論中國學術思想變遷之大勢》（上海古籍出版社 2001 年版）夏曉虹
導讀頁 14、15。

此，劉師培特地拋開地域觀念的常識，有意識地將徽州一地納入他所構建的北學系統，從而將以戴震爲代表的皖南學派獨立於桐城文風彌漫的江淮地區，呼應了章太炎的意見，既有對皖南的定位通過尊揚北方也得到鞏固。爲配合其說，《隋書‧儒林傳》「南人簡約得其菁英，北人深蕪窮其支葉」〔註124〕的表述被重新調整。劉師培稱：

> 今觀於近儒之學派，則吳越之儒功在考古，精於校讎，以博聞
> 爲主，乃深蕪而窮其支葉者也；徽揚之儒功在知新，精於考覈，以
> 窮理爲歸，乃簡約而得其菁英者也。〔註125〕

揚州與戴震存在多重聯繫，戴震曾處館揚州，在京師時又有揚州弟子王念孫等。〔註126〕劉師培本可以前者爲直接線索敘述彼此關係，但戴震在揚州時還結識惠棟，如果提到戴震施教揚州的經歷勢必就不能迴避此一事實。爲徹底切斷皖南與「江南」的聯繫，劉師培輾轉從京師說起，作了與章太炎同樣的處理。乾嘉時期，揚州學人較廣泛地參與了京師的文化活動，〔註127〕經由京師建立戴震與揚州的聯繫，並不困難。

此前的學術史也即分別出自章、梁二位的《清儒》及《近世之學術》，在提及揚州時，本不以學派視之。〔註128〕揚州作爲一個分散的群體，各自吸收來自吳、皖二派的不同信息，自然不可能得到整體稱揚。劉師培要改變這一印象，唯有重新加以組織清理，樹立其新形象。戴震有揚州弟子王念孫、任大椿，師承分明。以此爲基礎，劉師培大力挖掘聯繫揚州與皖南的有利資源，中心人物是阮元。一方面，阮元與王、任二位及戴震故里淩廷堪、程瑤田有師友關係，阮元與皖南的聯繫可以成立；另一方面，阮元在家鄉揚州頗爲活

〔註124〕劉師培《南北學派不同論‧南北考證學不同論》（《劉師培全集》，中共中央黨
　　　　校出版社 1997 年影印《劉申叔先生遺書》本），《隋書》（中華書局 1973 年版）
　　　　卷七十五《列傳》第四十《儒林》作「南人約簡，得其英華，北學深蕪，窮
　　　　其枝葉」。

〔註125〕劉師培《南北學派不同論‧南北考證學不同論》（《劉師培全集》，中共中央黨
　　　　校出版社 1997 年影印《劉申叔先生遺書》本）。

〔註126〕閔爾昌《王石臞先生年譜》（《北京圖書館藏珍本年譜叢刊》第 110 冊）「乾隆
　　　　二十一年（1756）丙子」條。

〔註127〕按，如參加《四庫全書》等大型叢書的修撰。

〔註128〕按，《清儒》以吳、皖劃分清學，剖判嚴格。梁啓超在肯定其說的基礎上指出，
　　　　從戴震受學惠棟考慮，可視爲同源。實則章太炎有意迴避這一事實，轉而強
　　　　調戴震施教京師的經歷，對此，劉師培已有所洞察，彼此心照不宣。因此，
　　　　梁說在此可以不論。

躍，學術影響廣泛，由揚州學人與阮元的師友關係又可以串成系列，直到劉師培曾祖劉文淇，被數爲江永一系的三傳。揚州本地固有的學術資源經此挖掘梳理，終於成爲授受分明、層次井然的系統，是一個整體。揚州學術因有皖南作爲源頭上的保障，其地位得以提升。

在此基礎上，劉師培重新解釋了揚州與「文辭」的關係。《南北考證學不同論》稱，「徽州學派無一工文之人，江北學者亦然，與江南殊」，〔註129〕根本迴避揚州駢文一事。此說可與《南北文學不同論》相參考。文中稱：

> 清代中葉，北方之士咸樸僿寒冗，質略無文，南方文人則區駢散爲二體。治散文者，工于離合激射之法，以神韻爲主，則便於空疏，以子居（惲敬）、皋聞（張惠言）爲差勝。此所謂桐城派也，餘咸薄弱。治駢文者，一以摘句尋章爲主，以蔓衍炫俗，或流爲詼諧，以稚威（胡天遊）、容甫（汪中）爲最精。稚威之文以力勝，容甫之文以韻勝，非若王（昶）、袁（枚）之矜小慧也。〔註130〕

這裡乾脆將駢文全部歸入南方。汪中出身江北，劉師培爲敘說方便，又採用了文化意義上的「江南」概念，因而將汪氏算入「南方文人」，並不矛盾。只是揚州駢文公推阮元爲首座，劉師培繞過不說，應該有其隱衷。如前所述，阮元是維繫揚州與皖南關係的重要中介，對自己悉心建立起來的聯繫，劉師培不可能自行拆解。文中顯示的，倒是爲維護阮元學術地位而精心塑造其漢學形象。

漢學家一般不太提義理〔註131〕。戴震晚年的《孟子字義疏證》以批評程朱義理的鋒芒出名，有功於漢學。這對當時已經浮出水面的漢宋之爭來說，本可以視爲漢學家的一大盛事，但自居正宗的漢學家卻忌諱不提，〔註132〕足見漢學家對「義理」的戒心。阮元對義理之學頗有興趣，他最自信的《性命古訓》、論、孟《論仁》及《塔性說》等篇就專門討論義理。張鑒《雷塘庵主弟子記》卷一記載了有關情況：

〔註129〕《南北學派不同論》（《劉師培全集》，中共中央黨校出版社 1997 年影印《劉申叔先生遺書》本）。

〔註130〕《南北學派不同論》（《劉師培全集》，中共中央黨校出版社 1997 年影印《劉申叔先生遺書》本）。

〔註131〕按，一般與「宋學」混爲一談。

〔註132〕參江藩《漢學師承記》（上海書店 1983 年版）卷六《洪榜傳》，梁啓超《清代學術概論》（上海古籍出版社 1998 年版）十一「戴震和他的科學精神」。

六月，注釋《曾子》十篇成，《敍錄》曰……又案，先生（阮元）弟梅叔先生（阮亨）《瀛舟筆談》曰：「……然所作《曾子十篇注釋》，則時時自隨，凡三易稿。此中發明孔曾博學、難易、忠恕等事，與《孝經》、《中庸》相表裏，而訓『一貫』之『貫』爲行事，尤爲古人所未發。昔人以『主靜』、『良知』標其學，目『一貫』之說亦爲創論，故所撰之書當以此五卷爲最精。」又言：「近人考證經史小學之書則愈精，發明聖賢言行之書甚少，否則專以攻駁程朱爲事，於顏曾純篤之學未之深究，茲《注釋》五卷，不敢存昔人門戶之見，而實以濟近時流派之偏也。」（阮）祜補案，是時《論語、孟子論仁論》、《性命古訓》三卷尚未撰。〔註133〕

阮元對清代以來頗受譏彈的宋明理學不僅不予批評，甚至還頗有好感。對近代專重考證忽視義理的流弊也能出以公心，不望風偏袒。其《性命古訓》等議義理，雖源出戴震，但由其督纂的《清經解》〔註134〕卻不收戴震《孟子字義疏證》，是否出於同情宋學，緩解其來自漢學方面衝擊的考慮？〔註135〕總之，錢穆最後指出，繼戴震之後，阮元、焦循所發明的「義理」「皆不能爲孔孟與宋儒間造一嚴格之壁壘」〔註136〕，也即阮、焦以來，漢宋疆界呈模糊趨勢。阮元親近「義理」的說法可以相信。

在南北學術系統中，劉師培一再強調阮元建學質樸的北方特徵，而謹慎對待其「義理」問題，且即使提及也強調其「義理」的漢學傾向，〔註137〕更不涉及其文辭方面，並非疏漏。

南北學術是個開放的系統，南方與北方存在交流互動。阮元長期任職南

〔註133〕張鑑等撰、黃愛平點校《阮元年譜》（中華書局1995年版）頁17～18「嘉慶三年（1798）戊午」。

〔註134〕按，此書輯刻始於阮元署廣東巡撫時，阮氏任雲貴總督後雖由夏修恕接辦，但仍負責重要事宜，凡書應刻與否多以書信商定。參《阮元年譜》頁165「道光九年（1829）己丑」條。

〔註135〕錢穆《中國近三百年學術史》（商務印書館1997年版）頁541指出：「江鄭堂（藩）《經義目錄》有《孟子字義疏證》，而《清經解》不收，僅刻己著《論、孟論仁》、《性命古訓》諸篇。」可參。

〔註136〕錢穆《中國近三百年學術史》（商務印書館1997年版）頁541。

〔註137〕按，《南北學派不同論‧南北考證學不同論》（《劉師培全集》，中共中央黨校出版社1997年影印《劉申叔先生遺書》本）稱，「阮氏之學主於表微，偶得一義，初若創獲，然持之有故，言之成理，貫纂群言，昭若發蒙，異於餖飣猥瑣之學」，與理學家義理之空疏性格不同。

方，所到之地多有學術建樹，可視為北方漢學南傳的中介，強調其影響南方的積極作用，也就突出了揚州學術在全國的影響。至於南學對北方的影響，劉師培以汪中為接受方，將其作為「南學漸輸於江北」的一大例證。汪中與常州學人孫星衍、洪亮吉多有交往，〔註138〕且其能駢文的聲譽著稱一時，可以代表揚州駢文。文中批評汪中，實際等於渲染南方「文辭」的消極影響，而章太炎對揚州「儷辭諸家」的數落也被轉移到了南方。這樣，劉師培斷言「北學無一工文之人」的結論才不致有漏洞。另外，列舉桐城作家時僅以別出的陽湖派惲敬、張惠言為代表，頗有點標新立異。〔註139〕劉師培將二位挪移到桐城，除了陽湖、桐城存在公認的師承淵源，不妨承認其說外，似還可以這樣理解：清前期桐城散文盛稱一時，至中期，陽湖一支獨領風騷，因而以惲、張二位續上桐城，就可造成「江淮間治文辭者」常盛不衰的印象，以證成其「東南人士喜為沈博之文」〔註140〕的說法。「江南」與所屬的更為廣闊的南方則是「文辭」的象徵，「南人」與「文辭」作為一種不得人心的力量，被刻意迴避，符合章太炎崇尚「質言」的文辭觀。經過有意識地刪選和過濾，劉師培純潔了揚州與「文辭」的關係，從而使揚州與整個北學系統步調一致。

　　劉師培針對章太炎《清儒》所構建的南北學術系統，在隨後的《清儒得失論》中繼續發揮，其中論述江北學派一節，明顯對應於《清儒》的有關文字：

　　　　若江北學者，自汪中外多得江戴之傳。焦循、黃承吉或發古經奧義，或窮文字之源，黃兼工詩，以格律聲情相尚，甘泉江藩則確宗惠氏。此數子者，焦、黃均居鄉寡行，江稍疏放，然慕世之心未衰。惟凌曙、劉台拱修身勵行，上擬漢儒。〔註141〕

《清儒》以近惠或近戴為權衡，這裡承接其說。劉師培一面順應章氏貶低汪

〔註138〕《南北學派不同論・南北考證學不同論》（《劉師培全集》，中共中央黨校出版社 1997 年影印《劉申叔先生遺書》本）：「及惠（棟）、洪（亮吉）、顧（千里）、趙（翼）友教揚州，而南學漸輸於江北。如江藩為余氏弟子，汪中與孫洪友善，而賈稻孫、李惇之流咸與汪氏學派相近。」

〔註139〕按，關於桐城派與陽湖派關係，可參曹虹《陽湖派與桐城派關係辨析》，《江海學刊》1996 年第 6 期。

〔註140〕《南北學派不同論・南北考證學不同論》，（《劉師培全集》，中共中央黨校出版社 1997 年影印《劉申叔先生遺書》本）。

〔註141〕《左盦外集》卷九《清儒得失論》，（《劉師培全集》，中共中央黨校出版社 1997 年影印《劉申叔先生遺書》本）。

中的意見，一面以「自汪中外」的籠統表述帶過其他駢文家與戴震的關係，迴避了章太炎將揚州駢文敘入近惠的行列。至於不太要緊的江藩被定爲「確宗惠氏」，也是事實。〔註142〕其他像焦循、黃承吉、凌曙及劉台拱，則以道德略分高下。由此篇發表在章太炎主辦的《民報》可知，〔註143〕劉師培的意見通過了論爭對手的檢驗，得到認可，南北學術體系的構建宣告成功。

　　劉師培在構想南北學術體系過程中，積極調動各種資源。除了對象自身涵義豐富，便利使用外，還得益於自然地理與人文地理的信息交叉，二者指向不同。地理是劉師培家學之一，〔註144〕憑藉深厚的家學功底，他又積極吸取時代新成果，在自然地理與人文地理的兩種視角間自如轉換。〔註145〕不唯劉師培如此，章太炎、梁啓超在具體應用時也以此爲便宜。在西潮湧進的世紀之交，三位以地論學的新思維獨樹一幟。

〔註142〕參閱爾昌《江子屏先生年譜》（《北京圖書館藏珍本年譜叢刊》第122冊）「乾隆四十年（1775）乙未」條下。

〔註143〕《左盦外集目錄》卷九《清儒得失論》下注：「《民報》十四，（前五年（1907））」，（《劉師培全集》，中共中央黨校出版社1997年影印《劉申叔先生遺書》本）。

〔註144〕按，劉寶楠《清故優貢生候選儒學訓導劉君（文淇）墓表》：「又以餘力，究心地理水道，表微闡幽，孜孜不報。」丁晏《皇清優貢生候選訓導劉君（文淇）墓誌銘》：「鈎稽正史地理之沿革，水道之變遷，尤所諳悉。」徐乃昌《清故舉人揀選知縣儀徵劉先生墓誌銘》記劉師培叔父劉富曾編輯《南陵縣志》，「山川人物，指畫區分，恍若孫洪近接几席」。袁鑧《劉張侯（師蒼）傳》稱，「（劉師蒼，劉師培堂兄）尤熟《元秘史》，於歷代西域地圖，瞭如指掌」。以上分別爲梅鶴孫著、梅英超整理《青谿舊屋儀徵劉氏五世小記》（上海古籍出版社2004年版）頁81、82、89、35引錄。另，劉文淇《青谿舊屋文集》（《續修四庫全書》冊1517）、劉富曾《通義堂文集》（《續修四庫全書》冊1546）收錄有關地理類文章均可參考。劉富曾《通義堂文集》卷七還有一組關於《輿地紀勝》的序跋文等，其中，《輿地紀勝校勘記序》下有小字按語，稱「代先君子作」，「先君子」即劉毓崧（伯山）。從劉文淇到劉師培一代共四世，研治地理，代有傳人，可見劉家與地理的關係。

〔註145〕按，程會昌（千帆）《文論要詮·南北文學不同論》（《民國叢書》第一編第55冊）「案語」中，論文學中方輿色彩有先天後天之異：「所謂先天者，即班氏之所謂風，而原乎自然地理者也；所謂後天者，即班氏之所謂俗，而原乎人文地理者也。前者爲其根本，後者尤多蕃變。蓋雖山川風氣爲其大齊，而政教習俗時有薰染。山川終古若是，而政教與日俱新也。凡劉君所論文學南北之異，執此以繩，無不可解。」劉師培所論南北大勢由此可解，局部如揚州歸屬「江南」、「江北」，皖南隸屬「北方」等問題，也應該從中得到解答吧。本書所用「自然地理」、「人文地理」二語即據程先生此說。

結　語

　　基於對立足種姓的「國粹」的共同信奉，章太炎與劉師培建立起非同一般的革命友誼。章太炎眼裏的「國粹」依託於以《左傳》為代表的古文經。《左傳》是劉師培家傳絕學之一，章太炎又是革命新人劉師培尊崇的對象，雙方互相吸引。

　　章、劉之爭貫穿了彼此交往的全過程。訂交伊始，雙方即展開涉及廣泛的學術論爭。以水地區劃方言為例，章太炎主張「夏音即楚音」，劉師培則認為「夏音」為北音，與南方「楚音」不同。章氏立說基於他建都武昌的革命目標，劉說則出自構建南北學術的需要。各自存在不同的思想基礎。

　　章、劉論爭促進了彼此學術的成長，但學術以外的干擾因素始終存在。劉師培背棄革命是雙方絕交的致命性因素。

　　章、劉之爭推動了皖派考據學的經典化。章太炎由結撰《訄書》開始關注文辭，從秦漢文到魏晉文，探索文體的結果使他發現了六朝「精辨」文的價值。不同於以往重「華美」的駢文家，章氏嚮往「清和流美」的晉宋文。

　　六朝「精辨」文重在「正名辨物」，章氏建立在小學基礎上的「文學」就以「正名」為目標。名學與小學在目標上的某種一致支持了這一觀念，並促成其「持理議禮」文章理想的形成。皖南樸質文風符合其理想。

　　借助於「文辭」，章太炎完成了對清學派別的劃分，皖南學派受到稱讚。針對章太炎的敘述，劉師培精心構建起南北學術體系，通過運用自然地理與人文地理的不同視角，調整了章太炎所給予的揚州印象。皖南學派作為北學的一支聯結起揚州的支系，在其重北抑南的敘述下，揚州地位得以提升。

　　章太炎、梁啓超以及劉師培在二十世紀初一致使用吳、皖之分，並共同推尊皖南，強調其領導清學的中心地位，三位發表意見在時間上前後相續，也使這一印象得到加強，並奠定了以後清學分派的基調。〔註1〕

　　吳、皖之外，學界比較認可的地域性流派是揚州學派。〔註2〕張舜徽先生指出：

> 清儒專門治經，自惠、戴開其先，天下景從而響和者，無慮皆能盡精微而不克自致於廣大。至於乾隆之季，其隘已甚，微揚州諸儒起而恢廓之，則終清之世，士子疲老盡氣以從事者，雜猥而已耳，破碎而已耳。末流之弊，不知所屆，庸詎止於不能昌明經訓已乎？吾之所以欲表章揚州之學，意在斯也。〔註3〕

是揚州學派具振衰起弊之功，不容不特爲表出。但漆永祥先生認爲，「皖與揚州之分，實爲同一師承而強分爲二，揚州學者中的王念孫父子等人係出戴震門下，凌廷堪爲震氏私淑弟子，後人將他們或歸吳派，或屬揚州派，自亂其法。汪中之學也近戴震，而梁啓超將其既分爲揚州派主將，又隸歸吳派，相互錯出，類似的矛盾不少。」〔註4〕揚州派有無單立必要，及派內諸人親吳或親皖，實際還牽涉到對「章、劉之爭」的理解。

　　漆先生從皖南與揚州「同一師承」出發，認爲不必分。其實揚州與皖南的聯繫就是劉師培首先系統發掘的。而王念孫父子、凌廷堪及汪中的歸屬，也是在梳理皖南與揚州關係時作了方便處理，以後學界關於乾嘉學人的派系分合均或多或少受這一思路影響。至於汪中與吳派的關係，因爲梁啓超一度與章太炎來往密切，在學術觀點上也互有商量。〔註5〕章太炎對以汪中爲代表的儷辭家多有不屑，稱他們「略近惠氏」，因而梁啓超將其歸入吳派，並不意

〔註1〕按，以後各說雖時有歧異，但始終以吳、皖二派爲分派的重要參照。參漆永祥《論乾嘉考據學派別之劃分及相關諸問題》，《國學研究》（北京大學出版社1998年版）第5卷。

〔註2〕按，目前對清學派別的劃分，標準多樣。主張以地名派的，順應繁榮地方學術的願望，甚至凡一地差不多都可立一派。其他種種說法，不一而足。地域標準再摻雜師承、交遊等各種因素，有愈說愈繁的趨勢。

〔註3〕張舜徽《清代揚州學記・敘論》（廣陵書社2004年版）頁2引述其1946以來的看法。

〔註4〕漆永祥《乾嘉考據學研究》（中國社會科學出版社1998年版）頁112。按，《論乾嘉考據學派別之劃分相關諸問題》（《國學研究》第5卷）相關表述略有不同，可合參。

〔註5〕參朱維錚《清代學術概論・導讀》（上海古籍出版社1998年版）。

外。〔註6〕

　　揚州學派經劉師培表彰、提倡，其重要性日益突顯。至張舜徽先生《揚州學記》出，揚州學風自成一系的獨立品格漸成公論，〔註7〕以後繼起的論述雖給予不同程度的質疑，但首先必須跨越這一結論，否則就不具備說服力。

　　今天，區分乾嘉學派的討論正在進行，分歧依然存在。〔註8〕如果對「章、劉之爭」這一問題有所考慮，那麼異見雙方達成一致的可能性必定有所改觀。

〔註 6〕　按，梁啓超《論中國學術思想變遷之大勢》（上海古籍出版社 2001 年版）「近世之學術」在述完乾嘉各派後，「著者附識」稱：「以上敘傳授派別，頗採章氏《訄書》而增補之，且自下斷案。」其中對汪中受教吳派的思想，就採自章氏。可見，梁氏此一時期受太炎影響之深。後來的《清代學術概論》有關部分仍沿襲以往觀點。

〔註 7〕　按，張說受劉師培影響。張氏《清代揚州學記‧敘論》頁 8 在說明「揚州諸儒，不獨哲學思想淵源於戴氏；其他學術方面，也都是衍戴學遺緒而進一步發展起來的」時，特引錄劉師培《南北考證學不同論》，以加強證據，可參。

〔註 8〕　參王俊義《關於乾嘉學派的成因及派別劃分之商榷》（《中國社會科學院研究生院學報》1995 年第 3 期）、《關於揚州學派的幾個問題》（《中國社會科學院研究生院學報》2002 年第 3 期）等。

引用文獻

一、著　作

〔古籍部分〕

〔經部〕

1. 《大戴禮記解詁》，〔清〕王聘珍撰，王文錦點校，《十三經清人注疏》本，北京：中華書局 1983 年版。

2. 《左氏春秋考證》，〔清〕劉逢祿撰，《續修四庫全書》本。

3. 《四書章句集注》，〔宋〕朱熹注，上海：上海書店出版社 1987 年版。

4. 《經學歷史》，〔清〕皮錫瑞著，周予同注釋，北京：中華書局 2004 年版。

5. 《漢學師承記》，《宋學淵源記》，〔清〕江藩著，上海：上海書店 1983 年版。

6. 《漢學商兌》，〔清〕方東樹撰，《續修四庫全書》本。

7. 《唐寫本切韻（殘卷）》，〔隋〕陸法言撰，《續修四庫全書》本。

〔史部〕

1. 《漢書》，〔漢〕班固撰，北京：中華書局 1962 年版。

2. 《後漢書》，〔宋〕范曄撰，北京：中華書局 1965 年版。

3. 《隋書》，〔唐〕魏徵、令狐德棻撰，北京：中華書局 1973 年版。

4. 《王石臞先生年譜》，閔爾昌編，《北京圖書館藏珍本年譜叢刊》本。

5. 《江子屏先生年譜》，閔爾昌編，《北京圖書館藏珍本年譜叢刊》本。

6. 《阮元年譜》，〔清〕張鑑等撰，黃愛平點校，北京：中華書局 1995 年版。

7. 《文史通義校注》，〔清〕章學誠著，葉瑛校注，北京：中華書局 1994 年版。

〔子部〕

1. 《荀子集解》，〔清〕王先謙撰，沈嘯寰，王星賢點校，《新編諸子集成》本，北京：中華書局 1988 年版。

2. 《淮南鴻烈集解》，〔清〕劉文典撰，馮逸，喬華點校，《新編諸子集成》本，北京：中華書局 1989 年版。

3. 《論衡校釋》，黃暉撰，《新編諸子集成》本，北京：中華書局 1990 年版。

〔集部〕

1. 《揅經室集》，〔清〕阮元撰，《四部叢刊初編》本。

2. 《青溪舊屋文集》，〔清〕劉文淇撰，《續修四庫全書》本。

3. 《通義堂文集》，〔清〕劉富曾撰，《續修四庫全書》本。

4. 《文心雕龍注》，〔梁〕劉勰著，范文瀾注，北京：人民文學出版社 1958 年版。

〔現代著作〕

1. 《文論要詮》，程會昌編纂，《民國叢書》本。

2. 《梁任公先生年譜長編初稿》，《北京圖書館藏珍本年譜叢刊》本。

3. 《秦漢的方士與儒生》，顧頡剛著，上海：上海人民出版社 1957 年版。

4. 《中國近代文論選》，舒蕪等編選，北京：人民文學出版社 1959 年版。

5. 《辛亥革命前十年間時論選集》（卷一～三），張枬，王忍之編，北京：三聯書店，1960、1963、1977 年版。

6. 《國粹學報》，國學扶輪社編，臺北：文海出版社 1970 年影印本。

7. 《章太炎政論選集》，章炳麟著，湯志鈞編，北京：中華書局 1977 年版。

8. 《章太炎年譜長編》，湯志鈞編，北京：中華書局 1979 年版。

9. 《辭源》，北京：商務印書館 1979 年版。

10. 《籌安會「六君子」傳》，陶菊隱著，北京：中華書局 1981 年版。

11. 《章太炎選集》（注釋本），朱維錚、姜義華編注，上海：上海人民出版社 1981 年版。

12. 《章太炎全集》，章炳麟著，上海：上海人民出版社 1982～1986 年出版。

13. 《蘇曼殊全集》，柳亞子編，北京：中國書店，1985 年影印北新書局本。

14. 《章太炎思想研究》，姜義華著，上海：上海人民出版社 1985 年版。

15. 《量守廬學記》，程千帆，唐文編輯，北京：三聯書店 1985 年版。

16. 《章太炎先生自定年譜》，章太炎著，上海：上海書店 1986 年版。

17. 《汪康年師友書箚》，上海圖書館編，上海：上海古籍出版社 1986～1989 年連續出版。

18. 《章太炎先生國學講演錄》，南京大學中文系古典文學教研室、南京大學學報編輯部 1987 年編印（内部交流）

19. 《章太炎研究》，汪榮祖著，臺北：李敖出版社 1991 年版。

20. 《春秋左傳學史稿》，沈玉成，劉寧著，南京：江蘇古籍出版社 1992 年版。

21. 《戴震評傳》，李開著，南京：南京大學出版社 1992 年版。

22. 《當代學術研究思辨》，周勛初著，南京：南京大學出版社 1993 年版。

23. 《國學研究》（1～15 卷），袁行霈主編，北京：北京大學出版社 1993～2005 年出版。

24. 《梁啓超與中國思想的過渡（1890～1907）》，〔美〕張灝著，崔志海，葛夫平譯，南京：江蘇人民出版社 1995 年版。

25. 《國學講演錄》，章太炎著，上海：華東師範大學出版社 1995 年版。

26. 《清末新知識界的社團與活動》，桑兵著，北京：三聯書店 1995 年版。

27. 《蘇曼殊傳論》，毛策著，北京：中國人民大學出版社 1995 年版。

28. 《中國近三百年學術史》，梁啓超著，北京：東方出版社 1996 年版。

29. 《中國現代學術經典》，章太炎卷，劉夢溪主編，陳平原編校，石家莊：河北教育出版社 1996 年版。

30. 《章太炎學術年譜》，姚奠中，董國炎著，太原：山西古籍出版社 1996 年版。

31. 《周予同經學史論著選集》，朱維錚編，上海：上海人民出版社 1996 年增訂版。

32. 《中國文學研究現代化進程》，王瑤主編，北京：北京大學出版社 1996 年版。

33. 《陽湖文派研究》，曹虹著，北京：中華書局 1996 年版。

34. 《國學概論》，章太炎講演，曹聚仁整理，湯志鈞導讀，上海：上海古籍出版社 1997 年版。

35. 《劉師培全集》，劉師培著，北京：中共中央黨校出版社 1997 年影印《劉申叔先生遺書》本。

36. 《中國近三百年學術史》，錢穆著，北京：商務印書館 1997 年版。

37. 《近代中國與新世界：康有為變法與大同思想研究》，〔美〕蕭公權著，汪榮祖譯，南京：江蘇人民出版社 1997 年版。

38. 《晚清國粹派：文化思想研究》，鄭師渠著，北京：北京師範大學出版社 1997 年版。

39. 《五四新文化的源流》，陳萬雄著，北京：三聯書店 1997 年版。

40. 《清代學術概論》，梁啓超撰，朱維錚導讀，上海：上海古籍出版社 1998 年版。

41. 《中國現代學術之建立——以章太炎、胡適之爲中心》，陳平原著，北京：北京大學出版社 1998 年版。

42. 《乾嘉考據學研究》，漆永祥著，北京：中國社會科學出版社 1998 年版。

43. 《經學、政治和宗族——中華帝國晚期常州今文學派研究》，〔美〕艾爾曼著，趙剛譯，南京：江蘇人民出版社 1998 年版。

44. 《國學與漢學——近代中外學界交往錄》，桑兵著，杭州：浙江人民出版社 1999 年版。

45. 《北京大學古文獻研究所集刊》（一），孫欽善等著，北京：北京燕山出版社 1999 年版。

46. 《東瀛遺墨——近代中日文化交流稀見史料輯注》，李慶編注，上海：上海人民出版社 1999 年版。

47. 《訄書詳注》，章炳麟著，徐復注，上海：上海古籍出版社 2000 年版。

48. 《中國中古文學史講義》，劉師培撰，程千帆等導讀，上海：上海古籍出版社 2000 年版。

49. 《〈文心雕龍〉札記》，黃侃撰，周勛初導讀，上海：上海古籍出版社 2000 年版。

50. 《周勛初文集》，周勛初著，南京：江蘇古籍出版社 2000 年版。

51. 《論中國學術思想變遷之大勢》，梁啓超撰，夏曉虹導讀，上海：上海古籍出版社 2001 年版。

52. 《中國思想與學術的系譜》，王汎森著，石家莊：河北教育出版社 2001 年版。

53. 《經學今詮續編》，《中國哲學》第 23 輯，瀋陽：遼寧教育出版社 2001 年版。

54. 《中國經學史十講》，朱維錚著，上海：復旦大學出版社 2002 年版。

55. 《章炳麟評傳》，姜義華著，南京：南京大學出版社 2002 年版。

56. 《中國文學研究現代化進程二編》，陳平原主編，北京：北京大學出版社 2002 年版。

57. 《中國歷史文選》，周予同主編，上海：上海古籍出版社 2002 年版。

58. 《國故論衡》，章太炎撰，陳平原導讀，上海：上海古籍出版社 2003 年版。

59. 《裂變中的傳承——20 世紀前期的中國文化與學術》，羅志田著，北京：中華書局 2003 年版。

60. 《中國古代闡釋學研究》，周裕鍇著，上海：上海人民出版社 2003 年版。

61. 《近代中國史學十論》，羅志田著，上海：復旦大學出版社 2003 年版。

62. 《青谿舊屋儀徵劉氏五世小記》，梅鶴孫著，梅英超整理，上海：上海古

籍出版社 2004 年版。

63. 《中國學術思想史論叢》，錢穆著，合肥：安徽教育出版社 2004 年版。

64. 《清代揚州學記》，張舜徽著，揚州：廣陵書社 2004 年版。

65. 《從文人之文到學者之文》，陳平原著，北京：三聯書店 2004 年版。

66. 《清初揚州文化》，〔美〕梅爾清著，朱修春譯，上海：復旦大學出版社 2004 年版。

67. 《飲冰室合集集外文》，梁啓超著，夏曉虹輯，北京：北京大學出版社 2005 年版。

68. 《孫詒讓小學讕論》，朱瑞平著，北京：商務印書館 2005 年版。

69. 《蘇報及蘇報案：1903 年上海新聞事件》，周佳榮著，上海：上海科學院出版社 2005 年版。

70. 《帝國晚期的江南城市》，〔美〕林達·約翰遜主編，成一農譯，上海：上海人民出版社 2005 年版。

71. 《二十世紀中國的語言學》，盛林、宮辰、李開著，北京：黨建讀物出版社 2005 年版。

72. 《康章合論》，汪榮祖著，北京：新星出版社 2006 年版。

二、期刊論文

1. 《與徐哲東論春秋書》，章太炎，《制言》，民國二十五年（1936）第 17 期。

2. 《蘇曼殊年譜》，馬以君，《佛山科學技術學院學報》，1985 年第 2 期、1986 年第 1、3 期。

3. 《關於乾嘉學派的成因及派別劃分之商榷》，王俊義，《中國社會科學院研究生院學報》，1995 年第 3 期。

4. 《〈漢學師承記〉與〈漢學商兌〉——兼論清代中葉的漢宋之爭》，黃愛平，《中國文化研究》，1996 年第 4 期。

5. 《陽湖派與桐城派關係辨析》，曹虹，《江海學刊》，1996 年第 6 期。

6. 《清嘉道以來不拘駢散論的文學史意義》，曹虹，《文學評論》，1997 年第 3 期。

7. 《門戶之爭，還是漢宋兼采？——析方東樹〈漢學商兌〉之立意》，尚小明，《思想戰線》，2001 年第 1 期。

8. 《關於揚州學派的幾個問題》，王俊義，《中國社會科學院研究生院學報》，2002 年第 3 期。

9. 《探索學術與思想之間的歷史》，羅志田，《四川大學學報》，2002 年第 3 期。

10. 《失落在異邦的「國故」》，陳平原，《讀書》，2002 年第 6 期。

11. 《論浮田和民〈史學通論〉與梁啟超新史學思想的關係》，尚小明，《史學月刊》，2003 年第 5 期。

後　記

　　確立這一選題，緣於當初對桐城派的興趣。

　　十一年前，我跟隨導師曹虹先生研習中國古代散文史，當時，爲她的《陽湖文派研究》所吸引，日夕揣摩。漸漸地，我的閱讀重點落在了與陽湖派有親緣關係的桐城派上，並就此粗定爲博士論文開題的選題範圍。根據導師的要求，視野盡量放寬，並盡可能地在學術史的背景下去關注、瞭解。首先碰到的難題是如何理解清學史上諸多針對桐城派的評價，如何看待它們之間的差異，越追索問題越多。之所以選取章太炎、劉師培作爲分析樣例，是因爲清末民初這兩位學術巨擘都曾對桐城派作出過有力批評，他們的意見對後世深具啓迪。緊接著這一問題的追索使我進入了另一個專題領域，即「章劉之爭」的範圍。本文最終表明，章太炎、劉師培對桐城派的批評只不過是他們討論「國粹」、興復古學過程中思想分歧的冰山一角。由此，我的視線越走越遠，最終遠離了對桐城派本身的關注。

　　我目前所做的圖書館古籍工作似乎也偏離了最初的專業方向，或可安慰的是，常常有來自所謂的專業以外的驚喜。希望多年以後再回到最初的興趣起點，研究視野不致過於狹隘，論證也不會如此單薄。

　　懷念母校南京大學的古樸校園，蒼勁蓊鬱的法國梧桐。求學路上陰晴晦明的心情起伏，早已隨記憶幻作青蔥歲月裏單純追琢文字的快樂。

　　承花木蘭文化出版社的厚愛，拙稿得以出版，在此謹向關心本文並曾爲此付出心力的師友同仁及家人致以由衷的謝意。論文封筆後時見高明沉著之論，頗思採納，結撰新篇，以學力未充、慮欠周詳，暫予割愛。此次出版，

僅對個別字句作出修正。斟酌損益，俟諸將來。

　　學海無涯，本文僅是研習過程中的一點思考。

2013 年 8 月

於廈門大學圖書館古籍室

馬浮研究

劉又銘　著

作者簡介

劉又銘（1955～），台灣嘉義人，政治大學中國文學系博士（1992），現任政大中文系教授。年輕時接觸過基督教、佛教、心理分析，最後選擇了儒家，並且從孟學（孔孟之學）立場逐漸轉向荀學（孔荀之學）立場。晚近開始嘗試建構「當代新荀學」，提倡「當代新儒家荀學派」。著有《馬浮研究》（碩士論文）、《大學思想證論》（博士論文）、《理在氣中──羅欽順王廷相顧炎武戴震氣本論研究》以及〈荀子的哲學典範及其在後代的變遷轉移〉、〈大學思想的歷史變遷〉、〈中庸思想──荀學進路的詮釋〉、〈明清自然氣本論的哲學典範〉、〈儒家哲學的重建──當代新荀學的進路〉……等論文。

提　　要

　　本書的主要部份是我的相同名稱的碩士論文（政大中文系，1984）的修訂版。第一章將馬浮的生平暨成學歷程分成四個階段來討論。第二章具體介紹馬浮的 13 位朋友和 21 位門人。第三章整理、敘述馬浮著述（包括專著、單篇詩文、編著三類）和刻書的情況。第四章承襲賀麟、徐復觀等人對馬浮思想的判定，並大致以牟宗三所詮釋的朱子學、陽明學為參照，從本體論、工夫論、六藝論三方面探討馬浮的學術思想。

　　附錄一是我 2008 年在「紀念馬一浮先生誕辰 125 周年暨國際學術研討會」上所發表的〈馬浮的哲學典範及其定位〉的第二次修訂稿。跟我的碩士論文相較，本文的突破與推進建立在底下兩點上：（1）跳出牟宗三的朱子學詮釋理路，改以我重新理解的朱子學為參照來研究馬浮哲學。（2）注意到馬浮的理本論是在跟明清氣本論相對比的張力中重新建構起來的。本文首先指出，廣義的當代新儒家至少可以包括「孔學──朱子學」、「孟學──陽明學」、「荀學──戴震學」三系；然後從理氣論、心性論、修養工夫論三個層面闡明馬浮的哲學典範。本文認為，馬浮的哲學是「孔學──朱子學」一路的創造性發展，絕非傳統舊學的拼湊與重複。

　　附錄二則是〈馬浮研究相關資料選輯〉，收錄具有歷史意義與歷史價值並且如今可能已經不容易找到的資料共計 27 則，供學界參考使用。

自　序

　　在當代新儒家的脈絡裡，馬一浮先生比較是個邊緣人物（至少不如熊十力那樣受重視）。三、四十年前是這樣，今天多少還是這樣。

　　奇妙的是，大約四十年前我還在成功大學唸工程科學系的時候，一讀到馬一浮先生的文字就很有感覺，就願意逐句體會、仔細品嚐；反倒是對熊十力的話語沒有那麼大的興趣。爲何這樣，當時並不清楚。今天來看，我願意說，那是基於生命的眞實感受和眞實需要所作出來的選擇。也或許是，當時我生命內在隱約有個素樸直覺，直覺到馬一浮先生的學問與人格境界的純度厚度與透明度，如此而已。

　　當兵時期，我一點一滴讀著馬一浮先生的《爾雅臺答問》來幫助自己一步步成長。讀不懂的就跳過去，讀多少算多少。後來考上政治大學中國文學研究所碩士班，便以「馬浮研究」爲題撰寫碩士論文（當我問過師長，知道我可以寫這個題目的時候眞是太高興了）。

　　「馬浮研究」？這樣的題目今天看來有些突兀。爲什麼直呼其名，逕稱「馬浮」？爲什麼單單說個「研究」，這麼地渾淪籠統？但恰恰是這樣的題目反映了當時的兩個現象：（1）早期台灣所出版馬一浮先生的幾種著作，作者名字都題作「馬浮」（浮是本名，一浮是字）。（2）當時學界關於馬一浮先生的研究還沒正式開始，以至於我必須篳路藍縷多方探索。事實上我這篇碩士論文眞的是涉及馬浮（底下我就直接稱「馬浮」了）研究的許多方面。第一章討論馬浮生平與成學歷程的四個階段。第二章介紹馬浮的 13 位朋友和 21 位門人。第三章整理馬浮著述和刻書的情況。第四章則承襲賀麟、徐復觀等人的理解進路，再大致以牟宗三所詮釋的朱子學、陽明學爲參照，從本體論、

工夫論、六藝論三方面探討馬浮的學術思想。

兩岸（以及全球）第一篇以馬浮爲題的學位論文就這樣地在我個人的特殊機緣以及初生之犢的敢於冒險中誕生了（1984 年 5 月）。當時我寫的序文是這樣的（這兒的字句稍有修改）：

> 馬一浮先生是我素所敬仰的一位學者，我因讀他的書而深受其益，已有八年之久了。然而過去讀他的書，只是就其語錄，在生活中隨緣體會，無法有完整的認識。近一、二年來，配合畢業論文的需要，能將他生平與學術的諸方面，作一個全面的（當然只是初步的）瞭解，這是一件衷心快慰的事。

> 本論文的撰寫，資料的收集最爲費事。原來，對馬先生作正式的研究，在學術界這還是第一次；資料究竟有多少，散在何處，都無法預知。所幸師長友朋多方協助，終於能及時完成；其中尤其要感謝阮毅成先生（馬先生的忘年知友）、明允中先生（復性書院董事會祕書）、蔣彥士先生（馬先生的姨侄）、許逖先生（馬先生友人方東美先生的弟子）、鍾弘年先生（馬先生友人胡瑩堂先生的弟子）、張瑞德先生（中央研究院近代史研究所助理研究員），以及美籍友人陸大偉（芝加哥大學博士班研究生，研究中國文學與京劇）、林凱貞伉儷（他們幫我越州跑了一趟美國國會圖書館）等。

> 限於時間與能力，本論文的撰寫未能盡其美善。但我要感謝我的指導教授曾昭旭老師。由於他的鼓勵、支持和指導，我才敢於撰寫這篇論文，並且能夠開心地進行和完成。

> 最後要感謝本所諸位師長三年來的教誨、愛護，以及家人親友長期的支持和鼓勵。

寫完碩士論文以後，隔了一年（1985），我在報考博士班時所提交的〈馬浮學術思想研究計劃〉裡說：

> ……今後希望能在碩士論文的基礎上，對馬浮的學術思想做一個深入而全面的研究，並對底下三個關鍵的問題，尋求一個恰切的解答：

> 其一，馬浮對程朱與陸王的詮釋與評價各爲何？他以程朱含攝陸王的根據爲何？是否可作爲今日調和朱陸的最佳典範？當代新儒家學者牟宗三以繁複縝密的思辯論證判定朱子思想爲「理氣二元」、「心性情三分」、「他律道德」，認爲朱子在儒家思想史上的地位只是

「別子爲宗」。我們是否可以由馬浮的觀點得到啓發，來重新檢討牟宗三的這些説法？

其二，馬浮如何疏通宋代以來的儒、佛之爭？他是如何區分儒、佛與會通儒、佛的？他「以佛喻儒」（例如以《大乘起信論》的「一心開二門」譬喻張載的「心統性情」）的起因、淵源、效果和運用的條件各爲何？當代新儒家與佛教界的論爭仍然激烈，馬浮是否已有較爲公允持平的觀點，可以緩和或澄清這場論爭？

其三，馬浮如何總該漢學與宋學，並引入佛家判教觀念，來重新詮釋儒家六藝之教？他的新詮釋是否有獨特的意義和貢獻？是否更能彰顯儒家六藝之教的義理？當代新儒家熊、牟一系援引西方哲學來重建儒家哲學體系，然而他們對傳統儒學本身的探究、體認與實踐仍然片面而有限。相較之下，馬浮對西學其實也有基本的素養和洞見，因此他對傳統儒學全面而深入的詮釋是否可以做爲今後儒學發展的基礎與典範？

從上面這段話中可以看到，當時的我是準備要進一步更深入更擴大地研究馬浮的學術思想的；還有，我對朱子、馬浮思想的看法，已經跟碩士論文的階段有所不同，已經跟賀麟、牟宗三、徐復觀等人的觀點有相當的距離了。

不過，在進入博士班三、四年後，我的「馬浮學術思想」的研究計畫卻意外地中止了。當時，由於講授大學部的課程「學庸」，我驚訝地發現朱子的詮釋跟〈大學〉原文有根本的、巨大的差距。這點深深地讓我覺得困惑，也強烈地引發了我的學術探險的熱情。我便整個地換了一個方向，改以「大學思想證論」爲題撰寫博士論文；並依馮友蘭「大學爲荀學說」所揭示的方向，徹底重讀《禮記・大學》，全面證成其荀學性格。而這樣一個過程，又讓我逐漸跳出牟宗三、蔡仁厚等人孟學本位的荀學詮釋，重新就《荀子》本身來理解荀子思想。

博士班畢業（1992）後，由於擔任「清代學術思想」這門課程，我又被當時大陸學界有關明清氣學的研究所吸引，竟然整個投入這個新領域，集中研究當時我稱之爲「本色派氣本論」的幾位學者，寫成《理在氣中——羅欽順王廷相顧炎武戴震氣本論研究》一書（2000）。

有意思的是，就在《理在氣中》成書之際，我突然領悟到明清自然氣本論實質上是荀學傳統在宋明理學的質疑、貶抑、刺激下重新萌發並茁壯起來

的新株，並且具體、豐富地看到荀學本身的完足美好，看到它的不可被抹煞的正當性。更重要的是，我又認識到，我跟周遭許多親友的生命型態，還有今天社會上的許多現象許多問題，都更適合從荀學（而不是孟學）來理解來詮釋來面對來安頓。於是，我開始嘗試建構「當代新荀學」，提議一個「當代新儒家荀學派」。

看來我離開馬浮的學問越來越遠了。不過，2008 年，為了參加杭州「紀念馬一浮先生誕辰 125 周年暨國際學術研討會」，我終於再度寫了一篇〈馬浮的哲學典範及其定位〉。寫作的過程中我很高興地發現，之前這些年來研究明清自然氣本論、荀子哲學的經歷，竟然讓我有了個更開闊的視野和更豐富的思考參照，因而能夠更清楚地理解、掌握馬浮的哲學理路並釐清、確認其哲學性格。也就是說，我是遠遠地離開了，卻同時也是更接近了。

跟我的碩士論文相較，本文的突破與推進建立在底下兩點上：（1）完全跳出牟宗三的朱子學詮釋理路，改以我後來重新理解的朱子學（其實這樣的理解卻又是在馬浮思想的影響與啟發中逐步達到的，這裡頭有個交互辯證的過程）為標準來研究馬浮哲學。（2）特別能夠在一般的視野之外，注意到馬浮的理本論是在跟明清氣本論相對比的張力中重新建構起來的。

本文首先指出，廣義的當代新儒家至少可以包括「孔學——朱子學」、「孟學——陽明學」、「荀學——戴震學」三系。然後，本文從理氣論、心性論、修養工夫論三個層面闡明馬浮的哲學典範。本文認為，馬浮的哲學是「孔學——朱子學」一路的創造性發展，絕非傳統舊學的拼湊與重複。

我很高興我的馬浮研究能夠有這樣的一篇論文來作為後繼（也說不定是「中繼」，就隨緣好了）。當然，這篇論文是從碩士論文「生長」出來的；我一定要把它一併放在這兒，讓兩者相互呼應相互對比和相互補足；也藉由這樣的呼應對比和補足來呈現當代儒學研究生態的內在張力和多種可能。

＊

上面說的是本書背後我個人相關的學術旅程，底下說說本書的具體安排。

本書以我的相同名稱的碩士論文《馬浮研究》（政治大學中文所，1984）的修訂版為主幹。為了避免誤解和錯置，在這個修訂版裡，有關歷史、人事敘述（主要是前三章）的時空背景，大致維持在 1984 年那個時間點上（必要時會加上一段「2014 補記」）；思想立場、論述架構、意義脈絡基本上沒有變動；引用的馬浮著述也大致是當年的版本（也就是復性書院木刻本的影印

本）；不過我儘量在措詞、文句、個別內容上做出必要的修訂和增補。

　　必須說明的是，在原來的碩士論文裡，我將明允中先生寫進「馬浮的門人」一節；但明允中先生看到論文後非常不安，來信表示「當時雖有一二私人請益，終未敢以（馬一浮先生）門弟子自居」、「雖有幸接近夫子之羹牆，實同互鄉之進退……」，叮囑我未來出書的時候將該段文字移出。這次重新出版，我斟酌再三，決定還是保留原來的文字。一來因為所謂門人本來就可寬可嚴，而明允中先生是極謙遜地採取一個較嚴格的標準。二來因為明允中先生的確是當時極少數我所僅知的、有請益馬浮之實（他較早的信裡說的是「曾多次請益，並承先生諭勉，終以根基不深，所得者少，實不足以知先生」，見附錄二）而又能具體介紹的人之一。不過，雖然沒遵照他的意思修訂，但一定要在這兒將他的意思一併表明出來。

　　附錄一是我 2008 年在杭州「紀念馬一浮先生誕辰 125 周年暨國際學術研討會」上所發表的〈馬浮的哲學典範及其定位〉的第二次修訂稿（第一次修訂稿收入吳光編《馬一浮思想新探──紀念馬一浮先生誕辰 125 周年暨國際學術研討會論文集》，上海古籍出版社，2010；又收入《馬一浮全集・第六冊（下）：附錄》，浙江古籍出版社，2013）。由於年代不同，這篇論文裡所引述的馬浮著述已經是不同的版本了（《馬一浮集》，浙江古籍出版社三冊本，1996）。同樣的，我沒有做什麼更動，讓它如實地反映當時的情況。

　　附錄二收錄具有歷史意義與歷史價值並且如今可能已經不容易找到的資料共計 27 則。這一方面是為了跟我的碩士論文相互呼應相互補充，一方面也是為了可以繼續供學者們參考使用。

＊

　　最後要說的是，在走過上面所說的一段曲曲折折的學術歷程之後，今天我已經能比較輕鬆地看待儒家的不同派別以及它們之間的爭議了。雖然我今後還是會以荀學（孔荀之學）為主要的研究論題，還是會站在荀學（更好地說是當代新荀學）的立場上據理力爭；但我會永遠記得我曾經在孟學（孔孟之學）在馬一浮先生的書裡得到過深刻的啟迪和豐盛的滋養。我誠摯地希望儒學能真正進入一個多元發展的新階段，希望過去那種「自己這一派才是唯一正當的儒學」的迷執、迷思能夠漸漸消歇。畢竟人的生命型態有許多樣式，儒學的進路、型態也不應該只有一種；畢竟我們已經越來越進入一個多元發展、多元價值的社會了；不是嗎！

目

次

緒　論

徐復觀在〈如何讀馬浮先生的書——代序〉（民國五十二年）一文的開頭說道：〔註1〕

> 中國當代有四大儒者，代表著中國文化「活地精神」。一是熊十力先生。一是馬浮先生。一是梁漱溟先生。一是張君勱先生。熊先生規模宏大。馬先生義理精純。梁先生踐履篤實。張先生則頗爲其黨所累；然他將儒家之政治思想，落實於近代憲法政治之上，其功爲不可沒。後起者則有唐君毅牟宗三兩先生……

他所謂的「當代四大儒者」中，熊十力、梁漱溟、張君勱三人，在今天已同被尊爲「當代新儒家」的早期代表人物，得到國內外學者普遍的注意與研究〔註2〕。至於馬浮，則一向只被尊爲「代表傳統中國文化的僅存的碩果」〔註3〕、「現代朱子」〔註4〕、與「傳統之儒之最後典型」〔註5〕。除了若干簡略的介紹和評論外，似乎還沒有人作過正式的、系統的研究。

原來，在「傳統文化僅存的碩果」、「現代朱子」、「傳統儒者之最後典型」

〔註1〕徐復觀，〈如何讀馬浮先生的書——代序〉，馬浮《爾雅臺答問》（臺北：廣文書局，民國 62 年影二版），卷首。

〔註2〕參見：傅樂詩等，《近代中國思想人物論——保守主義》（臺北：時報出版公司，民國 70 年二版），頁 317、367。又：王邦雄，〈當代新儒家面對的問題及其開展〉，《鵝湖》七十六期，民國 70 年 10 月。

〔註3〕賀麟語，見：賀麟，《當代中國哲學》（嘉義：西部出版社，民國 60 年影印），頁 16。

〔註4〕戴君仁語，見：同註1。

〔註5〕曾昭旭先生語，見：曾昭旭，〈六十年來之理學〉緒言，收在《六十年來之國學》第四冊，頁 561。

這些讚語底下，多少意味著某些負面評價，諸如缺乏當代性格、沒有面對當代問題、有保存之功而無開創之力、可欣賞而實非當代人所急……等。的確，馬浮終身過著低調的、近乎隱士般的生活，不願擔任大學教職；他一直到抗戰期間才正式推出專著（五十六、七歲左右），卻又都是不加標點符號的文言文與木刻本。從這些地方看來，他是很難不被大家認定為傳統、保守，甚至固執落伍的。

　　然而值得注意的是，馬浮年輕時已精通德、日、英、法四國語文，曾赴日本留學，又曾到歐美遊學。此外，在他隱居杭州期間（抗戰前），前往請益問學的人已經很多，其中也不乏政治學、經濟學等方面的學者。可見他並沒有置身於當代情勢與當代問題之外。因此，他之所以堅持傳統保守的作風，必定有相當的理由，這是值得我們進一步去探討、瞭解的。何況，學術研究本就應該兼顧多面性，只要他的學術思想自成格局，具有一方面的代表性，便都值得整理、研究與保存。

＊

　　研究馬浮，終極目標當然是他的學術思想。但在研究他的學術思想之前，外圍問題的探究和文獻整理工作都是必須的，否則我們就無法準確地對焦，也無法充分地、恰當地運用資料。所以本論文先以前三章分別處理「生平暨成學歷程」、「交遊與門人」、「著作與刻書」三個課題；藉著這三個課題，來尋找、選擇和組織與馬浮有關的任何資料。

　　就本論題來說，馬浮的任何著作都是值得重視的一手資料。但在目前，除了習知易見的詩集、專著外，馬浮其他發表過的單篇詩文一直未曾結集，因此只能廣泛的向師友請教、查詢，並到各圖書館作地毯式的搜索。由目前的收穫來看，馬浮許多零星的、個別的文章，都發表在具有地緣性以及保守性格的刊物上，如《浙江圖書館館刊》、《文瀾學報》、《越風》、《國風》、《制言》、《學衡》等。由於在其中發現若干馬浮抗戰前的作品，我們才能對馬浮中年時期的學術風貌和活動情形有一些具體的瞭解。

　　除了在詩文中偶然地記下一時一地的事蹟外，馬浮從不正式寫自述、回憶錄之類的文字，因此很多資料要在與馬浮有關的人物和脈絡那兒去找。譬如馬浮與釋弘一交情深厚，但馬浮在詩文中提到的並不多，反而在《弘一大師年譜》裡保存了不少資料（因此，在某些佛教界人士心目中，馬浮倒是一

位佛教徒呢）。又如馬浮與熊十力相知甚深，但除了他人述及外，兩人的交往情形，也是僅見於熊十力的著作中（很多人便是從熊十力書中知道馬浮其人的）。又如馬浮主持復性書院的講學和刻書，然而他在已刊行、發表的論著中，卻很少談到書院成立的過程和具體情況；我們反而必須翻撿當時的官方文獻如《教育部工作報告》、《教育通訊（週刊）》與《第二次中國教育年鑑》等，才能找到若干資料與線索。

　　除了文字資料外，前輩先生們的親身經歷也是極可寶貴的資料。我曾當面或藉由書信請教過阮毅成先生（馬浮的忘年知友）和明允中先生（復性書院董事會秘書），許多在文字資料中出現的疑惑，往往得了他們一句話便可解決，當時心中的欣喜是無法形容的。

　　處理清末民初人物的資料時，一個麻煩的問題是，許多人仍然使用字號，而常常無法辨別孰為本名孰為字號。本論文儘可能加以考訂，而統一稱其本名。若無法確定，則略加說明。另一個問題是，許多人仍然用夏曆記事，極易與陽曆相混淆。本論文原則上民國前採用夏曆，民國後採用陽曆，以便次序分明，不致將事件先後倒置。

　　經過前三章的整理以後，我們便可較為準確地劃定時間上、資料上的範圍，來研究馬浮的學術思想了。然而，由於處理前三章已經頗為費時費力，而前人相關的研究成果又極其有限，因此本論文對馬浮的學術思想就只能做出極簡要的分析、歸納、整理與極初步的探討和評論了。大致上，先就本體論、工夫論來看馬浮對宋明儒的融會、補充與推進之處；再就六藝論來看他融合漢宋、會通儒佛，以及統攝中西學術的地方。

　　馬浮講學著書，所用名言的定義，與古今學者都互有同異。因此本論文儘可能先將馬浮諸著作做一全面的瞭解與體認；儘可能地統括、會通各處資料，建立其思想體系；然後再依情況需要，拿古今諸家學說做若干的比較與討論。限於時間和能力，實未能真正彰明馬浮學術思想的精蘊，還請讀者們不吝教正。

第一章　馬浮的生平暨成學歷程

　　馬浮是一位終身「潛光含章，不事表暴」的隱士型人物〔註1〕。曾有弟子
請他撰寫自述（自傳），他卻說：「吾何敢擬先聖？此中甘苦亦只自知，說似
人不得，安用此？時人動輒作自述，只是要人知耳。」〔註2〕因此他的生平事
蹟「略而不詳，雖摯友親朋，知者甚尠」〔註3〕。截至目前為止，雖有五、六
篇後人所寫的追憶文字，但所提供的資料仍然很有限。本章擴大地利用各類
直接間接資料，嘗試將馬浮的生平做一個儘量完整的呈現。為方便起見，也
直接在他生平的相關階段一併介紹他的成學歷程。

第一節　字號籍貫與家世

　　馬浮原名福田〔註4〕。後來改名為浮，字一浮。中年時號湛翁，晚年號蠲
叟、蠲戲老人。

　　馬浮的籍貫是清制浙江紹興府的會稽縣（與山陰縣同屬紹興府附郭〔註
5〕），也就是民國以來的紹興縣（併原會稽、山陰兩縣而成，是當時浙江唯一
人口超過百萬的大縣〔註6〕）。因此他自署「會稽馬浮」〔註7〕，他岳丈湯壽潛

〔註1〕　朱守正，〈關於馬一浮〉，《珠海學報》第四期（民國60年6月，香港）。
〔註2〕　馬浮，《爾雅臺答問》（臺北：廣文書局，民國62年影二版），續編卷二，頁
　　　　33。
〔註3〕　朱守正，〈關於馬一浮〉。
〔註4〕　阮毅成，《三句不離本「杭」》（臺北：正中書局，民國63年），頁124。
〔註5〕　清・沈翼機等，《敕修浙江通志》（華文書局，民國56年影清乾隆元年重修本），
　　　　卷四，頁16下。
〔註6〕　阮毅成，《前輩先生》（臺北：傳記文學出版社，民國61年），頁38。

稱他「『故會稽』馬浮」〔註8〕，而熊十力稱他「紹興馬一浮」。〔註9〕

馬浮這一支馬氏宗族，以「福遵其初導正昭平」八字爲世系，而他屬福字輩，在當世輩分中算是很高的〔註10〕。上世出自漢扶風茂陵縣〔註11〕。此外，由於又有人說馬浮是浙江嵊縣人〔註12〕，而就目前所知，會稽其他的馬氏宗族（計有吳融文英堂馬氏、吳融誠忍堂馬氏、新街口馬氏三支），都是元代由嵊縣遷來的〔註13〕，且據其中吳融（鄉）文英堂馬氏的《會稽馬氏宗譜》所載，「馬氏始於扶風茂陵（今陝西興平縣東北），自後周分派至越，皆以剡邑（嵊縣舊名）爲大宗」〔註14〕，因此大概可以推斷：馬浮的先世也是由扶風茂陵，而嵊縣，而後遷來會稽的。

關於馬浮的父母，現在知道的是，他父親曾到四川任縣令，並在那兒結婚生子，而他母親正是四川當地人。〔註15〕

馬浮有一首〈蘭亭〉詩談到他的先世：〔註16〕

　　吾家山水窟，領要愍其人。不有箕潁懷，安致黃虞淳。永嘉昔喪亂，

　　寄泊多名倫。蕭條八代士，每與嚴壑親。就中數高韻，獨豔臨河文。

　　緣會豈不嗣？翰墨自有神……

由此可見他的先祖多半在野，而他父親的官位大概也不高。從馬浮一生的事蹟來看，他正是「平生志巖穴」〔註17〕地繼承了這個傳統的。

〔註7〕馬浮，《避寇集》（臺北：自由出版社，民國54年影印，在《蠲戲齋詩全集》內），卷首。

〔註8〕湯壽潛，〈舜水遺書序〉，《舜水遺書》（臺北：古亭書屋，民國58年影），卷首。

〔註9〕熊十力，《新唯識論（文言本）》（臺北：學生書局，民國72年影），〈緒言〉，頁2上。

〔註10〕阮毅成，《三句不離本「杭」》，頁124。

〔註11〕馬浮有一幅字自署「茂陵馬浮」，清華大學中國語文學系教授梅廣先生收藏。

〔註12〕同註10。又：熊復光，〈馬浮先生與復性書院〉，《傳記文學》二十四卷三期（民國63年3月），頁26。

〔註13〕參見：《紹興縣志資料》第一輯，〈民族：氏族下〉（紹興縣修志委員會，民國27年），頁4～5。

〔註14〕清·馬文燮修，《會稽馬氏宗譜》（會稽：吳融文英堂，清道光二十七年；美國哥倫比亞大學藏；臺北：國學文獻館，微捲），卷一〈舊譜凡例〉。

〔註15〕參見：餘青，〈近代中國的讀書種子：略述馬一浮先生的生平〉，《春秋雜誌》600～601期（1982年7月1日、16日，香港）。

〔註16〕馬浮，《蠲戲齋詩前集》（自由出版社，民國54年影，在《蠲戲齋詩全集》內），卷上，頁1。

〔註17〕同上，頁17。

第二節　幼年與青少年時期

清光緒九年（1883）二月十五日〔註18〕，馬浮生於四川某地一位縣令家中，母親是四川人，父親則來自浙江紹興府會稽縣。（見前節）此外，家中至少還有一個姊姊〔註19〕。他在四川度過童年，到六、七歲才隨父母回浙江原籍，因此說話帶有四川口音。他晚年的號──「蠲叟」和「蠲戲老人」，便寓有不忘出生地四川（蜀）之意。〔註20〕

馬浮幼年時已經聰穎異常。有一次，他母親指著院中的菊花要他作詩，他隨口便作成五言絕句一首。家裡聘了一位鄭姓舉人教他讀書，只教了兩年，那舉人便覺得自己才學有限，堅決辭去，說是不能貽誤天才。他父親只好親自教他，但也是大為驚異，自嘆不如。只好儘量供給馬浮書籍，讓他自行研讀。〔註21〕

光緒二十四年（1898）十一月，馬浮（十六歲）應童試。他在縣考的「大案」中就已經名列案首了。同次應考的周作人曾描述當時縣考的情形說：〔註22〕

> 縣考……每年在各縣都有一次……在當時山陰、會稽還未合併為紹興縣的時候，會稽一縣的考生總有五百餘人……當時出榜以五十人為一圖……只有十圖左右……而每「進學」就是考取秀才的定額只有四十名……

又說：〔註23〕

> 「大案」云者，縣考初試及四次覆試之後，再將總應考的人計算一遍，出一總榜，只要榜上有名的人，便可以去應府試，再經過院試，就決定名額，算是合格的秀才了。當時大案的情形如下：

> 「會稽凡十一圖，案首為馬福田，予在十圖三十四，豫才兄（即魯迅）三圖三十七……」

〔註18〕 參見：餘青，〈近代中國的讀書種子：略述馬一浮先生的生平〉。
〔註19〕 據馬浮，《蠲戲齋詩編年集》（自由出版社，民國54年影，在《蠲戲齋詩全集》內），辛巳壬午卷，頁13。
〔註20〕 同註18。
〔註21〕 同註18。
〔註22〕 周作人，《知堂回想錄》上冊（香港：三育圖書文具公司，1971年再版），頁50。
〔註23〕 同上，頁51。

可見馬浮在縣考中成績已經最優，還高於魯迅、周作人兄弟。接著，在同年十二月的府試，以及次年十月的院試中，馬浮都名列第一，不僅中了秀才，還是俗稱的「小三元」。不過這以後他就沒再參加科舉考試了。〔註24〕

　　據說馬浮年輕時還曾從學於晚清三先生之一的俞樾〔註25〕。參照相關背景，這可能是他考縣考那年之前（此時俞樾任杭州詁經精舍講席）或之後（此時俞樾回蘇州終老）的事。詳情已無法知道，但由此多少可以判斷他對清代樸學是下過工夫的。

　　這個時候，西潮湧至，西學譯著漸多，頗引起知識份子的震驚和重視。馬浮隨著這股風潮，也開始學習外文，希望能直接閱讀原著。江浙一帶本就文風鼎盛，人才輩出；馬浮順利學得德、日、英、法四國語文，為日後出國遊學奠定了基礎。〔註26〕

　　光緒二十七年（1901），馬浮（十九歲）在上海認識桂林人馬君武，兩人曾「相將同上會稽」〔註27〕。同年前後，他又曾與上海南洋公學特班學生謝澄（即謝无量）「同憩焦山（在鎮江東）海西庵」、「浮玉峰（焦山別名）頭讀道書」〔註28〕。此外，還有人說他們三人這一年在上海合辦《翻譯世界》雜誌，介紹西洋文學〔註29〕；但就目前的資料來看，上海的《翻譯世界》於次年十一月才創刊，內容是譯自日文著作為主的哲學、社會、宗教、法政、經濟、教育等〔註30〕，而馬君武也在二十七年冬天就赴日留學了〔註31〕，因此這件事只能暫時存疑。

　　不知道是在哪一年，馬浮也到日本去留學，並且又從日本轉往美國，以及歐洲英、德、法等地去遊學〔註32〕。這番出國遊學的所見所聞讓他認識到，在哲學、文學方面，中國其實遠勝過西方。因此在他回國以後，他的治學便

〔註24〕　參見：餘青，〈近代中國的讀書種子：略述馬一浮先生的生平〉。又，府試、院試試期見：周作人，《知堂回想錄》上冊，頁52。
〔註25〕　朱守正，〈關於馬一浮〉。
〔註26〕　參見：餘青，〈近代中國的讀書種子：略述馬一浮先生的生平〉。
〔註27〕　馬浮，《避寇集》，頁44下。
〔註28〕　同上，頁47下。
〔註29〕　林熙，〈馬君武‧謝无量‧馬一浮〉，《大人》三十七期（香港）。
〔註30〕　此據：上海圖書館編，《中國近代期刊篇目匯錄》（上海人民出版社，1979年）。
〔註31〕　此據：馬君武，〈馬君武詩文集自序〉，《南社叢選》（臺北：文海出版社影印），頁292。
〔註32〕　參見：餘青，〈近代中國的讀書種子：略述馬一浮先生的生平〉。

仍以國學爲主。〔註33〕

　　回國以後（或說以前），浙江聞人湯壽潛〔註34〕賞識他的才學，將長女許配給他，家中豐富的藏書也任由他取讀。不幸婚後不到兩年（或說數日），妻子就病逝了〔註35〕。這當然是他人生中的一大打擊。也許，他自己所說的，他二十三歲那年（光緒三十一年）秋天的「居焦山海西庵最久，飽聽濤聲」（四十年後，即民國三十四年，他還在一首〈聽濤〉詩中說：「枕江閣上聽江聲，四十年前此日情」）〔註36〕，就跟這件事有關吧！但這只是個猜測而已。值得一提的是，馬浮並未續娶，他從此就終生獨身了。

第三節　杭州治學時期

　　大約光緒末年（三十二～三十四年），馬浮（二十四～二十六歲）與他姊夫丁皓（字少眉，號息園居士，山陰縣人）一家一起到杭州租屋定居，一住就是三十幾年〔註37〕。他的地址，至少在民國七年以後都是「延定巷五號」〔註38〕。雖然那是「陋巷中的一間老屋」（豐子愷語，意謂著「今之顏子所居」）〔註39〕；但因爲靠近風景絕佳的西湖，所以馬浮自己說他是「三十年中住畫圖」。〔註40〕

　　可能是遷居杭州前後，馬浮在杭州東北皋亭山上修造雙親塋墓，這是他在〈簡謝薺庵（即謝无量）五十韻〉詩中提到的：〔註41〕

〔註33〕　參見：豐華瞻，〈豐子愷與馬一浮〉。
〔註34〕　湯壽潛（1857～1917），光緒十八年進士。曾任安徽青陽縣知縣，其後歷聘諸省，參與新政。光緒二十八年，八國聯軍侵華，湯壽潛「往說兩江總督劉坤一、兩湖總督張之洞，定東南互保之約，所全者甚大」。宣統三年，革命黨人光復杭州，湯壽潛被推爲首任浙江都督。參見：馬浮（代張謇撰），〈湯蟄先家傳〉，《紹興縣志資料》第一輯，〈人物列傳〉。
〔註35〕　參見：同註33。又：朱淵明，〈憶馬一浮先生〉，《中國學人》第三期（香港：新亞研究所，民國60年6月）。又參見：同註32。
〔註36〕　《編年集》，乙酉下，頁3。
〔註37〕　同上，辛巳壬午卷，頁13。
〔註38〕　釋弘一，〈致李聖章先生手札十三〉，陳慧劍《弘一大師傳》（臺北：三民書局，民國72年增訂十版），頁644。
〔註39〕　豐子愷，〈陋巷〉，《豐子愷文選III》（臺北：洪範書店，民國71年二版），頁33。
〔註40〕　《編年集》，辛巳壬午卷，頁1下。
〔註41〕　《前集》，卷上，頁9。

昔子來杭州，視我皋亭山。我適治先壠，畚鍤役不閑。坐子松樹

根，飲子手掬泉。荒村鮮客至，蕭颯百物屏。夜尋古寺宿，僧榻寒

無氈⋯⋯

不過他父母何時去世，現在並不清楚。

馬浮在杭州潛修治學，一邊又作詩填詞、寫字彈琴，正如謝无量〈春日寄懷馬一浮〉詩中所描述的：〔註42〕

⋯⋯若木仁容靜，兼山止足深。伯居長簡簡，朱坐但欽欽。四海干

戈在，幽棲日月深。下簾疑罷卜，隱几即援琴。久羨窺顏樂，何繇

息跕吟⋯⋯

由於讀書速度很快，記憶力特強，所以馬浮真的是博學無礙。有資料顯示，大約在民國元年，他（三十歲）曾「過其地（杭州）丁氏及文瀾閣，求盡觀所藏書」〔註43〕。因此豐子愷所說「馬先生把《四庫全書》都看完了」一語〔註44〕，大概是確實的。

民國二年，浙江人士在杭州清泰門側為明末大儒朱舜水立祠，推湯壽潛主持，湯壽潛便委請馬浮（三十一歲）編定《舜水遺書》，排印出版〔註45〕。同年冬天，好友葉左文來訪，相聚共學三月，臨去時馬浮贈詩給他說：〔註46〕

生後逢世罹，行歧迷聖步。愍予滯荒弱，恒懼虧所賦。恭承伊洛

訓，導我以人路。仰辰睹樞正，宗海知川赴⋯⋯

「恭承伊洛訓，導我以人路」，這是馬浮的治學重心已由清代樸學轉為宋明理學的確證。但這個轉變應該在這之前就完成了。此外，曾與他切磋的同道，除了葉左文外，還有貴州都勻人田濂（字毅侯，是謝无量在南洋公學特班的同學）〔註47〕，這是馬浮在前述贈葉左文詩的自注中提到的：

都勻田毅侯，蹈履醇實，向以比德左文，同其資仰。不幸早逝，未

弘厥緒。每與左文相對，未嘗不追慕其人⋯⋯

應該說，馬浮這個轉變，雖然未見師承，卻正是清末民初西潮洶湧之際，繼

〔註42〕 胡樸安編，《南社叢選》（臺北：文海出版社，影），頁1105。

〔註43〕 謝无量，〈與馬君武書〉，《南社叢選》，頁286。

〔註44〕 參見：豐華瞻，〈豐子愷與馬一浮〉。

〔註45〕 湯壽潛，〈舜水遺書序〉。

〔註46〕 《前集》，卷上，頁16下。

〔註47〕 蔡元培，〈記三十六年前之南洋公學特班〉，陶英惠《蔡元培年譜》（中央研究院近代史研究所專刊，民國65年），頁84引。

康有為、梁啓超、譚嗣同、章炳麟之後，學術思潮理所當有的一個轉變〔註48〕。不過，馬浮並沒有因此而排斥樸學。我們從他寫於民國三年左右的〈論校長教員之名不可用〉〔註49〕一文便可看出，樸學的根柢仍在他的論學中，在適當的環節裡發揮作用。

從三十來歲開始，馬浮對佛老二家思想，也有相當的涉獵和研究。用他自己的話來說就是「壯更世變，頗涉玄言」〔註50〕。追究起來，宋明理學與佛老思想的密切關係固然是重要原因；但清末民初的佛教復興──尤其居士佛教的抬頭〔註51〕，應該也是一大助緣。

民國五年，馬浮三十四歲。十二月左右，曾翻譯過《拜倫詩選》的詩僧蘇曼殊自杭州寫信給劉半農說：〔註52〕

> 拜輪（倫）學會之事，如藉大雅倡之，不慧欣歡頂禮，難為譬說矣……此間有馬處士一浮，其人無書不讀，不慧曾兩次相見，談論娓娓，令人忘饑也。如學會果成，不慧當請處士有所贊助，寧非盛事？……

這兒，請馬浮贊助拜倫學會一事說明了馬浮多少也有些西洋文學素養；而出自詩僧口中的「無書不讀」自然包括佛書在內了。

民國六年（或稍後），北大校長蔡元培約聘馬浮（三十五歲）到北大任教；但馬浮以「古聞來學，未聞往教」為由推辭了〔註53〕。「未聞往教」或許只是他較含蓄的說法，真正原因可能是他對當時學制、學院教育並不贊成（從〈論校長教員之名不可用〉一文已可略見端倪）。與其說他迂腐，不如說他對當時的學制和學院教育做了嚴正的抗議。〔註54〕

〔註48〕參見：曾昭旭先生，〈六十年來之理學〉第一節：「清末民初理學之復萌」，《六十年來之國學（四）》（臺北：正中書局，民國63年），頁562～565。

〔註49〕刊於《志學》十三期（民國33年10月，四川溫江），美國國會圖書館收藏。

〔註50〕《編年集》卷首，自序，頁2。

〔註51〕參見：釋東初，《中國佛教近代史》（臺北：中華佛教文化館，民國63年），第三章第五節：居士佛教之擡頭。

〔註52〕蘇曼殊，《蘇曼殊書信集》（上海，中央書店，民國37年十一版），頁95。

〔註53〕見：朱淵明，〈憶馬一浮先生〉。該文未記此事年月。但蔡元培實際主持北大事務是民國六年一月至九年十一月，以及十年八月至十二年二月；他聘梁漱溟是民國六年的事，聘熊十力則在民國十一年；而他與馬浮同為紹興人，他在南洋公學特班的學生謝无量、田濂等，都是馬浮的知交；因此他儘早聘用馬浮的可能性是極大的。

〔註54〕可參見：熊十力，《十力語要》（臺北：洪氏出版社，民國64年），頁147。

　　同年元月二十一日（除夕前兩日），馬浮寫信給浙江第一師範教師李叔同（此時李叔同剛從杭州虎跑大慈山定慧寺試驗斷食回來不久，並且已經因馬浮的建議而棄道學佛）〔註55〕說：〔註56〕

> 昨遊殊有勝緣，今晨入大慈山，入晚始歸，獲餐所饋上饌，微妙香潔，不啻淨土之供也。長水大師《起信論筆削記》善申賢首之義，謹以奉覽。故人彭君遜之，耽玩義易有年，今初發心，修習禪觀，已為請於法輪長老，蒙假閒寮，將以明日移入。他日得與仁者並成法侶，亦一段因緣爾……

　　民國七年元月十八日，馬浮又寫信給李叔同（此時已皈依佛門，為在家弟子）說：〔註57〕

> 昨復過地藏庵，與楚禪師語甚久。其人深於天臺教義，綽有玄風，不易得也。幻和尚因眾啟請，將以佛成道日往主海潮寺；遂於今夕解七。明日之約，蓋可罷已。海潮梵宇宏廣，幻和尚主之，可因以建立道場，亦其本願之力，故感得是緣。月法師聞於今日茶毘，惜未偕仁者往觀耳……

可見李叔同學佛了以後，在許多地方都得到馬浮的關注與帶領。

　　同年十二月左右，馬浮約釋弘一（即李叔同，已正式出家）一同到杭州海潮寺打七。〔註58〕

　　以上兩年（民國六～七年），就現有資料來看，是馬浮與佛教界接觸最頻繁的時候。豐子愷對這時期的馬浮，有一段生動的描述：〔註59〕

> 在出家前的某日，他（指李叔同）帶了我到這陋巷裏去訪問 M 先生（指馬浮）……一位身材矮胖而滿面鬚髯的中年男子從裏面走出來應接我們……（我）坐在一隻椅子上聽他們談話……斷片地聽到甚麼「楞嚴」、「圓覺」等名詞，又有一個英語「Philosophy」出現在他們的談話中……M 先生則叫工人倒茶時說純粹的紹興土白，面對我們談話時也作北腔的方言……他的頭圓而大，腦部特別豐隆……（眼）圓大而炯炯發光，上眼簾彎成一條堅緻有力的孤線，切著下

〔註55〕　參見：豐子愷，〈懷李叔同先生〉，《豐子愷文選II》，頁155。
〔註56〕　林子青，《弘一大師年譜》（香港陳廷驊居士重校排印本，1978年），頁81。
〔註57〕　同上，頁83。
〔註58〕　林子青，《弘一大師年譜》，頁84。
〔註59〕　豐子愷，〈陋巷〉，《豐子愷文選III》，頁34。

面的深黑的瞳子。他的鬢髯從左耳根緣著臉孔一直掛到右耳根，顏
色與眼瞳一樣深黑……他笑聲響亮而愉快，同他的話聲全然不接，
好像是兩個人的聲音……

民國九年，雲雷居士倡印《印光法師文鈔》，馬浮（三十八歲）與釋弘一、
沈曾植（寐叟）、梁啓超、釋諦閑、黃慶瀾等人一同受邀作序〔註60〕。民國十
一年，杭州一位被視爲「外道」的劉崧申（大心）寄發傳單，誣謗釋印光爲
第一魔王，釋諦閑爲第二，范古農爲第三，而馬浮爲破壞佛性之罪魁〔註61〕。
由以上二事，可知此時馬浮的佛學造詣已經很高，以致不免「謗亦隨之」
了。

不過，同樣在民國十一年，紹興縣文廟（原會稽儒學）重修竣工，地方
人士也是函請馬浮（四十歲）撰寫〈紹興縣重修文廟記〉〔註62〕；可見馬浮
仍然是儒學圈裡的人，並非棄儒從佛。果然，民國十四年多天，馬浮（四十
三歲）取通志堂初印本《四書纂疏》供正在上海開設「聖風書苑」的友人影
印發行；從他幫這刊本所撰寫的跋語便可看出，他雖學佛有得，終歸仍是一
位粹然的儒者：〔註63〕

爲學必先治經，治經必先四書，讀四書必以朱子章句集注爲主……
蓋漢儒論性多出荀卿，魏晉以下涉入佛老；至濂洛繼興，始宗孟氏，
洙泗之業因以大明……

所以馬浮曾總述自己治學的過程說：〔註64〕

伊川簡二氏自謂窮神知化而不足以開物成務，言爲無不周遍而實遠
於倫理。吾昔好玄言，深探義海，歸而求之，乃知踐形盡性在此而
不在彼。

又說：〔註65〕

〔註60〕見《增廣印光法師文鈔》（臺北：大乘精舍印經會，民國70年），卷首。
〔註61〕參見：釋印順，《妙雲集》中編之六：《太虛大師年譜》（臺北：正聞出版社，
民國70年），頁150。又：釋印光，〈與唐大圓書〉，《印光大師全集》（臺北：
佛教出版社，民國66年），頁2998。又：釋太虛，〈復王弘願書五〉，《太虛大
師全書》（太虛大師全書影印委員會，民國45年），冊五十，頁126。
〔註62〕參見：馬浮，〈紹興縣重修文廟記〉，《學衡》二十五期（民國13年1月）。
〔註63〕復性書院校刊本，《四書纂疏》（臺北：新興書局，民國61年影），附錄，頁6
上。
〔註64〕馬浮，《爾雅臺答問》（臺北：廣文書局，民國62年影二版），續編卷四，頁
11上。

> 故伊洛諸賢所以不可及者，乃在文字之外別有事焉，然非參禪習定
> 之謂也。往者亦嘗疲精于考索，致力於冥思，久乃悟其無益，而於
> 諸儒用處，似微有以窺其一端。

「開物成務」、「倫理」、「踐形盡性」、「用處」，這幾個關鍵詞便透露了他的儒家立場。或許可以說，他的學術思想大致在四十歲前後已經完全確定、成熟了。

民國十六年，馬浮四十五歲，熊十力以其《新唯識論（文言本）》書稿前來請教，兩人結爲知友。十七年，馬浮（四十六歲）爲豐子愷的《護生畫集》作序。十九年，馬浮四十八歲，杭州高中教師程發軔前來問學。二十年，馬浮四十九歲，浙大教授羅庸、講師戴君仁來跟隨他研讀宋明理學。此外，比馬浮大九歲的洪允祥（大學教授）也在這幾年（或更早）尊馬浮爲師，他曾寫信給馬浮說：「趙蕃叔近有來函，推挹吾師，有云甘露之恩，非可言喻。」，又說：「吾師名德遠播，後生望門求益者至眾。」〔註66〕（以上參見第二章）可見馬浮在四十五歲前後已是一位「大師」人物，而登門請益但不見記載的一定不少。

民國二十二年，馬浮五十一歲。暑假期間，熊十力、梁漱溟兩人率弟子來訪，在杭州相聚論學兩日。這應是當代儒學圈一次重要的聚會，可惜論學內容並沒有正式記錄下來（參見第二章）。

民國二十三年，浙江省立圖書館請馬浮爲該館館刊三卷五期（十月三十一日出版）作封面題字。

民國二十五年四月，馬浮（五十四歲）以釋弘一手蹟三件寄贈《越風》雜誌社〔註67〕。同年春夏間，軍事委員會蔣委員長召見馬浮，請教他行己爲政、修身治國之道。馬浮提出一個「誠」字，強調「誠即爲內聖外王之始基」；並推崇張載的〈西銘〉氣象磅礴、包羅弘廣。於是蔣委員長指示全國黨政人員研讀〈西銘〉；不久高中國文課本也選入〈西銘〉作爲教材。〔註68〕

民國二十六年，浙江圖書館《文瀾學報》請馬浮（五十五歲）爲該刊「浙江文獻展覽專號」題字〔註69〕。同年七月七日，蘆溝橋事變發生，中日戰爭

〔註65〕 同上，正編，頁46下。
〔註66〕 洪允祥，〈與馬湛翁書〉，《國風》五卷二期（民國23年7月16日）。
〔註67〕 見《越風》十三期（民國25年5月15日），頁48。
〔註68〕 見：朱淵明，〈憶馬一浮先生〉。又：關國煊，〈馬浮（小傳）〉，《民國人物小傳》第五冊（臺北：傳記文學出版社，民國71年），頁207～208。
〔註69〕 見《文瀾學報》二卷三、四期合刊（民國26年6月）。

開始。秋天，日軍攻陷上海，進逼杭州，馬浮只好跟隨大家一起遷往後方，開始他戰亂中講學刻書的時期。

第四節　講學刻書時期

民國二十六年十、十一月間，馬浮（五十五歲）得了浙江省黨部撥借大貨車一輛的幫助，攜帶書籍數千冊，以及外甥丁安期一家四口，遷到富春江上游的桐廬（仍在浙江省境內），住進迎薰坊十三號。曾以詩作〈將避兵桐廬留別杭州諸友〉油印分寄友朋〔註70〕。不久豐子愷也帶著全家人前來投奔他。先在他寓所住了幾日後，又一起遷到桐廬鄉下去住了二十幾日——豐子愷住河頭上，馬浮住陽山坡，相距不遠。在這二十幾日裡，豐子愷和馬浮另一位隨侍的弟子王培德，常常陪馬浮晒太陽，一邊聽馬浮講學論道。〔註71〕

民國二十七年一月，馬浮（五十六歲）遷往浙江開化（豐子愷自己遷往長沙），依友人葉左文〔註72〕。春節後不久，他再度遷往江西泰和。

這時浙江大學也輾轉遷來泰和城西五里的上田村，於二月二十一日開學上課（為二十六年度第二學期）〔註73〕。校長竺可楨便在正式課程外設「特約講座」，延請馬浮對浙大學生講授國學〔註74〕。這個時候，最可惜的是，馬浮經過幾個月的遷徙逃難，不但計劃中的《六藝論》沒能寫成，連「所綴輯先儒舊說、群經大義」也都散失無存了。〔註75〕

馬浮在泰和前後共講了十一講，還為浙大作了校歌歌詞〔註76〕。六月，浙大在上田村蕭氏宗祠舉行畢業式，馬浮又應校長邀請，對畢業生作了一

〔註70〕　參見：朱淵明，〈憶馬一浮先生〉。又：《避寇集》，頁 1 上。又：豐子愷，〈辭緣緣堂〉，《豐子愷文選III》，頁 122。

〔註71〕　參見：豐華瞻，〈豐子愷與馬一浮〉。

〔註72〕　《避寇集》，頁 2 下。

〔註73〕　參見：張其昀，〈國立浙江大學〉，《中華民國大學誌》（臺北：中華文化出版事業委員會，民國 43 年），頁 171。又：孫祥治，〈抗戰以來的國立浙江大學〉，《全國專科以上學校最近實況》（商務印書館分支館，民國 30 年），頁 16。

〔註74〕　參見：馬浮，《泰和會語》，頁 1；《宜山會語》，頁 1（以上二書有合刻本：廣文書局，民國 69 年影）。又：《國立浙江大學校刊》復刊五十三期（民國 29 年 8 月，貴州遵義）。

〔註75〕　《泰和會語》，頁 10。

〔註76〕　《宜山會語》附錄中有〈擬浙江大學校歌（附說明）〉一文，但據《國立浙江大學校刊》復刊五十三期，此校歌作於泰和時期。

場演講。在演講中，他指出「國家生命所係，實係於文化，而文化根本則在思想。」，並鼓勵學生說：「吾國家民族方在被侵略中，彼侵略國者正是一種現實勢力。須知勢力是一時的，有盡的；正義公理是永久的，是必申的。」〔註77〕。六月底，學期結束，暑假開始。

夏天，贛北戰事日緊。八月三十日起，浙大師生分批乘卡車西行，經衡陽遷往廣西宜山〔註78〕。馬浮則南行過大庾嶺，入廣東，走水路到廣西柳江（古稱柳州）。柳江西去不遠便是宜山，但因暑假尚未結束，馬浮便又乘車北上，到桂林與舊友馬君武（此時任廣西大學校長），以及弟子豐子愷、吳敬生等相聚。馬君武等在城東租一間臨江的屋子給他暫住〔註79〕。他「羈懷頓豁」，很欣喜地作了一首詩道：〔註80〕

　　　避地翻成助勝緣，輕舟經月飽看山；

　　　今來小閣臨江住，心與山雲一味閒。

一直到十月二十五日，馬浮才離開桂林，到宜山去。〔註81〕

馬浮在宜山南郊燕山村買了一間茅屋住下，與浙大教授張其昀、郭斌龢成了對門鄰居〔註82〕。此時浙大借宜山文廟、工讀學校及東郊標營為臨時校舍，於十一月一日開學（為二十七年度第一學期）〔註83〕。馬浮繼續擔任特約國學講座，前後共講了九講。

然而，馬浮本就無意在學院中任教（因此只擔任特約講座，不願被聘為正式教授），加上宜山實在是景物凋弊，不適合長住（他詩中所謂的「出郭少嘉樹，四野唯荒菅」）；因此便接受弟子壽景偉、劉百閔等的建議，準備找一處合適的地方創辦書院，藉由書院的方式繼續講學。他先為書院定名為「復性書院」，然後便在民國二十八年一、二月間（春節前），乘車離開宜山，經貴州到重慶去了。〔註84〕

〔註77〕 同註75，頁56上～61上。

〔註78〕 據李絜非，〈西遷宜山前後的國立浙江大學〉，《教育通訊》二卷二十四期（民國28年6月17日，重慶）。

〔註79〕 以上參見：《避寇集》，頁6下～9。

〔註80〕 同上，頁9。

〔註81〕 參見：豐華瞻，〈豐子愷與馬一浮〉。

〔註82〕 同註79，頁12下。又：《編年集》，甲申下，頁21。

〔註83〕 參見：《國立浙江大學校刊》，復刊四十七期（民國29年6月22日，貴州遵義），頁4。又：孫祥治，〈抗戰以來的國立浙江大學〉。

〔註84〕 參見：《避寇集》，頁14下～16下。又：熊復光，〈馬浮先生與復性書院〉。又：

　　書院本來不合當時學制，但蔣委員長特准設立，並指示教育部主動與馬浮商洽創設。於是教育部於二十八年四月左右（或稍早），聘定屈映光等十五人為籌備委員，開始了籌備工作。不久籌備委員會改組為董事會，正式聘請馬浮為主講（馬浮不願任院長），總持講學事宜。書院所需經費，則除了蔣委員長撥專款三萬元作建院基金外，並由教育部與四川省政府每年給予定額補助。〔註85〕

　　書院設在四川省樂山縣（古稱嘉定）烏尤山（位於岷江、青衣江、大渡河交匯處的江心中，風景絕佳）的烏尤寺。另在烏尤山下名叫「麻濠」的小溪邊建屋，作為馬浮的住所（馬浮稱之為「濠上草堂」）。六月一日，教育部公佈「私人講學機關設立辦法」，書院的存在有了法定依據〔註86〕。六、七月間，馬浮就以「講明經術，注重義理，欲使學者知類通達，深造自得，養成剛大貞固之才」為書院宗旨，發佈〈復性書院徵選肄業生細則〉了。〔註87〕

　　由於抗戰期間經費困難，書院規制儘量從簡，除了邀舊友熊十力擔任「講座」外，就只能不定期邀請若干學者來院作短期講學了（稱作「講友」）。熊十力來院以後，希望讓他的弟子牟宗三也能在書院任職（稱「都講」），便自己去跟教育部長陳立夫商量，由教育部另行支給這份薪水。〔註88〕

　　九月十五日，書院正式開講，馬浮舉「主敬為涵養之要，窮理為致知之要，博文為立事之要，篤行為進德之要」四目為學規，詳加闡釋，並印發〈復性書院開講日示諸生〉（即〈告書院學人書一〉）。十七日，講座熊十力也就書院規制、地位、性質和研究旨趣等問題，作開講談話。

　　書院學生分「肄業生」和「參學人」兩種，前者二十餘人，後者十餘人，都酌量發給「膏火」（生活津貼）〔註89〕。此外陸續來院請益但自謀生計，

　　　　《編年集》乙酉下，頁22。

〔註85〕　以上參見：熊復光，〈馬浮先生與復性書院〉。又：《教育部二十八年四月份工作報告》，頁3下，〈創設復性書院〉。又：《第二次中國教育年鑑》（臺北：宗青出版公司，民國70年影），第六編第三章之肆：「私人講學機關——復性書院」。

〔註86〕　見《教育通訊》二卷二十三期（民國28年6月10日，重慶），頁5。

〔註87〕　同上，二卷二十六期（民國28年7月1日，重慶），頁7。又：熊十力，〈復性書院開講示諸生〉，《十力語要》，頁292。

〔註88〕　參見：熊十力，〈復性書院開講示諸生〉，《十力語要》，頁290。又：牟宗三，〈我與熊十力先生〉，《生命的學問》（臺北：三民書局，民國67年三版），頁146。

〔註89〕　《答問》卷一，頁43上。又：《十力語要》，頁274。又：《第二次中國教育年

以及通訊問學的，總數也在百數十人左右〔註 90〕。書院課程，分「通治」、「別治」二門。前者共同修習，以《孝經》、《論語》爲一類，孟、荀、董、鄭、周、程、張、朱、陸、王諸子附之。後者相當於選修，以《尚書》、三《禮》爲一類，名、法、墨三家附之；《易》、《春秋》又一類，道家附之〔註 91〕。至於書院學生的資格問題，馬浮說：「來者志在以義理自淑，非將以爲羔雁也……幾曾見程朱陸王之門有發給文憑之事？」，主張不授予學生任何資格，以免書院淪爲「取得資格之途徑」。〔註 92〕

　　然而熊十力強烈反對馬浮關於書院規制的主張，所以在開講之後不久就很不高興地離去，並且通知他的弟子牟宗三不用到書院任職了〔註 93〕。此後馬浮一個人講學，但邀請過趙熙、謝无量、歐陽漸、錢穆等人來書院短期講學或演講〔註 94〕。

　　除了講學外，書院還有一件大事——刻書。初期的刻書，有《復性書院講錄》和馬浮所編的叢書《儒林典要》等。另外，馬浮的兩個小甥孫這時也留在書院，由他照顧教養，他說自己是「老而獨，視之猶孫也」。〔註 95〕

　　然而物價不斷上漲，書院維持越來越困難，馬浮只好在民國三十年五月二十五日（開講後一年八個月左右）停止講學，遣散書院諸生〔註 96〕。同年夏末，連刻書工作也中斷了〔註 97〕。到了年底，學生多已離去；但有楊煥昇等五人，懇請繼續留院研習，獲准續留一年。十二月三十一日，馬浮寫了最後一篇〈告書院學人書〉，表示自三十一年一月起，書院「將以刻書爲職志」，以便「寓講習於刻書」，「庶使將來求書稍易，不患無書可讀」。〔註 98〕

　　爲了籌措經費，馬浮還作了一首詩——〈神助篇〉，向四方友朋宣佈「鬻

鑑》，頁 842。
〔註 90〕據明允中先生寫給筆者的信（民國 73 年 3 月 28 日），見附錄二。
〔註 91〕《十力語要》，頁 287～290。
〔註 92〕《答問》，續編，卷三，頁 23。
〔註 93〕參見本論文第二章第一節。又：牟宗三，〈我與熊十力先生〉。又：牟宗三，〈熊十力先生追念會講話〉，《鵝湖》五十期（民國 68 年 8 月）。
〔註 94〕歐陽漸來書院講學未見記載，此據明允中先生寫給筆者的信（民國 73 年 1 月 23 日）。
〔註 95〕《編年集》，辛巳壬午，頁 19 上。
〔註 96〕馬浮，〈告書院學人書七〉，《答問》續編，卷六，頁 13。
〔註 97〕見馬浮，《復性書院講錄》（臺北：夏學社，民國 70 年影），卷六末〈刻觀象卮言後記〉。
〔註 98〕馬浮，〈告書院學人書八〉，《答問》續編，卷六，頁 15 下。

字刻書」的心願〔註99〕。而他的朋友、弟子中，也有自動捐助和勸募刻資的〔註100〕。從民國三十一年三月起，書院果然恢復刻書了。〔註101〕

三十一年年底，蔣委員長應書院董事會呈請，特別補助了刻書費十萬元。〔註102〕

民國三十二年，馬浮（六十一歲）開始逐年（依夏曆）錄存詩作。三十三年元月（夏曆仍在十二月），他寫〈蠲戲齋詩自序〉，文中敘述他作詩的歷程：

> 余弱歲治經，獲少窺六藝之指。壯更世變，頗涉玄言，其於篇什，
> 未數數然也。老而播越，親見亂離，無遺身之智，有同民之患，於
> 是觸緣遇境，稍稍有作。

民國三十四年，馬浮（六十三歲）與故宮博物院達成協議，準備傳刻該院所藏有關義理的善本書。不過計畫還未及進行，抗戰就已經結束，各機構忙於復員，該協議只好暫時擱置〔註103〕。這一年馬浮重新規劃書院的組織，以為日後發展的依據。〔註104〕

民國三十五年五月五日，國民政府還都南京。五月二十日，馬浮（六十四歲）自重慶乘飛機經上海回杭州〔註105〕，借裏西湖葛蔭山莊為書院臨時院舍〔註106〕，繼續刻書。行政院並曾下令浙江省政府，准許書院租用舊藩署空地建築正式院舍〔註107〕。這時「負笈而求教者，遠過于樂山時代」。〔註108〕

然而由於國共內戰，局勢再度緊張。此時幣值不斷下跌，而馬浮年老身疲，只好做結束書院的準備〔註109〕。不過可能因為刻書工作尚未告一段落，

〔註99〕《編年集》，辛巳壬午，頁40下。

〔註100〕見馬浮，《復性書院講錄》，卷六末〈刻觀象巵言後記〉。

〔註101〕馬浮，〈致復性書院董事會書〉（民國31年7月26日），熊復光〈馬浮先生與復性書院〉引。

〔註102〕熊復光，〈馬浮先生與復性書院〉。

〔註103〕據明允中先生寫給筆者的信（民國73年1月23日）。又參見：同註102。

〔註104〕《第二次中國教育年鑑》，頁842。

〔註105〕據姚琮，〈乘飛機自渝還都寄馬蠲叟并序〉，《味筍齋詩鈔》（中國文化學會叢書，民國42年），頁35下。

〔註106〕據阮毅成，〈馬一浮主復性書院〉，《小世界》九七九期（民國72年10月1日，臺北，世界新聞專科學校）。

〔註107〕《第二次中國教育年鑑》，頁843。

〔註108〕參見：餘青，〈近代中國的讀書種子：略述馬一浮先生的生平〉。

〔註109〕據明允中先生寫給筆者的信（民國73年1月23日）。

他仍以賣字所得，竭力維持下去。到民國三十六年九月一日，他還以「先塋碑碣未樹」為由，刊登「蠲戲齋鬻字」啓事，來籌措經費。〔註110〕

民國三十七年秋，幣制改革失敗，新發行的金圓券大跌，馬浮（六十六歲）才正式結束書院，也結束了他十年半講學與刻書的生涯。〔註111〕

第五節　晚　年

復性書院結束後，馬浮暫時仍住西湖葛蔭山莊；並曾對弟子朱淵明表示，想將平生所作書法的精品縮版影印出來。然而戰局逆轉，情勢迅速惡化，這件事也就無法進行。不久馬浮遷居杭州市區清波門內，曾向朱淵明借一部影印本《曾文正公日記》去看。〔註112〕

民國三十八年四月二十三日，國軍撤離南京。四月三十日，杭州失守。十月一日，中共在北京（原北平）宣佈建立中華人民共和國。十二月，國民政府遷臺灣。此期間徐復觀曾多方奔走，促請國民政府接熊十力、馬浮二人來臺。可惜情勢混亂，這件事情並沒有成功。〔註113〕

民國四十二年（1953），馬浮（七十一歲）任浙江文史研究館館長，住在西湖蔣莊〔註114〕。九月中旬，梁漱溟與中共當局發生衝突，周恩來託沈尹默到杭州，想請馬浮去北平勸梁漱溟作「自我檢討」，但馬浮拒絕了。〔註115〕

民國四十三年（1954），馬浮（七十二歲）替豐子愷的「日月樓」寫了一副對聯：「星河界裏星河轉，日月樓中日月長」。同年十二月，中共第二屆人民政治協商會議聘馬浮為「特邀委員」。

民國四十六年（1957），馬浮（七十五歲）任弘一法師紀念館籌備委員會委員。

民國四十八年（1959）四月，中共第三屆人民政治協商會議聘馬浮（七十七歲）為特邀委員。〔註116〕

民國五十一年（1962）四月，臺北的世界書局出版馬浮早年所編《舜水

〔註110〕朱淵明，〈憶馬一浮先生〉。

〔註111〕同上。

〔註112〕同上。

〔註113〕同註108。

〔註114〕關國煊，〈馬浮（小傳）〉。

〔註115〕參見：餘青，〈近代中國的讀書種子：略述馬一浮先生的生平〉。

〔註116〕以上參見：同註114。

遺書》（改名《朱舜水全集》）。六月，豐子愷所編《弘一大師遺墨》在上海出版，封面有馬浮題字（署名「蠲戲老人」）〔註117〕。同年，馬浮將所作書法精品數百件，送交文化部保存。〔註118〕

民國五十二年（1963）九月，徐復觀取馬浮《爾雅臺答問》、《復性書院講錄》二書交臺北廣文書局影印出版。十一月，馬浮（八十一歲）由內姪女湯俶方陪同去北平，出席中共第三屆政協第四次全國會議。民國五十三年（1964），馬浮（八十二歲）與沈尹默、謝无量同任中央文史館副館長（館長為章士釗）。〔註119〕而在民國五十三、四年（1964、1965）間，在大陸以外地區，透過香港琳瑯閣書畫古物店，似乎還可以求到馬浮的字。〔註120〕

民國五十四年（1965）七月，臺北自由出版社取馬浮的詩詞集四種，合印為《蠲戲齋詩全集》。同年十二月，新加坡龍山寺釋廣洽到大陸，豐子愷陪他去西湖蔣莊拜訪馬浮。〔註121〕

馬浮在世最後幾年，眼睛有嚴重的白內障，兩眼昏花矇矓，寫字很不方便。所以，他在民國五十五年（1966）春間所作的一首詩，題款就題作「蠲戲老人瞑書年八十四」。〔註122〕

民國五十五年（1966）六月，中共發動文化大革命，利用紅衛兵破壞傳統文化。八月中某日，幾十個紅衛兵到蔣莊來，將圖書文物搬到院中焚毀，只有小部份被浙江圖書館人員搶救去。幸好湯俶方得到消息，一大早把馬浮送走，在杭州市委交際處住了幾個月，然後又遷到一處隱密的民宅去，逃過了紅衛兵的凌辱。〔註123〕

民國五十六年（1967）三月二十五日（夏曆二月十五日），馬浮八十五歲生日，他寫了一首儼然是訣別諸親友的詩：〔註124〕

乘化吾安適？虛空任所之。形神隨聚散，視聽忘希夷。

〔註117〕據林元白，〈漫談弘一法師的書法〉，原載《現代佛學》1962年2月號，收入《佛教古今人物談》（臺北：大乘文化出版社，民國69年）。
〔註118〕參見：豐華瞻，〈豐子愷與馬一浮〉。又參見：餘青，〈近代中國的讀書種子：略述馬一浮先生的生平〉。
〔註119〕同註114。
〔註120〕朱淵明，〈憶馬一浮先生〉。
〔註121〕參見：豐華瞻，〈豐子愷與馬一浮〉。
〔註122〕林熙，〈馬君武・謝无量・馬一浮〉。
〔註123〕同註121。
〔註124〕參見：餘青，〈近代中國的讀書種子：略述馬一浮先生的生平〉。

　　漚滅全歸海，花開正滿枝。臨崖揮手罷，日落下崦嵫。

同年六月二日，馬浮無病而終〔註125〕，享年八十五歲。

　　從民國三十八年（1949）年底留在大陸起，一直到民國五十六年去世，這段期間馬浮的心境為何，暫時是無法知道了。不過，在樂山復性書院時，他曾對弟子王伯尹說：〔註126〕

　　　清康熙朝儒臣以李光地為首。或以曲學阿世譏之；乃好惡之私，非

　　　篤論也。元時若無許魯齋，中國或幾於夷狄矣。李光地博洽通經，

　　　其領修諸書，明人所不及。

因此，或許可以說，不管怎樣，馬浮都會念茲在茲以文化的傳承為己任的吧！他之所以擔任政協特邀委員、浙江文史研究館館長等職，大概都可以從這個角度來理解。

〔註125〕參見：豐華瞻，〈豐子愷與馬一浮〉。
〔註126〕《答問》續編，卷二，頁58下。

第二章　馬浮的交遊與門人

考察一個學者、思想家的交遊與門人，往往有助於瞭解他學問的歸趨、高下，以及影響力的大小。對不輕易著述，生平事蹟也略而不詳的馬浮來說，這樣的考察尤其必要。本章選取馬浮的交遊與門人中，關係較密切或較具代表性的人物，依年齡大小爲序，逐一作扼要的考訂與介紹。由於馬浮一向謙沖爲懷〔註1〕，不以宗師自居〔註2〕，所以這兒「門人」的取義較寬；雖與馬浮無師生之稱，但有師生之實的，也都包括在內。

第一節　馬浮的交遊

（一）趙熙（1867～1948）

趙熙，字堯生，號香宋，四川榮縣人。在清末是有名的直言不諱的御史，民國以後長居四川。爲人虛懷若谷，而「三十以前學詩，三十以後專治小學古文，近五十又學詩」，此外亦重經濟之學〔註3〕。他的詩寫得又快又好，石遺老人陳衍曾推許爲「造詣在唐宋之間……兼其鄉人文與可、唐子西、韓子蒼所長」〔註4〕。他的詞賦則「哀傷亂一如杜陵，可爲詩史，初非詞人泛泛之

〔註1〕劉百閔語，據熊復光〈馬浮先生與復性書院〉，《傳記文學》二十四卷三期（民國63年3月）所記。
〔註2〕馬浮詩中有「不開宗派不爲師」句，見《蠲戲齋詩編年集》乙酉上，頁8。
〔註3〕參見：周開慶，〈香宋老人趙熙〉，周著《天聲集》（臺北：暢流半月刊社，民國52年），頁150。
〔註4〕據高拜石《光宣詩壇點將錄斠註》（臺北：河洛出版社，民國65年），頁39引。

傷時可比也」〔註 5〕。著有《香宋文》、《香宋詩詞鈔》、《香宋詩前集》……
等。抗戰期間，馬浮聘他爲復性書院「講友」，尊稱他爲「香宋先生」，並在
一首「……奉呈香宋兼寄纕衡頌雲諸公」的詩中說：〔註 6〕

　　遊山難具緣，住山亦寡侶。不逢灑落人，結轖共誰語？

　　久向榮州老，一世尊鳳羽……

後來趙熙去世，馬浮爲《香宋詩前集》題字時，題款作「馬浮敬署」〔註 7〕。
由以上可見馬浮對趙熙眞是又親又敬，敬愛之至了。《蠲戲齋詩全集》中寫給
趙熙的詩計有六首。

（二）釋弘一（1880～1942）

　　釋弘一，俗家名李叔同，祖籍浙江平湖，生於天津，是富家子弟。早年
在詩詞、書畫、戲劇、音樂方面都很有成就。民國六年元旦前後，因爲學道
（道教）而到杭州虎跑定慧寺斷食十七日，自號「欣欣道人」。其後得了馬浮
的指示，棄道學佛〔註 8〕，並在馬浮的啓導下研習佛教教義（參見第一章第三
節）。七年八月，在定慧寺從了悟和尚剃度出家，法名演音，號弘一（以號行）。
不久以後，他到杭州靈隱寺受比丘戒，馬浮送他《靈峰毘尼事義集要》和《寶
華傳戒正範》二書；他「披翫周環，悲欣交集，因發學戒之願焉」〔註 9〕。此
後他專研律學，精修戒律，著有《四分律比丘戒相表記》、《五戒相經箋要》、
《律學要略》、《南山律在家備覽略編》……等，被尊爲「宋以後復興南山律
學之第一人」〔註 10〕。他出家後常藉書法宣揚佛教，而書體力求工整，歸於
平淡；曾寫信給堵申甫居士，提到自己書體的轉變說：「拙書邇來意在晉唐，
無復六朝習氣，一浮甚贊許。」〔註 11〕馬浮之於弘一，眞是亦友亦師了。《蠲
戲齋詩全集》中，寫給釋弘一的詩計有八首。

〔註 5〕 胡先驌，〈評趙堯生香宋詞〉，《學衡》第四期（民國 11 年 4 月），頁 589。
〔註 6〕 《編年集》辛巳壬午卷，頁 26。
〔註 7〕 見《香宋詩前集》（臺北：學生書局，民國 65 年重印本），扉頁題字。
〔註 8〕 以上參見：豐子愷，〈懷李叔同先生〉，《豐子愷文選 II》（臺北：洪範書店，
　　　　民國 71 年），頁 149～157。
〔註 9〕 釋弘一，〈四分律比丘戒相表記序〉，《弘一大師文鈔》（臺北陳慧劍居士校印
　　　　本，民國 65 年），頁 25。
〔註 10〕 釋東初，《中國佛教近代史》（臺北：中華佛教文化館，民國 63 年），頁 779。
〔註 11〕 釋弘一，《晚晴山房書簡》第一輯（臺中：瑞成書局，民國 47 年影，改名「弘
　　　　一大師書簡」），頁 4。又參見：林元白，〈漫談弘一法師的書法〉，《佛教人物
　　　　古今談》，頁 197。

（三）馬君武（1880～1940）

　　馬君武，原名和，字君武，以字行，廣西桂林人。國學造詣深湛，詩文
俱佳（多爲文言），曾被梁啓超稱爲「新民叢報時代兩大隨筆家」之一（另一
位是蔣觀雲）〔註12〕。他又精通英、日、德、法四國語文，譯有《法蘭西革
命史》、《物種原始》、《民約論》、《社會學原理》……等書。光緒二十七年
冬出國，到日本學工藝化學。光緒三十二年回國創辦中國公學，隨即又到德
國，進柏林工業大學研習冶金。民國前一年冬天回國，民國二年夏再度赴德，
入柏林大學研究院。民國四年得工學博士，是中國人得德國工學博士學位
的第一人。民國五年回國，十三年起歷任中國公學、工業大學、大夏大學、
廣西大學等校校長〔註13〕。他首次出國前不久，便在上海結識了馬浮；此後，
加上謝无量，三人成爲終身之交。大約在民國一、二年間，謝无量曾自焦
山寫信給他說：〔註14〕

　　……伏維君武，專精工業，卓然名家，又好文藝；吾國文獻散壞久
　　矣，非君武誰能振起之？君家一浮，雅善造述，並世無雙，天下文
　　章盡在馬氏。量何修而得與觀中國文章之復興乎？誠大懽喜不可支
　　也，一浮尚滯杭州，方過其地丁氏及文瀾閣，求盡觀所藏書，然終
　　來焦山。君武夏間卒業當來游，吾三人且相遇握手一笑，是所望也。

從中很可看出三人間的濃厚情誼來。三人中馬君武去世最早（民國二十九
年），去世時馬浮、謝无量都寫有輓詩，馬浮的一首結尾是：「舊友難逢新塚
滿，白楊風起奈愁何。」〔註15〕《蠲戲齋詩全集》中寫給馬君武的詩計有八
首。

（四）謝无量（1885～1964）

　　謝无量，原名蒙，又名沉、澄，字无量，號希范、嗇庵，以字行。原籍
四川樂至，生於安徽蕪湖。從小能詩擅文，光緒二十七年（1901）進上海南

〔註12〕　王韶生，〈馬君武的文學造詣〉，《懷冰隨筆》（臺北：文鏡文化事業公司，民
　　　　國 71 年），頁 208。
〔註13〕　參見：盧紹稷，〈追念大夏首任校長馬君武博士〉，《學府紀聞：私立大夏大學》
　　　　（臺北：南京出版公司，民國 71 年），頁 33～39。又：謝价屏，〈中國公學馬
　　　　校長的生平事跡〉，《學府紀聞：私立中國公學》，頁 380～386。
〔註14〕　謝无量，〈與馬君武書〉，《南社叢選》（臺北：文海出版社，《近代中國史料叢
　　　　刊》第三輯），頁 286。
〔註15〕　《避寇集》，頁 45。

洋公學特班,與田濂、李叔同、洪允祥等人同學。不久又進京師「譯學館」肄業兩年。光緒三十三年起歷任四川存古學堂監督(校長)、吳淞中國公學教員、上海中華書局編輯、雲南東陸大學教授、廣州中山大學教授。民國十九年任監察院監察委員,二十七年住香港,次年回重慶。民國三十九年(1950)以後歷任成都大學、北京人民大學教授。民國五十三年(1964)與馬浮、沈尹默同任中央文史研究館副館長,同年十一月病逝於北平。著有《中國哲學史》、《中國大文學史》、《朱子學派》、《陽明學派》、《佛學大綱》……等〔註16〕。平生瀟灑放浪、不拘小節,但對馬浮卻是「把臂服膺始於童冠,忘形悅義垂老彌篤,誠如盧生之於伯玉,四海之內一人而已」〔註17〕。馬浮也以他為「共抱蟬蛻塵埃之志,老而不改」,如同「史遷爽然於屈賈,晦翁託慕於參同」般的知己〔註18〕。馬浮的著作一向不找人作序,但《避寇集》卻有謝无量的序。兩人之間詩作、書信往來非常頻繁,現在在《南社叢選》中還可看到謝无量的〈與馬一浮書〉和〈春日寄懷馬一浮(詩)〉兩篇〔註19〕;至於馬浮寫給謝无量的詩,光是《蠲戲齋詩全集》所收就有將近百首了。

(五)熊十力(1885~1968)

熊十力,原名子貞,號十力,後來名號互換。湖北黃岡人。早年參加革命,到三十五歲時「始決志學術一途」〔註20〕。不久進南京支那內學院,跟隨歐陽漸研習佛家唯識學。三十八歲那年(民國十一年),蔡元培看了他的《唯識論稿》,大加讚賞,聘他為北大特約講師。此後實質上或名義上他多半都是北大教師〔註21〕。著有《新唯識論(文言本、語體本)》、《佛家名相通釋》、《十力語要》……等;弟子有唐君毅、牟宗三、韓裕文、徐復觀……等。與梁漱溟、張君勱同被尊為「當代新儒家」的早期代表人物〔註22〕。

民國十六年,熊十力到杭州養病,借住於北大舊同事單丕(字不庵,

〔註16〕 參見關志昌,〈謝無量〉,《民國人物小傳》第四冊(臺北:傳記文學出版社,民國70年),頁403~404。又:《南社叢選》,頁285,《无量文選》編者小序。

〔註17〕 謝无量,〈避寇集序〉,《避寇集》卷首。

〔註18〕 《避寇集》,頁47下~48。

〔註19〕 《南社叢選》,頁286、1105。

〔註20〕 熊十力,《十力語要》(臺北:洪氏出版社,民國64年影),頁504。

〔註21〕 參見:陶英惠,〈熊十力〉,《民國人物小傳》第二冊。又:李霜青,〈熊十力〉(臺灣商務印書館,民國67年,《中國歷代思想家》叢書),第壹節「傳略」。

〔註22〕 參見:王邦雄,〈當代新儒家面對的問題及其開展〉,《鵝湖》七十六期(民國70年10月)。

時任浙江圖書館中文部主任）家中，以《新唯識論（文言本）》稿向馬浮請教〔註23〕，兩人從此結爲學問上的知友。二十一年《新唯識論》寫定出書，他在緒言中自述道：〔註24〕

> 自來湖上，時與友人紹興馬一浮浮商榷疑義，〈明心〉章多有資助云。
>
> （原註：〈明心〉上談意識轉化處，〈明心〉下不放逸數，及結尾一段文字，尤多採納一浮意思云。）

而馬浮也幫他這部書寫序，對他推崇備至：

> 足使生肇斂手而咨嗟，奘基撟舌而不下。擬諸往哲，其猶輔嗣之幽讚易道，龍樹之弘闡中觀；自吾所遇，世之談者，未能或之先也。
>
> 可謂深於知化，長於語變者矣。

由此可見兩人在學問上相契之深了。事實上在這段時期，每逢長假，熊十力多半到杭州養病，且「每至杭州，必與馬先生朝夕盤桓」。曾在這時期跟隨兩人問學的朱淵明這樣回憶道：〔註25〕

> 二位先生之淵博謹嚴固相若，而個性氣質則有異。熊先生言辭慷慨而有時不免激越，馬先生說話簡鍊而言必有中；熊先生喜罵權貴（原註：自然毫無私意），馬先生則多論事實而少批判人的長短，然亦胸有主宰，言詞之中常寓皮裏陽秋，不過含蓄較深耳……故馬、熊兩位先生，亦有時小撞其楨，而稍吵其嘴；但事後熊先生赴馬先生處照樣談笑，二位仍怡然如初。

抗戰期間，熊十力應馬浮邀請，到復性書院擔任「講座」一職。可惜開講後不久，他因爲不滿意馬浮關於書院規制的主張，很生氣地離去了。他在離去後寫信給重慶大學教授賀昌群說：〔註26〕

> 吾欲予學生以研究院同等資格者，庶幾可以聚天下之才耳。即此時不欲遽更章則，要當蓄意徐圖之。否則如少數和尚住廟，吾雖老而顛沛，敢忘溝壑，不容不捨去也……吾於馬先生，大端上無甚異同，

〔註23〕 參見：馬五先生，〈熊十力〉，《香港時報》「新世說」專欄（民國40年2月3日）。又：王化棠，〈談熊十力〉，《暢流》三十三卷十一期（民國55年7月）。又：南宮博，〈熊十力暑記〉，《工商晚報》「湖海異人傳」專欄（民國44年3月31日～4月3日）。

〔註24〕 熊十力，〈新唯識論緒言〉，《新唯識論（文言本）》（臺北：學生書局，民國72年影）卷首。

〔註25〕 朱淵明，〈憶馬一浮先生〉，《中國學人》第三期（民國60年6月，香港）。

〔註26〕 《十力語要》，頁301～308。

> 唯書院應採何種辦法，始堪達到吾儕期願，恐馬先生猶將執古之道，
> 以御今之有，未得無礙耳。關於學生資格問題之諍，吾答劉公純一
> 函，極為扼要，馬先生以世情議之，過矣。

可見他是堅持書院應採研究院體制、授予學生正式學位的。難怪後來他籌辦
「中國哲學研究所」（民國三十三年），主持「黃海化學社哲學研究部」（民國
三十五年），就都不用「書院」一名了。

不過，在這樣的爭執之後，馬浮、熊十力兩人並沒有因此而交惡。民國
三十七年，熊十力有意收安陸池師周的四女池際安為義女，曾以池際安的信
「示友人馬一浮先生」，並因「一浮許其有拔俗之資」而確定此事〔註27〕，可
見兩人前此不過是「其爭也君子」罷了。

牟宗三認為，民國三十九年（1950）以後，熊十力在《原儒》一書中「有
不少曲說」，其用意應是「希望在委曲之中，想影響共產黨，使他能做和平的
演變」〔註28〕，但終於還是「身心俱受摧殘」地去世了。〔註29〕

（六）葉左文（1886～1966）

葉左文，名號不詳〔註30〕，浙江開化人，是馬浮早年的朋友。馬浮早期
詩作〈贈葉左文〉有序如下：〔註31〕

> 癸丑（民國二年）冬，葉子左文遠來見訪，留止三月，日與之陳遺
> 經，道古訓，誠不自意猶得於亂離之後有此從容講習之日，如置身
> 伊洛，忘其生之為衰世也。風雨如晦，此樂不常，於其將歸，喟然
> 興感，輒成短篇為贈，庶幾別後執以相攷，知其進退，無或掩爾。

詩中並有「白華絜子志，伐木申友慕。離群豈不憂？依仁日可遇」等句。抗
戰初期，馬浮曾到開化依他避難，寫有「脫身虎兒間，寄命芝蘭畔。瞻烏得
久要，幸遂依仁願」等詩句〔註32〕。由以上已可看出兩人情誼的篤厚深重和
相互砥礪、以友輔仁了。勝利復員後，馬浮給他的一首詩詩題是：「謝葉左文

〔註27〕 熊十力，《十力語要初續》（臺北：洪氏出版社，民國66年再版），頁29。

〔註28〕 牟宗三語，見徐復觀〈熊十力先生之志事〉，《徐復觀雜文——憶往事》（臺北：
　　　　時報出版公司，民國71年二版），頁223。

〔註29〕 牟宗三，〈熊十力先生追念會講話〉，《鵝湖》五十期（民國68年8月）。

〔註30〕 「左文」似為其字。又：出生年據《編年集》乙酉上，頁8，〈寄懷葉左文兼
　　　　為其六十壽〉一詩推得。

〔註31〕 《蠲戲齋詩前集》，卷上，頁16下。

〔註32〕 《避寇集》，頁2下。

以手寫宋本王輔嗣易注見遺」，詩中自注道：「來書並勸辭書院講事」〔註33〕，這時兩人都已超過六十歲了。《蠲戲齋詩全集》中寫給葉左文的詩計有六首。

（七）梅光迪（1890～1945）

梅光迪，字迪生、覲莊，安徽宣城人。宣統三年（1911）考取清華官費留美，先唸書，後任教。曾對胡適「文學革命」的主張作激烈的抨擊；也曾影響兩位美國學者——白璧德（他老師）和顧立雅（他學生），使他們接受並推崇儒家思想〔註34〕。民國九年回國。民國十一年，與吳宓、柳詒徵、劉伯明等創辦《學衡》雜誌，專登文言文著述，並在弁言中聲明「於國學則主以切實之工夫，爲精確之研究，然後整理而條析之……以見吾國文化有可與日月爭光之價值……於西學則主博極群書，深窺底奧，然後明白辨析，審慎取擇，庶使吾國學者不至道聽塗說……陷於一偏而昧於大體」，以對治當時新文化運動者「無選擇地介紹西洋的思想學術，並勇猛地攻擊傳統的文化和禮教」〔註35〕的弊病。民國十三年再度赴美，除中間一度回國外，都任教於哈佛大學。民國二十五年回國，歷任浙江大學文理學院院長、文學院院長等，並曾任國民參政會參政員。平素不是讀書便是默想，天眞而無世故；不輕易寫作，更少發表論著〔註36〕。馬浮也是終身使用文言文寫作的，曾有兩篇作品在《學衡》發表，抗戰期間在浙大也與梅光迪有過幾個月的相處。梅光迪去世時，馬浮寫有兩首輓詩，其一是：「恨君不作四夷師，舊國風規幾輩知。此日流傳多繆種，何人重數宛陵詩？」〔註37〕可以看出，馬浮對他是引爲同調，惺惺相惜的。《蠲戲齋詩全集》中寫給梅光迪的詩計有三首。

（八）姚琮（1891～1977）

姚琮，字味辛，浙江瑞安人，陸軍大學畢業。抗戰前歷任國民革命軍總司令副官長、首都公安局局長……等，抗戰期間任軍事委員會辦公廳副主任等職。勝利後當選第一屆國民大會代表，並任總統府戰略顧問委員會委員。

〔註33〕《編年集》，丙戌，頁 20 下。
〔註34〕參見：侯健，〈梅光迪與儒家思想〉，《近代中國思想人物論——保守主義》（臺北：時報出版公司，民國 70 年二版），頁 259～274。
〔註35〕賀麟語，見：賀麟，《當代中國哲學》（嘉義：西部出版社，民國 60 年影），頁 9。
〔註36〕參見：茅於美，〈敬悼梅光迪先生〉，《東方雜誌》四十二卷二號（民國 35 年 1 月）。
〔註37〕《編年集》乙酉下，頁 22。

民國四十一年退役後，又任總統府國策顧問等職〔註 38〕。平素待人，不矜不
伐，立身高潔，公爾忘私〔註 39〕。二十三歲起開始作詩，勤力不懈，曾得到
陳三立「氣格渾健，神致秀逸」的讚語〔註 40〕。民國三十年，他到復性書院
拜訪馬浮，寫有〈烏尤寺拜馬院長一浮〉、〈東坡讀書臺呈馬院長〉等詩，其
中有一句是「寂漠踰千載，惟君始可親」〔註 41〕。民國三十二年春，他結集
自己的詩文爲《味筍齋詩鈔》、《味筍齋文鈔》，特請馬浮爲封面題字〔註 42〕。
民國三十四年，他母親去世，又請馬浮作墓誌銘〔註 43〕。民國三十五年五月
二十日，他與馬浮自重慶同機飛回南京，途中兩人論詩極爲相得。稍後他到
杭州，又去拜訪馬浮。這兩次晤面他各作詩一首，後一首有「相對雖俄頃，
心胸豁窅冥」的句子〔註 44〕。另外，他還曾在論詩時說：〔註 45〕

> ……故學佛者之爲詩，以不著經典文字而能闡明禪理者爲上；王維
> 之「行到水窮處，坐看雲起時」，馬浮之「本來無一字，何處是吾詩」，
> 皆爲學佛有得之語，允爲世則。

由以上可看出他對馬浮的服膺與推崇。來臺以後，他在公餘之暇仍閉門讀書
寫作，並曾在中國文化學院講授詩學。著述除前述外還有《味筍齋天遊詩草》、
《味筍齋詩話》等。《蠋戲齋詩全集》中寫給姚琮的詩計有一首。

（九）梁漱溟（1893 年出生）

梁漱溟，原名煥鼎，字漱溟，以字行。原籍廣西桂林，生於北平。十九
歲自北平順天中學畢業後便自己靜修讀書，二十四歲發表〈究元決疑論〉，二
十五歲便被聘爲北大教師。他早年篤信佛法，後來才轉回儒家。民國九年（二
十八歲），他在北大開始講《東西文化及其哲學》（次年印行），於當時新文化
運動的風潮下，極力肯定傳統文化和儒家思想的價值，是「當代新儒家」代
表人物中活躍得最早的一位。民國十八年起致力於鄉村建設運動，二十九年
在四川北碚創辦勉仁中學，三十五年創辦勉仁國學專科學校並著手寫《中國

〔註 38〕 參見：于翔麟，〈姚琮〉，《民國人物小傳》第五冊，頁 179～180。
〔註 39〕 參見：申丙，〈味筍齋詩文鈔跋〉，《味筍齋詩文鈔》（臺北：藝文印書館，民
國 59 年），頁 61～62。
〔註 40〕 參見：胡鈍俞，〈姚琮詩選評〉，《中國詩季刊》五卷二期（民國 63 年 6 月）。
〔註 41〕 姚琮，《味筍齋詩鈔》（中國文化學會叢書，民國 42 年 3 月），頁 23。
〔註 42〕 同上，扉頁內。
〔註 43〕 同註 39。
〔註 44〕 以上參見：同註 41，頁 35 下～36。
〔註 45〕 姚琮，〈懷柏山房詩集序〉，《味筍齋詩文鈔》，頁 50。

文化要義》，三十七年改組勉仁國專爲勉仁文學院。他曾一度親共，後來轉而
厭共，便在民國三十八年春寫〈敬告中國共產黨〉一文，因而遭到左派人士
的攻擊。國民政府遷臺時，他認爲中國問題必須就地解決，因此留在大陸奮
戰不屈，曾遭中共大規模的圍剿，目前已屆九十二高齡了。著作除前述外還
有《鄉村建設理論》、《中國民族自救運動之最後覺悟》……等〔註46〕。他與
熊十力結識在先，民國二十二年暑假，兩人率同弟子到杭州拜訪馬浮，相聚
論學兩日，可說是當代三大儒一次難得的「鵝湖之會」。馬浮的弟子朱淵明回
憶其中第二天的情形如下：〔註47〕

> 次日十時左右，梁、馬、熊三先生及各位高足共約十人，齊集敝寓……
> 他們的暢談，自係繼續昨日未竟之意……但覺熊先生聲浪最高，梁
> 先生議論最長，而馬先生則正襟危坐，手挾香煙，說話簡潔有力。
> 自晨至晚，九時許始散，似乎並無結論……

只可惜這兩日論學的內容並沒有記錄下來。梁漱溟的一位弟子雲頌天，也尊
馬浮、熊十力爲師；馬浮《爾雅臺答問》一書中，便有〈答雲頌天〉的信三
篇。

【2014補記】梁漱溟於1988年去世。

（十）錢穆（1895年出生）

錢穆，字賓四，江蘇無錫人，江蘇常州中學肄業。民國二十年起，先後
任教於北大、西南聯大、江南大學……等校。大陸淪陷後與唐君毅、張丕介
等人在香港創辦新亞書院，現任中國文化大學教授。平生治學「以理學之精
神，全幅投注於其史學」〔註48〕，著作有《國史大綱》、《中國思想史》、《宋
明理學概述》、《中國近三百年學術史》、《朱子新學案》……等。民國二十九、
三十年間，他在樂山武漢大學講學時，曾應邀到復性書院演講，以下是他的
回憶：〔註49〕

〔註46〕 以上參見：王士元，〈記吾師梁漱溟先生〉，《傳記文學》二十四卷四期（民國
　　　　 63年3月）。又：胡應漢，〈梁漱溟先生年譜初稿〉，梁著《朝話》（臺北：龍
　　　　 田出版社，民國68年9月），附錄。
〔註47〕 朱淵明，〈憶馬一浮先生〉。
〔註48〕 曾昭旭先生，〈六十年來之理學〉緒言，《六十年來之國學》（臺北：正中書局，
　　　　 民國63年），第四冊，頁561。
〔註49〕 錢穆，《八十憶雙親師友雜憶合刊》（臺北：東大圖書公司，民國72年），頁
　　　　 209～211。

馬一浮復性書院設在岷江對岸山上。一日，渡江來訪，邀余去書院講演。熊十力住西湖，與一浮同居有年。及來北平，與余同居。余之知一浮，亦已有年矣……余告一浮，聞復性書院講學，禁不談政治。儻余去擬擇政治爲題，不知能蒙見許否。一浮問，先生講政治大義云何，願先聞一二。余告以國人競詬中國傳統政治，自秦以來二千年，皆帝王專制。余竊欲辨其誣。一浮大喜曰，自梁任公以來，未聞此論，敬願破例，參末座，恭聆鴻議……

及講演之日，一浮盡邀書院聽講者，全部出席。武漢大學有數學生請旁聽，亦不拒……余講演既畢，一浮遂留午餐。

……一浮美風姿，長髯垂腹，健談不倦。余語一浮，君治經學，用心在通志堂經解，不理會清經解，然耶否耶。一浮許余爲知言。席間縱談，無所不及……

余與一浮縱談過晡，乃送余至江邊而別。自此不復再面……

似乎兩人只有演講前不久及當日兩次會晤；然而由馬浮的「自處甚高，與武漢大學諸教授絕少來往」〔註 50〕，以及兩人論學時的相契相許來看，他們的交情應該已在一般之上。

【2014 補記】錢穆於 1990 年去世。

（十一）胡瑩堂（1897～1973）

胡瑩堂，原名光瑨，字瑩堂，後來名、字互換。湖北孝感人，民國元年畢業於北平南宛航空學校，其後在空軍服役三十多年，爲空軍耆宿。二十幾歲時便與馬浮相識，並因馬浮的介紹，到西湖廣化寺跟慧空和尚學古琴。民國二十三年春，與徐芝孫等人在南京組青谿琴社，多方切磋琴藝，集南北琴派於一身，博得「琴儒」的稱號。藏有古代琴書數十種，以及清方苞使用過的北宋「金聲玉振」琴等。深具國學根柢，並精於作畫。民國三十七年，馬浮邀他在復性書院講學，並贈他一幅字：「駕言登五嶽，遠懷柔九州」（上款作「瑩堂老弟……」）。不久他來臺灣，又與章梓琴、梁在平、朱龍庵等合組「海天琴社」，任社長，以提倡琴學爲己任，弟子遍及海內外。〔註 51〕

〔註 50〕 同上。

〔註 51〕 以上根據鍾弘年先生（胡瑩堂弟子）口述。並參見：容天圻，〈琴社紀盛〉、〈古琴傳薪〉，《琴府》（唐健垣編，臺北：聯貫出版社，民國 60～62 年），頁 1805、1820。又：唐健垣，〈近代琴人錄——胡瑩堂〉，《琴府》，頁 1588～1589。

（十二）方東美（1899～1977）

方東美，原名珣，字東美，以字行，安徽桐城人。大學時參加「少年中國學會」，任《少年世界》月刊總編輯。民國十三年通過美國威斯康辛大學博士學位考試，其後終身在國內外各大學任教。治學「遍研中西印諸子百家典籍，入乎其內出乎其外，終歸於我原始真儒」〔註52〕，著作有《中國哲學之精神及其發展》、《華嚴宗哲學》、《新儒家哲學十八講》等多種。此外他又是「一位純情睿智的哲學詩人」。當他《科學哲學與人生》一書初成時（民國十六年），就被人許爲「中國的桑塔耶那」。後來《生命的情調與美感》問世（民國二十年，南京），馬浮讀後，讚賞有加〔註53〕；而他也「尤愛其（馬浮）詩之醇而雅」〔註54〕，每每向學生讚揚推介〔註55〕。徐復觀便曾將兩人的詩並論，說：〔註56〕

> 馬一浮先生的詩，意味深純；方先生的詩，規模闊大。哲學性的詩能寫得這樣成功，在詩史中可謂另開格局。

不過他的詩詞生前不輕易發表，去世後才輯爲《堅白精舍詩集》印行。

（十三）阮毅成（1905年出生）

阮毅成，浙江餘姚人，法國巴黎大學法學碩士。民國二十年回國，歷任中央大學、中央政治學校教授，主編過《時代公論》與《政問週刊》。抗戰期間任浙江省府委員兼民政廳長；勝利後爲浙江大學籌設法學院，兼任院長，並任制憲國民大會代表。民國三十八年來臺後，歷任總統府臨時行政改革委員會委員兼秘書主任等中央公職，及中央日報社社長、政治大學教授兼法律系主任、世界新聞專科學校教授等職。民國五十八年退休後，曾任《東方雜誌》主編，現任中山學術文化基金董事會總幹事。平時勤於著述，已出版政法、文史、文藝專書四十餘種〔註57〕。他在民國二十二、三年間已與劉伯閔

〔註52〕 以上參見：許逖，〈雪涕終宵哭先生〉，《哲學與文化》四卷八期（民國66年8月）。

〔註53〕 以上參見：許逖，〈先生之風山高水長——方東美師七秩大壽獻辭〉，原載《中央日報》副刊（民國58年4月4日），收入《當代中國學人小品集》（藍一呆編註，臺北：正文書局，民國60年4月），頁128～131。

〔註54〕 張肇祺，〈當代中國哲學〉，《哲學與文化》十卷三期（民國72年3月）。

〔註55〕 此據許逖先生口述。

〔註56〕 徐復觀，〈感逝〉，《徐復觀雜文——憶往事》，頁189。

〔註57〕 以上參見：《當代名人錄》（臺北：臺灣中華書局，民國67年），第二冊，頁683。

（馬浮弟子，見下節）結爲志同道合的好友；因此，抗戰勝利第二年，他爲浙江省通志館（戰時由他提議設立，館長爲余紹宋）借得裏西湖楊莊後，又應劉百閔之託，幫復性書院借得楊莊隔鄰的葛蔭山莊作爲臨時院舍。此後「余馬二老，相得極歡」，他也「常於晚街散後，或休沐之晨，往訪二老。小舟初繫，二老已煮茗相候。於是背倚葛嶺，面對孤山，文史縱談，雜以笑謔。加之窗外柳色，湖上荷香，拂面者清風，照影者新月，每至忘歸」〔註 58〕。他比馬浮小二十二歲，可說是馬浮的忘年之交了。

【2014 補記】阮毅成於 1988 年去世。

第二節　馬浮的門人

（一）洪允祥（1874～1933）

洪允祥，字樵舲，號巢林、佛矢，浙江慈谿人。光緒二十七年（1901）進上海南洋公學特班，與同學李叔同、謝无量等，同爲教授蔡元培心目中的高材生〔註 59〕。不久留學日本，唸師範科三年。回國後歷任南北各大學史地教授。個性豪邁，極愛喝酒，卻又耿直可親。先曾致力陽明學，後來潛心佛典，師事諦閑法師。著有《悲華精舍詩存》、《悲華精舍文》、《悲華精舍雜著》等。在南洋公學特班同學中，他與謝无量最爲相契。謝无量介紹他認識馬浮，他「每見之，悚然退謂人曰：『頃見一浮，吾心不期而有安處，一浮眞神人也。』」〔註 60〕他其實大馬浮九歲，但堅持尊馬浮爲師，說是「易朋友之稱爲師弟，在儒門典故頗多，吾師未必不知之，而故示撝謙，或將以祥爲儒悲耶？原壤有踵，甘受宣尼之扣矣！」〔註 61〕從他的〈與馬湛翁書〉八篇看來，他請教馬浮的問題主要是詩道和佛法。他在信中每每坦率直言，眞情流露，底下節錄其中的兩段：

1. 吾見師之深於教，故談禪亦得，談宋學亦得……望吾師接引後學之喜言佛者，先教以看教乘，毋遽以禪機接引之，十年二十年，方可使一

〔註 58〕阮毅成，《三句不離本「杭」》（臺北：正中書局，民國 63 年），頁 125。參見：阮毅成，〈馬一浮主復性書院〉，《小世界週刊》九七九期（民國 72 年 10 月 1 日，臺北：世界新聞專科學校），「靜遠書屋雜記」專欄。

〔註 59〕蔡元培，《蔡元培自述》（傳記文學出版社，民國 56 年），頁 37～38。

〔註 60〕以上參見：陳訓正，〈洪先生述〉，《文瀾學報》第一期（民國 24 年 1 月），頁 393。又：童第德，〈洪樵舲先生傳〉，同前，頁 393～394。

〔註 61〕洪允祥，〈與馬湛翁書〉，《國風》五卷二期，民國 23 年 7 月 16 日。

切放下也。蓋吾師境界已高，不知地獄中人不患飽死而患餓死也。

2. ……若對於吾師，則誓畢餘生，終爲不侵不畔之臣。佛日在上，此心不昧。前此云云，正如樊須學稼、宰我短喪、子張干祿，故示愚小，冀發大教……地球之上，無敢與吾師深言至此者……

第一段「毋遽以禪機接引之」等意思，應該就是馬浮〈寄答洪巢林〉詩中「禪病曾規我」一句的來由了〔註62〕。《蠲戲齋詩全集》中寫給洪允祥的詩計有二十首。

（二）許同萊（1882～1981）

許同萊，字叔娛，江蘇無錫人。九歲隨父親許玨（字靜山，晚號復庵）到英國，住倫敦郊區。他父親（任駐英使館參贊）在公餘之暇，一邊輯錄《高子（攀龍）遺書節鈔》，一邊教他讀四書五經。長大後受父親影響，「於高子書反覆玩索，漸知身心性命之要……厥後服勞鄉邦，正己以求人」；曾襄助他堂哥許同莘編纂《張文襄公（之洞）年譜》。民國三十六年，他師事馬浮才不久的時候，曾經請馬浮爲父親的《高子遺書節鈔》作序，不過馬浮作成的卻是一篇跋文。後來他在跋文末尾附記道：

> 此文　一浮師於民國三十六年主講杭州復性書院時作。余初列門
> 牆，年長於師二歲，　師呼余爲老友而答拜。此文不曰序而曰跋，
> 蓋以示謙也。《易經》：「謙，尊而光」，吾　師有焉……

他與洪允祥，兩人都比馬浮年長，卻都尊馬浮爲師，這眞是難得的儒林佳話。民國三十九年前後，他輾轉來到臺灣。先後出版《論語類輯》（民國四十三年）、《論語類輯釋義》（民國四十七年）等。民國五十六年，他將他父親手書的《高子遺書節鈔》影印出版（改名「高子菁華錄」），而仍將馬浮的跋文視作序，置於書前，以示尊敬。他晚年自號「自強不息齋主人」，而以一百高齡辭世，可見他平日眞是存養有功、深造自得了。〔註63〕

（三）龔寶銓（1883～1922）

龔寶銓，字未生，浙江嘉興人，是國學大師章炳麟的長婿。留學日本時

〔註62〕 見《前集》，卷下，頁3。
〔註63〕 以上參見：馬浮〈高子遺書節鈔跋〉、許同萊〈景印吾父寫定高子遺書節鈔記〉，《高子菁華錄》（許玨節錄。臺北：無錫許氏自彊不息齋，民國56年影），卷首及卷末。又：許玨，《復庵先生集》，自彊不息齋影印。

加入革命黨。光緒三十年（1904），上海愛國女學校長蔡元培聘他爲該校教師。光緒三十二年改到蕪湖中學任教；因清廷搜捕，逃亡日本。民國成立後，無意於世事，任浙江圖書館館長，直到去世。他年輕時慷慨激越，不甚依循禮法，還主持過革命組織「軍國民教育會」的暗殺團。晚年聽同縣范古農講佛經，深自痛悔，於是持戒吃素，皈依佛法。曾派人到日本大量採購佛經佛書，以補館中不足。他「讀經論，能解大義，時就同縣沈子培（寐叟）、會稽馬亦（一）浮請益，二子頗許之」。可惜只四十歲就因病去世了。〔註64〕

（四）壽景偉（1892～？）

壽景偉，字毅成，浙江諸暨人。留學美國，研究財政經濟，得哥倫比亞大學博士學位。抗戰前歷任浙江法政專門學校、上海復旦大學及吳淞中國公學教授，以及國民政府工商部商業司科長、實業部工商訪問局副局長等職。並曾於民國十五年在美國任費城博覽會審查委員。著有《民治與財政》（列爲哥倫比亞大學政治經濟叢書之一）、《財政學》等〔註65〕。大約民國十幾二十年間，他因敬仰馬浮而拜在門下。並且特依古禮，長袍馬掛，頭戴紅結瓜皮帽，行三跪九叩大禮。禮成後馬浮「訓以讀書之道，及研究典籍與修養身心之方，隨寫一座右銘式之格言橫幅賜之⋯⋯最後一句爲『橫渠之教也』」。此後他「久受（馬先生）薰陶，溫文爾雅，心胸宏達，不道人短，與世無爭，頗具儒者風格，滿身毫無洋氣」〔註66〕。

抗戰期間，壽景偉任中國茶業公司董事長（或總經理？）〔註67〕，曾以龍井茶送請馬浮品嚐〔註68〕。馬浮在宜山時期，有意離開浙大，另找一個地方長住。壽景偉便與劉百閔商量，並請教浙江人士屈映光（中央賑濟委員會副委員長）、陳其采（國民政府主計長）等人，最後提議辦個書院，敦請馬浮主講，藉以宏道淑世。等馬浮答應後，他們又透過陳布雷（任蔣委員長侍從

〔註64〕 以上參見：章炳麟，〈龔未生事略〉，《華國》一卷二期（民國 12 年 10 月）。又：陶英惠，《蔡元培年譜》（中央研究院近代史研究所，民國 65 年），頁 152、155。

〔註65〕 以上參見：樊蔭南編《當代中國四千名人錄》（香港：波文書局，1978 年據1936 年增訂版重印），頁 364。又：壽毅成，〈美國費城博覽會追記〉，《東方雜誌》二十四卷五號（民國 16 年 3 月）。又：壽景偉，〈現代財政新原則及最近日本稅制改革之鳥瞰〉，《東方雜誌》三十四卷一期（民國 26 年 1 月）。

〔註66〕 朱淵明，〈憶馬一浮先生〉。

〔註67〕 據明允中先生口述。

〔註68〕 《避寇集》，頁 4。

室第二處主任），將復性書院建院計劃報告蔣委員長。由於蔣委員長的特准，
書院得以順利辦成，他也當然地成了書院董事會的一員〔註69〕。《蠲戲齋詩全
集》中寫給壽景偉的詩計有五首。

（五）程發軔（1894～1975）

程發軔，字旨雲，湖北大冶人。武昌高等師範學校國文史地部畢業後，
任教於江蘇省立第六中學，曾到南京支那內學院聽歐陽漸講唯識學。民國十
六年，任教於南京女子中學。民國十八年起，任教於杭州高中等校。民國二
十一年起，歷任漢口市政府主任秘書等職，及國立湖北師範學院等校教授。
民國三十八年起任教於臺灣省立師範學院（今國立臺灣師範大學）。民國六十
二年退休後仍兼國文研究所課程，直到去世為止〔註70〕。著有《國學概論》、
《春秋要領》、《理學概要》……等，並主編《六十年來之國學》五大冊。他
在《六十年來之國學》的《子學之部》總序中推崇馬浮道：

> ……能將印度文化融入中國，即化釋道為理學，宋儒之功也。沿元、
> 明、清以至民國之理學家，仍宏揚緒統，中以馬一浮、熊十力、梁
> 漱溟、錢穆為著。馬一浮、熊十力兩先生，余於民國十九年、二十
> 年、二十一年講學杭州時，過從甚密，尤以馬先生道貌靄然，真一
> 代醇儒也。

另外，在他《國學概論》的〈經學〉一章中，也有五次引及馬浮的著述。

（六）豐子愷（1898～1975）

豐子愷，原名仁，號子愷，以號行。浙江崇德人。十七歲進浙江第一師
範學校，頗得老師李叔同、夏丏尊的賞識。二十四歲赴日本，學繪畫、小提
琴、日文、英文、俄文等。回國後，先後任教於白馬湖春暉中學、復旦大學、
浙江大學，還與友人合辦立達學園，又當過開明書店編輯。他以漫畫抒寫古詩
意境、兒童生活和社會百態，成就了「中國六十年來膾炙人口的豐子愷繪畫
藝術」。他又是一個「風格篤定，關懷普遍的小品散文家」，作品「恒久鮮明，
動人最深」。著作有《緣緣堂隨筆》、《護生畫集》等數十種〔註71〕。民國六、
七年間，他隨李叔同去拜訪馬浮。民國十七年，馬浮為他的《護生畫集》作

〔註69〕　熊復光，〈馬浮先生與復性書院〉，《傳記文學》二十四卷三期（民國 63 年 3
　　　　月）。

〔註70〕　參見：周邦道，〈程發軔〉，《民國人物小傳》第五冊，頁 326～327。

〔註71〕　以上參見：楊牧，〈豐子愷禮讚〉，楊牧編《豐文愷文選Ⅰ》卷首。

序。民國二十年，他替弘一法師（即出家後的李叔同）送兩塊印石去給馬浮，談了一個鐘頭，對馬浮「熱烈地感到畏敬的親愛」。民國二十二年一月，他預備作《無常畫集》時再去請教，馬浮給了他許多提示，然後說：「無常就是常。無常容易畫，常不容易畫。」這話把他「從無常的火宅中救出」，使他「感到無限的清涼」〔註72〕。同年春天，馬浮爲他的新屋「緣緣堂」堂額題字，並有偈一首：「能緣所緣本一體……」〔註73〕。民國二十六年十一月，他到桐廬投奔馬浮，共處將近一個月。第二年秋天，又與馬浮在桂林相聚〔註74〕。其間馬浮曾對他說：「畫師之任在以理想之美改正現實之惡」，建議他「畫諸天妙莊嚴相……使大地眾生轉煩惱爲菩提」〔註75〕。民國三十二年春天，他曾專程自重慶到樂山去看望馬浮。抗戰勝利後，他住杭州裏西湖靜江路，正好是葛蔭山莊（復性書院臨時院舍）的斜對面。民國三十九年以後，他遷居上海，但仍與馬浮常相往來〔註76〕。《緣戲齋詩全集》中，寫給豐子愷的詩計有六首。

（七）劉百閔（1899～1968）

劉百閔，原名莊，字百閔，以字行。浙江黃巖縣人。他在黃巖縣立中學畢業後，拜富陽夏震武（靈峰）爲師，研習宋明理學和經世文章。二十一歲那年（民國八年），又「常從富陽過杭，向（馬浮）先生假書，每月一覿對，藉得親其德音，領其緒論」〔註77〕。當時他對馬浮「以師禮事之」，但「馬先生謙沖爲懷，不予接受，故相處在師友之間」〔註78〕。後來留學日本，畢業於東京法政大學。回國後歷任中央政治學校等校教授，並創辦「日本研究會」，以及《日本評論》雜誌、《政問週刊》等。抗戰期間主持中央宣傳部中國文化服務社（在重慶），並出任歷屆參政員。復性書院成立後，擔任書院董事會總幹事，凡董事會一切業務及書院應辦事項，都由中國文化服務社同仁——主要爲明允中（文書組組長）、熊復光（文書組總幹事）、郭孝先、虞念祖等人——義務兼辦〔註79〕。民國三十七年初，當選南京市區第一屆立法委

〔註72〕 以上參見：豐子愷，〈陋巷〉，《豐子愷文選Ⅲ》，頁33～37。
〔註73〕 豐子愷，〈告緣緣堂在天之靈〉，《豐子愷文選Ⅳ》，頁144。
〔註74〕 據豐華瞻，〈豐子愷與馬一浮〉。
〔註75〕 參見《避寇集》，頁9，頁13～14下。
〔註76〕 同註74。
〔註77〕 劉百閔，《易事理學序論》卷首獻詞，此據錢穆〈故友劉百閔兄悼辭〉所引。
〔註78〕 劉百閔自述語，此據熊復光〈馬浮先生與復性書院〉所記。
〔註79〕 據熊復光〈馬浮先生與復性書院〉及明允中先生口述。

員。民國三十九年以後，曾在香港襄助錢穆規劃與維持新亞學院。民國四十一年起任教於香港大學中文系十五年之久。著有《經子肄言》、《易事理學序論》、《周易事理通義》、《孔門五論》、《經學通論》等。他在《易事理學序論》卷首獻詞中說：「本書謹以獻之蠲叟馬先生。猶憶年廿一時，常從富陽過杭……（見前引）四十年來，化育之恩，何可忘也。」〔註80〕他去世後，錢穆在悼辭中追憶道：〔註81〕

> 百閔於學術，不喜爲專家，亦絕無門戶之見……我嘗讀夏氏書，亦曾與馬氏往來，故百閔尤喜爲我追述其幼年問學往事。於夏氏屢屢稱道，於馬氏更樂加回溯。其於夏氏，蓋得其理學嚴謹之傳緒，於馬氏，則深賞其詩文風流之趣。其練達事務通洽人情似馬氏，其立身有主不踰大節似夏氏。其學尤於古經籍及宋明理學家言爲嫻熟……其論學絕不見戈戟，蓋與其爲人相似。

由此可見他受馬浮影響的深遠，以及他的善繼其志了。〔註82〕

（八）羅庸（1900～1950）

羅庸，字膺中。江蘇江都人，生於河北大興。民國九年北大中文系畢業。歷任中山大學、浙江大學（民國二十年起）、北大（民國二十二年起）、西南聯大、昆明師院、勉仁文學院等校教授。他的駢散文詩詞造詣都很高，「而又通達人情世故，爲人謀必忠，因此他不僅做了許多人學問上的益友，並做了處事的顧問」〔註83〕。他的著作，目前可查知的有〈模製考工記車制記〉（《中山大學語史所週刊》）、〈少陵詩論〉（《經世季刊》）、〈論學詩〉、〈答唐鈞熹論詩書〉、〈答盧兆顯論詩詞書〉（以上見《讀書通訊》）、〈陳子昂年譜〉（《國學季刊》）、〈感與思〉、〈思無邪〉、〈讀杜舉隅〉、〈我與論語〉、〈古樂雜記〉、〈論讀專書〉、〈詩人〉、〈詩的境界〉（以上見《國文月刊》）等。依〈我與論語〉一文（他在西南聯大儒學會演講的講詞），他二十一歲起學佛學了九

〔註80〕 劉百閔，《易事理學序論》卷首獻詞，此據錢穆〈故友劉百閔兄悼辭〉所引。

〔註81〕 錢穆，〈故友劉百閔兄悼辭〉（立法院劉百閔先生追悼會，民國57年）。

〔註82〕 本段全文又參見：程滄波〈劉百閔先生傳略〉（民國57年1月17日）；阮毅成〈記劉百閔先生〉，《前輩先生》（傳記文學出版社，民國61年），頁93～99；周鍾嶽〈靈峰夏先生墓表〉，《文瀾學報》第一期（民國24年1月）。

〔註83〕 以上據戴君仁〈記亡友羅膺中先生〉，收入《梅園外編》（戴顧志鵷刊全集本，民國69年），頁104～108。並參見：《國立北京大學二十週年紀念冊》（民國6年）；《專科以上學校教員名冊》第二冊（教育部，民國31～33年編。傳記文學出版社，民國60年影）。

年，曾到南京支那內學院拜謁歐陽漸。之後有三年頗受梁漱溟門下諸生（尤
其王維徹）的影響。民國二十年夏天回杭州住了一年，「暇日常到（馬浮、熊
十力）兩位先生處去請益，這一年受益最大。這一年纔把宋明理學書和清代
大儒的書檢重要的粗粗讀過一遍」。文中他還有一段論述：〔註84〕

> 儒學是求仁得仁之學，要在力行，纔有入處……聖人之言，決無偏
> 小，一言一字，當下皆圓。即如「學而時習之」一句，便是徹上徹
> 下，無欠無缺。了得此句，便是一圓一切圓，更無短少。切不可私
> 心擺佈，談什麼哲學體系，構書搏量，自塞通途。

從措詞、行文、觀點來看，這段話眞是十足「馬浮門人」的本色。只可惜他
在五十一歲就因病去世了。

【2014補記】由羅庸講授、李覲高筆記的《習坎庸言》已由李覲高的兒
子李安國整理出版（台北，1998）。

（九）戴君仁（1901～1978）

戴君仁，字靜山，浙江鄞縣人。民國十二年北大中文系畢業。民國十八
年任浙江高中文科部主任兼浙大講師。民國二十三年起歷任北平、輔仁、西
北大學，以及臺灣師範學院、臺大、東海、東吳大學等校教授。早年研究小
學訓詁，著《中國文字構造論》〔註85〕。民國二十年，浙大同事暨北大學長
羅庸鼓勵他看理學的書，並介紹他認識馬浮和熊十力。之後他就「常向兩位
先生問業」，而「首先看的是《傳習錄》，後來看《二程全書》，嗣後才看朱子
的書」〔註86〕。來臺以後，治學以經學、宋明理學為主，於講學、著述中，對
馬浮多所推崇。曾將馬浮某次論學要旨，追述並敷演為〈涵養與察識〉一文〔註
87〕。他的詩「詩境沖和閒靜，一如其人……粹然儒者之詩也」〔註88〕。徐復
觀甚至說「戴先生最高的成就是他的詩，同時很難有人可與之並駕」〔註89〕。
在他的《梅園詩存·補編》中便有一首「奉題《蠲戲齋詩》（按：這是馬浮的

〔註84〕羅庸，〈我與論語〉，《國文月刊》十四期（民國31年7月）。
〔註85〕以上參見：阮廷瑜，〈戴靜山先生年譜〉，《戴靜山先生全集》（民國69年）附
　　　錄。
〔註86〕戴君仁，《梅園論學集》（全集本，民國69年）自序。參見：戴君仁，〈記亡
　　　友羅膺中先生〉。
〔註87〕戴君仁，《梅園論學集》，自序。
〔註88〕臺靜農，〈梅園詩存序〉，戴君仁《梅園詩存》（全集本，民國69年），卷首。
〔註89〕徐復觀，〈悼念戴君仁教授〉，《徐復觀雜文——憶往事》，頁211。

詩集）」：〔註90〕

　　但契悲心莫問玄，西來密意付誰傳？

　　當前會得無言旨，不待陶琴更上弦。

他的著作除前述外還有《談易》、《春秋釋例》、《梅園論學集》、《閻毛古文尚
書公案》……等。

（十）朱淵明（約 1903 年出生）

　　朱淵明，字號不詳，似為浙江人。抗戰前住杭州。起先，多次隨壽景
偉（見前）拜謁馬浮時，「入坐書室，靜穆古雅，談話不多，而身心蕭泰，塵
俗為淨」。後來「偶遇抑鬱，亦多獨往，請求教益，往往僅三言兩語，有如醍
醐灌頂，豁然而覺。若遇熊十力先生南下杭居，則互相往來之時尤頻」。他
又「夙愛（馬）先生書法，常求墨寶，懸於齋廳，對之如浴春風」，而「友有
所請，即致潤代求，裱後相贈」。抗戰期間，他在重慶，也常代收潤資，替人
向馬浮求字。勝利後，他因公往來京滬間，但仍有數次回杭州拜望馬浮（參
見第一章）；馬浮也曾替他的書齋「蘭清書屋」題四個大字。民國三十九年以
後，他似乎久居香港。民國六十年，發表〈憶馬一浮先生〉一文。〔註91〕

　　【2014 補記】朱淵明本名朱惠清，朱淵明是他的筆名；而他還有另一個
筆名「餘青」。

（十一）明允中（1908 年出生）

　　明允中，號誠齋，湖北蘄春人，湖北省立教育學院畢業。抗戰期間任中
央宣傳部中國文化社文書組組長〔註92〕，頗得社長劉百閔倚重〔註93〕。民國
二十九至三十四年，曾與同事熊復光（文書組總幹事）、郭孝先等，一起兼辦
復性書院董事會業務〔註94〕；而他「精於詞章，馬主講數稱美之」〔註95〕。
其間他並多次向馬浮請益問學。民國三十四年春，馬浮計劃與故宮博物院合
作傳刻古籍，約他到書院任職，負責在故宮書庫（在樂山縣安國鎮）內臨抄
古籍一事。然而尚未到職，日本已經投降，該計劃遂告擱置。十月，他請假

〔註90〕　《戴靜山先生全集》，頁 1787。
〔註91〕　朱淵明：〈憶馬一浮先生〉。
〔註92〕　據明允中先生口述。
〔註93〕　參見熊復光：〈馬浮先生與復性書院〉。
〔註94〕　據明允中先生口述。若據熊復光〈馬浮先生與復性書院〉，則三人係先後兼辦：
　　　　二十九年至三十二年八月為熊復光，之後為郭孝先，再不久為明允中先生。
〔註95〕　熊復光：〈馬浮先生與復性書院〉。

回鄉，書院業務由同事虞念祖接替。民國三十五年春，他到杭州復性書院拜謁馬浮，馬浮「告以年老身疲，書院事務已趕辦結束，來學之士均以婉言謝絕」。民國三十六年，「復往杭州爲先生料理書院部份事務」〔註96〕。民國三十八年來臺後，任教於中興大學、靜宜文理學院，講授「詩選」、「左傳」等課程。所作詩詞「句清新而氣曠逸，時彥雖間有爲者，多未能若也」〔註97〕。著有《誠齋詩草》、《誠齋詞草》及詞學、易學論文多篇。

【2014 補記】明允中極謙遜，曾表示「未敢以（馬一浮先生）門弟子自居」，叮囑我有機會出書時將上面介紹他的這一段文字刪去。如今考慮再三，我仍保留這段文字，但是將他這個意思一併表明出來（參見本書自序）。又，明允中於 1999 年去世。

（十二）復性書院諸生

復性書院學生，人數眾多（參見第一章第四節）。其年籍、學經歷難以一一查考。底下只就資料所及，選擇曾爲馬浮所稱許，以及曾參與編校工作者計十人，集中加以介紹。

吳敬生。在農行服務，喜好書法。馬浮曾稱許他說：「賢氣質甚美，吾所以期之者甚深。勿病晚聞，勿憂尠暇。先立乎其大者，而後私小之害不能入也。」〔註98〕

張伯衡。在《爾雅臺答問》中，馬浮給他的示語最多（共一一二則），其中「批〈論禮樂可該六藝之用〉」一則說：「甚有思理，而其力未充。如許大題目，尚非今日所亟。更須精思力究。養之愈厚，斯發之愈光……然作者自是質美，肯用心，可嘉！勉力深造爲望。」〔註99〕

金曉邨。專治春秋學。所著《春秋釋要》一書有馬浮題詞說：「……其於先儒之說，取捨頗爲不苟。而據史記主魯親周以糾何氏黜周王魯之誤，謂三世內外特以遠近詳略而異，不可并爲一談，皆其所自得，豈所謂箴膏肓、起廢疾者邪……過此以往，引而申之，觸類而長之，將有進於是者在，未可遽謂已盡其能事也。曉邨勉之……」〔註100〕

烏以風，字冠君，山東聊城人，光緒三十一～三十三年間出生。歷任安

〔註96〕 以上據明允中先生寫給筆者的信（民國 73 年 1 月 23 日），見附錄二。
〔註97〕 李炳南，〈誠齋詩集序〉，明允中《誠齋詩草》（民國 71 年），卷首。
〔註98〕 《爾雅臺答問》續編，卷一，頁 2。
〔註99〕 《爾雅臺答問》續編，卷二，頁 27 下。
〔註100〕 《爾雅臺答問》續編，卷三，頁 7 下。

徽省立宣城中學校長、高等考試國文襄試委員、重慶大學文書主任暨哲學系講師等〔註101〕，是馬浮極鍾愛的一位弟子。書法與馬浮神似，離開書院後剃髮出家。〔註102〕

樊鎮，字漱圃，似為浙江人，抗戰前曾「祀其遠祖樊紹述於西湖白公祠」〔註103〕，著有《冰柱雪車詩注》〔註104〕，並曾在《文瀾學報》發表〈山陰李柯溪先生傳〉〔註105〕。他的年紀只略小於馬浮〔註106〕，所以馬浮有詩說：「鎮也白首思冥搜，抱書巖穴從吾遊」〔註107〕，並曾稱許他「對治經義雖費安排，卻見思致。艾歲猶知窮經，故是自待不薄」〔註108〕。民國三十三年，他「新刊唐南陽樊氏遺文成，又發願助書院刻資」，馬浮曾作詩嘉勉他〔註109〕。不久他又表示，要在亂定後為馬浮「營宅故鄉山水勝處」，次年果然先寄了「種竹資」來；馬浮「愧無德以堪之」，但仍很開懷的選定姚氏快閣舊址，作詩答謝他，以為「其意良厚……固有志於行古之道也」。〔註110〕

劉錫嘏，字公純，山西人。參與書院初期校書工作，並合編《爾雅臺答問》正編。另外，他又是熊十力的學生。

張立民，湖北人，也是熊十力的學生，抗戰前曾在杭州私立清波中學教四書〔註111〕，筆跡酷似馬浮〔註112〕，常協助處理院務〔註113〕。他幾乎從頭到尾參與校書，並合編過《爾雅臺答問》續編，合輯過《蠲戲齋詩前集》。

王培德，字星賢，威海人，於抗戰初期便跟隨馬浮〔註114〕。似為西南聯大英文教授，也常協助處理院務〔註115〕。所校的書只略少於張立民，並合編過《爾雅臺答問》正、續編。

〔註101〕據《專科以上學校教員名冊》第二冊。
〔註102〕據明允中先生口述。
〔註103〕《編年集》，辛巳壬午，頁15。
〔註104〕《避寇集》，頁51下。
〔註105〕《文瀾學報》三卷一期（民國26年3月）。
〔註106〕同註102。
〔註107〕《避寇集》，頁37。
〔註108〕《爾雅臺答問》續編，卷四，頁2。
〔註109〕《編年集》，甲申下，頁25下。
〔註110〕《編年集》，甲申下，頁29下；乙酉上，頁14下。
〔註111〕見《十力語要》，頁128。
〔註112〕見豐子愷，〈辭緣緣堂〉，《豐子愷文選III》，頁122。
〔註113〕據明允中先生口述。
〔註114〕據豐華瞻，〈豐子愷與馬一浮〉。
〔註115〕同註113。

王準，參與樂山最後兩年校書。

楊蔭林，參與樂山最後兩年，以及復員後在杭州的校書工作，並合輯《蠲戲齋詩前集》。

第三章　馬浮的著作與刻書

馬浮終身問學治學，於名利無所歆羨。他的著作精醇閎深，刻書也力求美善，都是當代極寶貴的學術遺產。然而他去世至今十七年（按：這兒的「今」是 1984 年），除了現在臺灣仍繼續印行的幾本專著外，其餘都幾近湮沒，不為人知了。本章以目前尋訪收集所得，嘗試對馬浮的著作與刻書做一個全面的整理與考訂；闕漏的地方，則有待日後的補充修正。

【2014 補記】蒐羅詳備、編印多年的《馬一浮全集》全六冊已經出版了（杭州：浙江古籍出版社，2013）。但本章各節所述一仍其舊，可看做 1984 年對馬浮的著作與刻書及其流傳狀況的一份調查報告。

第一節　撰著（上）：專著

馬浮的專著共十一種，現在依四部分類，並依著成先後，分述如下：

一、經　部

（一）《復性書院講錄》，六卷，復性書院刊本。

這是民國二十八年九月十五日至三十年五月二十五日，馬浮在樂山復性書院講學的全部講錄。首先是〈復性書院開講日示諸生〉、〈復性書院學規〉、〈讀書法〉、〈通治群經必讀諸書舉要〉、〈群經大義總說〉等，這可算是全書緒論。接下來，馬浮以為「六藝之旨，散在論語，而總在孝經」﹝註1﹞，所以先講〈論語大義〉和〈孝經大義〉。而「六藝之教莫先於詩，莫急於禮」﹝註2﹞，

﹝註 1﹞　《泰和會語》，頁 16。
﹝註 2﹞　《復性書院講錄》，卷四〈禮教緒論〉，頁 1。

所以接著講〈詩教緒論〉和〈禮教緒論〉。再來，因「尚書道政事皆原本於德
……其義具於洪範」，且「自來說尚書以洪範最為難明」〔註3〕，所以講〈洪
範約義〉。最後，因為「六藝之教終於易而已；學易之要，觀象而已」〔註4〕，
所以又講〈觀象卮言〉。馬浮解經，以義理為主，而融合了佛家釋經的方法。
他在〈孝經大義二〉的附語中曾說明此意：〔註5〕

> 天臺家釋經立五重玄義：一、釋名，二、辨體，三、明宗，四、論
> 用，五、判教相。華嚴家用十門釋經，謂之懸談：一、教起因緣，
> 二、藏教所攝，三、義理分齊……其方法又較天臺為密。儒者說經
> 尚未及此意。當來或可略師其意，不必盡用其法。如此說經，條理
> 易得，豈時人所言科學整理所能夢見？

而全書中他尤其看重〈洪範約義〉末篇的結尾一段，他曾對弟子說：〔註6〕

> 〈洪範約義〉末篇結尾會通六藝一段文字，多先儒未發之旨，一一
> 具四悉檀。此為運用義學之要，卻可作後來說經軌範，惜今時學子
> 尚未能湊泊耳。往者常慮此篇不能終講，今幸得從容畢事，便從此
> 報講亦不空過。雖未能有所饒益，當以俟之將來。但望賢輩於此能
> 有悟入也。

在民國經學史上，本書應該是清代經學之後，重新回到宋學立場、以宋明理
學融攝清代經學、援用佛教釋經方法、具有開創性的重要著作。目前有廣文
書局、夏學社兩種影印本。

二、子　部

（一）《泰和會語》，一卷。王子餘紹興活字本；吳敬生等桂林本；沈敬
仲（無倦）等樂山刊本（與《宜山會語》合刻）。〔註7〕

（二）《宜山會語》，一卷。沈敬仲等樂山刊本（與《泰和會語》合刻）。

以上兩種，是民國二十七年馬浮在江西泰和與廣西宜山任浙江大學特約
講座時所講的。兩書有連續性，可視為一體。合起來看，其內容以「六藝大
旨」（共五講）和「義理名相」（共八講）兩部份為主：前者是馬浮《六藝論》

〔註3〕　《復性書院講錄》，卷五，頁1。
〔註4〕　《復性書院講錄》，卷六，頁1。
〔註5〕　《復性書院講錄》，卷三，頁16。
〔註6〕　《爾雅臺答問》，續編，卷一，頁7下～8。
〔註7〕　以上據馬浮〈泰和宜山會語卷端題識〉。

一書（未完成，見後）的要叅；後者在儒門著述傳統中雖非空前〔註8〕，卻是融合了佛教思想來詮釋儒家重要概念的突破之作〔註9〕。兩書有廣文書局影印本（據合刻本）。

　　（三）《爾雅臺答問》，一卷；續編六卷。復性書院刊本。

　　正編為馬浮的弟子王培德、劉錫嘏所編（民國三十年六月），收錄馬浮答覆院內院外學人的書信計五十三篇。續編為王培德、張立民所編（民國三十二年一月），除答書外，又收入平時的示語和批語。徐復觀認為此書可與熊十力的《十力語要》相比美，他說：〔註10〕

　　　　以書札論文論學，是中國學人的傳統……以書札論學者殆無過於朱元晦、陸象山。今日尚保持此傳統，而文字之美，內容之純，可上比朱元晦、陸象山諸大儒而毫無愧色者，僅有熊先生的《十力語要》，及馬先生的《爾雅臺答問》。蓋《語要》、《答問》，雖非系統的著作；但熊、馬兩先生皆本其圓融地思想系統，針對問者作具體而深切地指點提撕；其中無一句門面話、夾雜話、及敷衍應酬話；可以說真是「月印萬川」的人格與思想的表現，對讀者最為親切而富有啟發的意味。

本書現有廣文書局影印本。

　　（四）《馬一浮手書彌陀經》，新加坡彌陀學校印行。〔註11〕

　　（五）《馬一浮手書禪宗語錄》，同上。

　　以上二書是民國三十九年以後，馬浮交付海外印行的，未見。其中《禪宗語錄》或許有「選錄」性質。當然，兩書也可視為書法作品。

　　（六）《老子注》，未刊。

　　馬浮在《宜山會語‧去矜下》中說：

　　　　老子曰：「三十輻共一轂，當其無，有車之用……故有之以為利，無之以為用。」此章舊師所釋皆不得其旨，若以緣起性空之義釋之，則迎刃而解矣。蓋老子所謂「有」者即指緣生，所謂「無」者即謂

〔註8〕　如宋儒陳淳（號北溪，朱子門人）有《北溪字義》，清儒戴震有《孟子字義疏證》。
〔註9〕　尚可一提的是，熊十力恰於前此一年多寫成《佛家名相通釋》。
〔註10〕　徐復觀，〈如何讀馬浮先生的書——代序〉，廣文書局影印本《爾雅臺答問》卷首。
〔註11〕　據關國煊〈馬浮〉，《民國人物小傳》第五冊（傳記文學出版社，民國71年）。

性空也。某舊曾注《老子》，今附錄此章義如下……

可見此書援引佛教思想註釋《老子》，並且在抗戰前已經完成了，可惜未曾刊行。馬浮對老子思想的看法，目前主要見於《泰和會語》附錄〈論老子流失〉一文。該文開頭便說：「周秦諸子以道家爲最高，道家之中又以老子爲最高，而其流失亦以老子爲最大。」這可部份地解釋馬浮注《老子》的動機。

三、集　部

（一）《蠲戲齋詩前集》，二卷，似爲自刊本。

收錄馬浮抗戰以前（即五十五歲以前）的詩作，於民國三十六年由馬浮的弟子張立民、楊蔭林「就同門所錄存者綴輯爲一卷（又分上下，可視爲二卷）而成」。其中作品一部份可以考知年代（最早爲民國二年），但大部份已無法次第，因此只「略以古、近體爲次」。馬浮說他「嘗欲自刪其詩，謂四十以前十不存一，四十以後十存二三，五十以後十存五六，六十以後可十存八九。然亦竟未暇刪定」〔註12〕，因此此集所收，多爲馬浮自認尙未成熟的詩作。然而馬浮四十歲（民國十一年）以前的詩已經得到未曾謀面的前輩詩人沈曾植（號寐叟，1850～1922）的賞識〔註13〕，而此集又是馬浮中年時期作品的大宗，我們倒該慶幸他的「未暇刪定」了。

（二）《避寇集》，一卷，似爲自刊本。

抗戰期間，馬浮「親見亂離」而「觸緣遇境」，詩作大增。至遲於民國二十九年春天，他把逃難以來的詩作輯爲《避寇集》。同年四月，謝无量爲此集作序，序中推崇他說：

> 嗚呼！繇詩亡以來，寥寥千載，其間篇章未嘗無偶合者，然或文勝其質，或理過其味。至於鄙倍卑狹，細點淫靡之流，得其正者益寡。雖李杜猶不免俗情，況下焉者乎！吾友馬湛翁崛起橫流之中，治六藝之道於百世之下，求志巖藪，玉振南服。以其仁義熟而蓄積厚，故每敷揚芳潤，含吐宮商，情寄有孚，辭誠相貫，庶幾得詩人之正者歟……若夫〈革言〉諸篇、〈草堂〉諸什，其義所被，直當及於齊州殊俗，非僅中土而已。斯世如有季札聽音，子野評藝，知必取風

〔註12〕以上見：《蠲戲齋詩編年集》，卷首張立民識語。

〔註13〕《編年集》，癸未上，頁25下～26。

於大國，無憾於雕蟲……

此後馬浮的詩作，仍繼續收入《避寇集》，直到民國三十年為止。

　　（三）《蠲戲齋詩編年集》，八卷，似為自刊本。

　　收民國三十到三十五年間詩作。其中三十、三十一兩年作品來自弟子們平時抄錄，無法次第，因此別為一卷，置於最後，而以三十二年（依夏曆）為正式編年的開始。本集所收差不多都是馬浮所謂「六十（歲）以後可十存八九」的成熟之作，他在自序（寫於三十三年元月左右）中便說：

> 如使文字猶存，不隨劫火俱盡，六合之內，千載之下，容有氣類相感，遙契吾言，而能通其志者，求之斯編而已足。庶無間於遐邇，可接於神明。雖復毀棄堙滅，靡有孑遺，夫何憾焉。

由此可見他的自信之深了。序中並有一段話自述其詩觀道：

> 詩以道志。志之所至者感也。自感為體，感人為用……言乎其感，有史有玄：得失之跡為史，感之所由興也；情性之本為玄，感之所由正也。史者事之著，玄者理之微……兼之者其聖乎？……凡涉乎境者皆謂之史……造乎智者皆謂之玄……心與理一而後大，境與智冥而後妙……

這是體系完整的儒門詩論，值得學者們的注意和研究。

　　（四）《芳杜詞賸》，一卷，似為自刊本（附於《避寇集》後）

　　這是馬浮唯一的詞集，作品均附年代，最早的是民國六年，最晚的民國三十六年，合計共三十一闋。

　　以上詩詞集四種，臺北自由出版社有影印本（合為《蠲戲齋詩全集》）。

＊

　　以上是目前所知，馬浮已刊未刊的專著十一種。除外他還曾計劃寫一部《六藝論》，可惜遭到戰亂，沒有完成。他說：〔註14〕

> 某向來欲撰《六藝論》（原註：鄭康成亦有《六藝論》，今已不傳，佚文散見群經注疏中，但為斷片文字，不能推見其全體，殊為可惜；某今日所欲撰之書，名同實別，不妨各自為例。），未成而遭亂，所緝輯先儒舊說、群經大義，俱已散失無存。

不過馬浮在《泰和會語》的〈六藝大旨〉五講中，已將《六藝論》的要旨略

〔註14〕《泰和會語》，頁10。

加闡明；在後來的《復性書院講錄》和《爾雅臺答問》中，也可能已隨時地多所補述。或許因為這樣，他就不再把這部書寫出來了。

第二節　撰著（下）：單篇詩文

馬浮的詩文、論著，保存或散置在他專著、編著以外的應該還很多，而一直未見結集。目前只能從某些索引、目錄書籍中尋得若干線索，或在某些學報、期刊、他人論著中找到零星篇章；只是這樣的查尋工作頗為費力，也很難告一段落。底下將我所尋得的三十幾篇詩文（其中小部分已見於專著、編著中），略加分類，做個介紹（部分作品列出原文，其餘從略）。除了供未來編修馬浮文集的參考外，也藉以呈現馬浮當年詩文酬答、發表的若干動態（部份資料已經寫進第一、二章內）。

一、詩

（一）〈多士〉。

蒲車束帛數經過，滄海明珠費網羅。

陶市金夫追范蠡，漢廷法吏擅蕭何。

鷓鷹夜掠青燐道，駿馬春嘶白玉珂。

見說蛾眉工自媚，承恩近御六宮多。

選入陳衍編《近代詩鈔》（商務印書館，民國 12 年初版，民國 50 年台一版）頁 1623。作者題名為「馬浮（原註：浮字一浮浙江會稽人）」。從內容、風格看來，這是馬浮較早時期（或許比民國 12 年早許多）的詩作。

又，林熙〈馬君武‧謝无量‧馬一浮〉（香港，《大人》第三十七期，頁31～39）一文也引了這首詩。

（二）〈（題弘一法師手書梵網經）〉。〔註15〕

要識如來種，應觀孝順心。撥鑪知有火，廢井乃無禽。

教陵惟扶律，情亡在飲鍼。豪端留舍利，萬本示叢林。

弘傘大士出音上人寫梵網經屬題　率綴短句　甲子仲冬　湛翁

見廣文書局影印本《復性書院講錄》（民國 68 年）卷首；標題是「馬先生墨寶」。此外又見於《弘一大師文鈔》（臺北：陳慧劍居士，民國 65 年），頁 61～62；而第二句作「撥鑪惟見火」，第三句「情亡」作「情忘」。

〔註15〕括號表示篇名為筆者代擬，以下同。

此詩作於民國十三年仲冬。詩中「教陵惟扶律」句，李芳遠（釋弘一弟子）以爲是對釋弘一「爲什麼走進律的一條門徑」的最佳詮釋。〔註16〕

（三）〈泛舟西溪蘆中望法華山〉，《學衡》第五十八期（民國 15 年 10 月），作者題名爲「馬浮」。

此詩（共 18 句）即《蠲戲齋詩前集》卷上的〈汎舟西溪蘆中望法華山賦示同游諸君〉。跟該處比較，此處似乎有些誤字，不過此處的發表日期提供了創作時間的線索。

（四）〈〈贈朱淵明〉〉。

至靜在平氣，至神唯順心。

道非貴與賤，達者古猶今。

功名在廊廟，閒暇歸山林。

見朱淵明〈憶馬一浮先生〉，《中國學人》第三期（香港：新亞研究所，民國 60 年 6 月）。此詩（或者不是詩？）似乎作於抗戰前在杭州的時期。朱文說：「某次，因事煩悶，請先生指迷。先生立爲製句，書一屏條相賜……余每遇拂逆，輒加默誦，頓即平復。」

（五）〈〈輓弘一法師〉〉。

高行頭陀重，遺風藝苑思。自知心是佛，常以戒爲師。

三界猶星翳，全身總律儀。祇今無縫塔，可有不萌枝。

春到花枝滿，天中月相圓。一靈元不異，千聖更何傳。

交淡心如水，身空火是蓮。要知末後句，應悟未生前。

見《弘一大師永懷錄》（臺北：新文豐出版公司，民國 64 年），頁 328，「輓詩」第一首。《弘一大師永懷錄》收錄馬浮所作輓詩共兩首（爲全部輓詩的第一、二首），署名「馬湛翁」。第一首的前半段，以及第二首的全部（「僧寶空留……」），分別就是《蠲戲齋詩編年集》辛巳壬午卷中的〈哀弘一法師〉與〈題弘一法師本行記〉。此處所錄爲第一首的全文。

此詩應作於民國三十一年九月四日（弘一法師圓寂日）以後不久。詩中後半段文句跟弘一法師的遺偈（「君子之交，其淡如水。執象而求，咫尺千里。問余何適，廓爾忘言。華枝春滿，天心月圓。」）正相呼應。

（六）〈〈贈豐子愷白描詩之一〉〉。

身在他鄉夢故鄉，故鄉今已是他鄉。

畫師酒後應回首，世相無常畫有常。

見豐華瞻〈豐子愷與馬一浮〉一文。此詩作於民國三十二年。據豐華瞻文，由於豐子愷表示馬浮的詩常用典不太好懂；於是馬浮便寫了兩首白描的詩給他。其中一首已收入《編年集・癸未上》（即〈立夏日寄子愷〉：「紅是櫻桃綠是蕉，畫中景物未全凋。清和四月巴山路，定有行人憶六橋。」），上面這是另外一首。

又，阮毅成〈靜遠書屋雜記：馬一浮主復性書院〉一文也引及此詩，但第二句的文字是「畫師酒後宜回首」。

（七）〈（贈豐子愷）〉，一首。

三月心齋學坐忘，不知行路長春芳。

綠陰幾日深如許，尚有幽花冉冉香。

見豐華瞻〈豐子愷與馬一浮〉。豐文說這是五十年代掛在他家客堂裡，馬先生所作並書寫的一首七絕。

（八）〈（和邵潭秋超山觀梅）〉。

泮奐真游入詠新，眾香國土接嶙峋。

欲迴縞夜千巖雪，并作煊天滿眼春。

畏壘窮居能致穰，藐姑獨處自凝神。

故知當境拈提好，玄要如何舉似人。

見林熙〈馬君武・謝无量・馬一浮〉（香港，《大人》第三十七期，頁 31～39）。此詩作於民國五十五年，題款作「蠲戲老人瞑書年八十四」。

（九）〈（禊日）〉。

乘化吾安適？虛空任所之。

形神隨聚散，視聽忘希夷。

漚滅全歸海，花開正滿枝。

臨崖揮手罷，日落下崦嵫。

見餘青〈近代中國的讀書種子：略述馬一浮先生的生平〉，《春秋雜誌》第 600、601 期（1982 年 7 月 1 日、16 日）。

據餘青文，馬浮認為自己孤獨一生，是不祥之人，所以將自己的生日（夏曆二月十五日）稱為「禊日」，含有被出不祥之意。此詩作於民國五十六年（1967）三月二十五日（夏曆二月十五日），是一首訣別世人的詩（他於同年六月去世）。

二、偈

（一）〈題緣緣堂〉。

> 能緣所緣本一體，收入鴻蒙入雙眥。
>
> 畫師觀此悟無生，架屋安名聊寄耳。
>
> 一色一香盡中道，即此○○非動止。
>
> 不妨彩筆繪虛空，妙用皆從如幻起。

見豐子愷〈告緣緣堂在天之靈〉，《豐子愷文選IV》（臺北：洪範書店，民國 72 年第二版），頁 144（原文第三句已缺二字）。這是民國二十二年春天馬浮爲豐子愷的樓房「緣緣堂」所寫的一首偈。豐文談到這首偈時還說：「第一句把我給你（按：即緣緣堂）的無意的命名加了很有意義的解釋，我很歡喜，就給你裝飾：我辦一塊數十年陳舊的銀杏板，請雕工把字鐫上，製成一匾……」。

三、歌

（一）〈國立浙江大學校歌〉，見《國立浙江大學校刊》復刊五十三期（民國 29 年 8 月 3 日，貴州遵義）。

此歌詞作於民國二十七年在泰和任浙大「特約講座」時，原歌詞附有一段說明，但此處刊出時予以省略〔註17〕。

又，此歌詞暨說明已收在《宜山會語》附錄中。跟該處比較，此處歌詞有若干誤字。此外，該處第二句爲「惟學無際，際於天地」，此處則是「惟學無際，際乎天地」。

四、書

（一）〈〈致李叔同書一〉〉，林子青《弘一大師年譜》（香港陳廷驊重校排印本，1978 年），頁 81～82。

寫於民國六年一月二十一日。

（二）〈〈致李叔同書二〉〉，同上，頁 80～81。

此信結尾題「閏月十七日」，林子青以爲「似作於民國五年」。但該年夏曆無閏月，因此此信較可能作於民國六年四月八日（夏曆閏二月十七日）。

〔註17〕 該刊編者附加誌語說：「按：此歌係民國廿七年，本校在泰和時特約講座馬一浮先生所作。原文之後附有說明，因限於篇幅，故從略。馬先生現主講性書院（按：應是復性書院）。值茲校慶，特錄載于右。」

（三）〈（致李叔同書三）〉，同上，頁 83～84。

作於民國七年一月十八日。

（四）〈（致弘一法師書）〉，同上，頁 160～161。

作於民國十七年六月二十七日。

（五）〈（致越風雜誌社書）〉（據手蹟影印）。

> 頃發篋，於故紙堆中得弘一法師手蹟三種，并以奉贈，不負宿諾。法
> 師文字甚美，不獨書法之精而已。原稿希善護之。不具。　　蠲叟白
>
> 　　　　　　　　　　　　　　　　　　　　　　　　　　四月十四日

見《越風》十三期（民國 25 年 5 月）。所以這是民國二十五年四月十四
日，馬浮以弘一法師手蹟三種寄贈越風雜誌社時所寫的一封信。又，《越風》
雜誌刊出此信時標題是「馬一浮先生手札」。

（六）〈與李芳遠書〉。

> 世壽迅如朝露，臘高不涉春秋。寶掌千年猶駐，趙州百歲能留。
>
> 遍界何曾相隔，時寒珍重調柔。深入慈心三昧，紅蓮化盡戈矛。
>
> 　童子李芳遠，乞書爲弘一法師壽，即以代簡，敬問法師安穩。
>
> 　　　　　　　　　　　　　　　　　　　　　　　辛巳上九湛翁和南
>
> 佛日行茶得悟緣，沙彌有主定才賢。
>
> 請看大士舒千臂，何似俱眠一指禪？
>
> 　童子李芳遠承事音公，宿根不淺。以師命來乞書，寄此奉勗。
>
> 　　　　　　　　　　　　　　　　　　　　　　　辛巳上九蠲戲老人
>
> 書院講錄非初學所急，且宜親叩音公，不必瀏覽世典，故不以寄。
>
> 孤桐亦不在此。附答不宣。　　　　　　　　　　　　　蠲叟再白

見李芳遠輯〈弘一大師書牘（二）〉，《學術界》一卷二期（民國 32 年 9
月 15 日）頁 79-86，標題爲「附馬一浮與李芳遠書」。此信作於民國三十年；
信中前後二首詩，即是《避寇集》中的〈壽弘一法師〉與〈贈童子李芳遠〉
詩。

（七）〈（致復性書院董事會書一）〉，見熊復光〈馬浮先生與復性書院〉，
《傳記文學》二十四卷三期（民國 63 年 3 月）。

作於民國三十年十二月二十六日，信中說明此後書院將「寓講習之意於
刻書之中」。

（八）〈（致復性書院董事會書二）〉，出處同上。

作於三十一年七月二十六日，信中促請董事會注意刻書經費短絀和院舍租期等事。

（九）〈（致復性書院董事會書三）〉，出處同上。

作於三十二年十一月五日。由於同年七月間，董事會向教育部申請，請將原發米貼代金改為實米，董事會秘書郭孝先誤將馬浮名字列入名冊；馬浮見到名冊後，以為這是「同師道於吏屬」，寫這封信鄭重地表明態度。

五、章則、啓

（一）〈復性書院簡章〉，未見。

熊十力〈復性書院開講示諸生〉一文中說：「主講草定書院簡章，以六藝為宗主」〔註18〕，又說：「查本院簡章，分通治、別治二門……」〔註19〕，又說：「簡章尚未立教授……至簡章有講友……」〔註20〕，由這幾處可知本文大概內容。

（二）〈復性書院徵選肄業生細則〉，未見。

熊十力同文中又說：「本院徵選肄業生細則，不限定大學卒業一途者，原欲廣造就耳。但其人若非具有天才，而缺乏科學訓練，恐為進學之礙。今次徵選生徒辦法，只可作一種試驗耳。」〔註21〕由語意來看，此細則應是馬浮所作。《教育通訊》二卷二十六期（民國 28 年 7 月 1 日）有一則〈復性書院徵選肄業生〉的消息，應是根據本文而作的。

（三）〈蠲戲齋鬻字後啓〉，見朱淵明〈憶馬一浮先生〉。

此文是民國三十六年九月一日馬浮重訂賣字潤例時所作。文末有附文三條、潤例、說明等三項。此文曾登於上海申報和新聞報，日期不詳。〔註22〕

六、序跋、題詞

（一）〈印光法師文鈔題詞〉，《增廣印光法師文鈔》（臺北：大乘精舍印經會，民國 70 年），卷首。

本文署名「湛翁」，作於民國九年三、四月間。

〔註18〕 熊十力，《十力語要》，頁 273。
〔註19〕 同上，頁 287。
〔註20〕 同上，頁 290。
〔註21〕 同上，頁 292。
〔註22〕 據周念行老先生口述，見其子周企偉先生來信（民國 72 年 12 月 29 日）。

（二）〈護生畫集序〉，見豐子愷《護生畫集》第一冊卷首。

作於民國十七年八、九月間。文中「知護心則知護生矣，吾願讀是畫者善護其心」一句，對該書書名作了深一層解釋。此文又收入《弘一大師文鈔》，頁 78。

（三）〈姜西溟先生手寫選詩類鈔跋〉

> 西京無復盛文儒，續古猶傳選句圖。
>
> 八代聲詩亡雅頌，五時教相出醍醐。
>
> 淹中蠹簡薪同爨，海上鮫人泣是珠。
>
> 賴有滄浪題品在，先唐風格未全蕪。（湛園論詩頗宗漁洋故云）

見〈姜西溟先生手寫選詩類鈔跋〉，浙江省立圖書館《文瀾學報》第一期（民國 24 年 1 月）頁 2。該文係民國十八年左右，鄞縣童第德（字藻孫）購得《姜西溟先生手寫選詩類鈔》，「遍徵當世賢達為之題識」所輯錄而成的。文中所列各家題識，前三位依次是章炳麟、馬浮、蔡元培。而馬浮的跋文署名「會稽馬浮一浮」。

（四）〈周易易解跋〉，《制言》四十二期（民國 26 年 6 月，蘇州）。作者題名為「馬一浮」，文末自署「中華民國二十年八月馬浮識」。

《周易易解》係清錢塘沈竹礽著。馬浮此文是民國二十年八月，應沈竹礽之子沈瓞民之請而作的。文中稱許沈竹礽易學諸作「盡廓漢宋門戶之見，獨明先天後天同位之義，推京氏世位，以說卦序，皆能發前人所未發」。

（五）〈新唯識論（文言本）序〉，見熊十力《新唯識論（文言本）》（臺灣學生書局，民國 72 年影）卷首，文末署名「馬浮」。又見《國風半月刊》七期（民國 21 年 11 月），文末署名也是「馬浮」，但標題下作者題名為「馬一浮」。

此序作於民國二十一年或稍早。熊十力說：「新論得浙江馬浮先生一序，推許備至，遂引起學術界的注意。」〔註23〕此文在馬浮諸序跋中最為著名。

（六）〈書西溟藏稿後〉，《浙江省立圖書館館刊》四卷六期（民國 24 年 12 月），頁 4～5。

民國二十四年應童第德之請而作。文中推崇姜西溟道：「予惟清初為古文者稱侯魏，皆喜馳騁，多蕪累，獨汪堯峰稍平而質。其能菁華內斂，淡而不

〔註23〕據徐復觀〈有關熊十力先生生平的隻鱗片爪〉，《中華雜誌》八卷一期（民國 59 年 1 月）。

厭，曲而能暢，辭誼雅飭，無矜忿之氣者，當推西溟。」

又，此文作者題名「馬浮」，文後有編者附記說：「前承童藻孫先生袖示新得西溟藏稿，頗衿眼福，既已略誌于本刊上期矣。惜童君離杭以後，允撰長跋，迄未見寄；僅當時錄得紹興馬先生此文。以其鍼砭流俗，語多警惕，特載于斯，既以自誡，且願時賢共資韋佩也。（編者謹記）」

（七）〈劉質平藏華嚴集聯三百手稿跋〉。

……大師（按：指弘一法師）書法，得力於張猛龍碑。晚歲離塵，刊落鋒穎，乃一味恬靜，在書家當爲逸品。嘗謂華亭（原註：即董其昌）於書頗得禪悅，如讀王右丞詩。今觀大師書，精嚴淨妙，乃似宣律師文字。蓋（原註：弘一）大師深究律學，於南山（原註：唐道宣）、靈芝（原註：宋元照）撰述，皆有闡明。內熏之力，自然流露，非具眼者未足以知之也……

原載於《覺有情》二十八期（上海，民國 29 年）。此文未見，上面這段來自林元白〈漫談弘一法師的書法〉一文〔註24〕的摘錄。

《華嚴集聯三百》係釋弘一所輯，劉質平則是釋弘一出家前的學生。

（八）〈慈湖家記序〉，《志學》十四期（民國 33 年 11 月，四川溫江。美國國會圖書館收藏），作者題名爲「馬湛翁」。

此爲馬浮擬刻《慈湖家記》一書時所作。

（九）〈重刊周易繫辭精義序〉，《志學》十六期（民國 34 年 1 月。美國國會圖書館收藏），作者題名爲「馬湛翁」。

此爲馬浮擬刻《周易繫辭精義》一書時所作。文末題「中華民國三十三年四月馬浮」，其後又附「再識」一段。

（十）〈高子遺書節鈔跋〉，見許玨《高子菁華錄》（臺北：無錫許氏自強不息齋，民國 56 年影），卷首。

本文文末自署「馬浮謹跋」，係民國三十六年夏曆十二月應弟子許同萊（許玨之子）之請而作。但許同萊於刊印其父所選編的《高子遺書節鈔》時，將馬浮此跋文放在書前當作序文，並加上識語說：「此文　一浮師於民國三十六年主講杭州復性書院時作。余初列門牆，年長於　師二歲，　師呼余爲老友而答拜。此文不曰序而曰跋，蓋以示謙也。《易經》：『謙，尊而光』，吾　師

〔註24〕原載《現代佛學》1962 年 6 月號，收入《佛教人物古今談》（臺北：大乘文化出版社，民國 69 年）。

有焉。敬述所由，列諸弁首。　丁未四月男同萊謹識」

七、記

（一）〈紹興縣重修文廟記〉，《學衡》二十五期（民國 13 年 1 月）。又：《華國》第四期（民國 13 年 1 月）。兩處皆署名「馬浮」，而若干處遣詞用字稍有不同。

民國十一年應紹興縣地方人士之請而作。

八、論

（一）〈論校長教員之名不可用〉，《志學》十三期（民國 33 年 10 月。美國國會圖書館藏）。

此文作於民國三年前後。發表時署名「馬湛翁」，文前有編者識語：「此文為馬先生三十年前舊作。建國之道，正名為亟。世方倡尊師，其必有所觀省矣。——編者敬識」。

九、墓誌、家傳

（一）〈紹興湯先生墓誌銘〉。未見。

此文著錄於《國史館館刊》一卷二號（民國 37 年 3 月）的〈民國碑傳集篇目表〉中，湯先生即馬浮的岳丈湯壽潛（1857～1917）。

（二）〈邵君家傳〉，《華國月刊》十一期（民國 13 年 7 月），署名「馬浮」。又收入《紹興縣志資料》第一輯〈人物列傳〉第二編（民國 28 年 10 月）。

邵君即邵伯棠，紹興人，生卒年不詳。

（三）〈湯蟄先生家傳〉，《紹興縣志資料》第一輯〈人物列傳〉第二編。

據國史館〈民國碑傳集篇目表〉，此文是馬浮代張謇（湯壽潛的多年老友）所作。又據文中所述，此文作於湯壽潛（字蟄先）去世近十年時（民國十六年前後）。此文開頭，對家傳與國史列傳的性質，有扼要的分辨。

（四）〈（姚太夫人墓誌銘）〉。

見《瑞安姚氏家乘》頁 20～24 影印拓本。姚太夫人即瑞安姚琮（字味辛）的母親。根據申丙〈味箏齋詩文鈔跋〉〔註 25〕，此文作於民國三十四年左右。

〔註 25〕姚琮，《味箏齋詩文鈔》（臺北：藝文印書館，民國 59 年），「朝」冊，頁 61。

第三節　編　著

馬浮的編著有別集一種、叢書兩種，現在依年代先後介紹如下：

（一）《舜水遺書》，民國二年湯壽潛刊本。

明末大儒朱之瑜（號舜水）是浙江餘姚人。民國二年，馬浮應岳丈湯壽潛之囑，就日本所刊《朱舜水先生文集》等共三種，重編爲此書。馬浮在書前識語中說：

> ……尋水戶、加賀二本，類次陵躐，頗乏體要。新本晚出，裒錄較完，而因仍舊貫。三本錯列，而讀者憾焉。今頗有所刪定，釐爲文集二十五卷，正其譌舛，使就紀理。其〈釋奠儀注〉一卷、〈陽九述略〉一卷、〈安南供役紀事〉一卷，名在乙部，舊入文集不當，今悉別出，總爲《舜水遺書》……

此書現有古亭書屋影印本（民國五十八年）與世界書局排印本（民國五十一年。改名爲《朱舜水全集》）。

（二）《儒林典要》復性書院刊本。

收錄宋周敦頤以來「諸儒發明性道之書」，可說是一部理學叢書。馬浮以爲「六藝皆所以明性道」，而「宋初諸儒皆出入二氏，歸而求之六經。固知二氏之說，其精者皆六藝之所攝也；其有失之者，由其倍乎六藝也。然後爲六藝之道者定。其言性道至易簡而易知易從，極其廣大則無乎不備。名之以儒，仍其舊而不改斯可矣」，因此命名爲「儒林典要」。

由於戰時經費困難，本叢書不預定目次，而只是隨時依經費多寡選擇篇幅適當的書刻入。民國二十九至三十年，先刻成第一輯共十種：

> 《太極圖說述解》一卷，明曹端撰。
>
> 《通書述解》二卷，同上。
>
> 《西銘述解》一卷，同上。
>
> 《正蒙注》二卷，清李光地撰。
>
> 《上蔡語錄》三卷，宋朱子編。
>
> 《延平答問》一卷，同上。
>
> 《知言》六卷，宋胡宏撰；〈疑義〉一卷；〈附錄〉一卷。
>
> 《公是弟子記》二卷，宋劉敞撰。
>
> 《明本釋》三卷，宋劉荀撰。
>
> 《聖傳論》一卷，附錄一卷，宋劉子翬撰。

由於「舊序已明者，亦不更出敘錄」〔註26〕，所以十種中，馬浮只為《聖傳論》作序，序中說：〔註27〕

> 是知屏山之作《聖傳論》，正是轉頭時節，不復更以清靜寂滅為道。若謂得之於大慧則不可，然大慧自為屏山諍友，則亦何須諱卻邪？此向來儒者不肯道，因刻此書，特為拈出，圓此一段公案……曩欲輯《儒林典要》，其書無慮百家，因就其卷帙少者先出之。或疑其雜，謂如劉原甫《公是弟子記》之類，皆不當見收。不知但據原流則門庭過隘；諸方倡導，苟其言有饒益，不論聞道淺深，何為不可入錄？後此方欲刻《橫浦心傳》、《慈湖家記》，皆舊所詆為禪學者。不識古人用處，而輒以禪學外之，不唯不知何謂禪，直不知何謂學耳……三十年後此學若存，有人舉著，或不疑其所行矣……

由此可見馬浮計劃中的《儒林典要》規模極大，氣象開闊，很可破除宋明以來因闢佛而導致的不必要的成見和禁忌。

第一輯以後所刻，最早的是《盱壇直詮（羅近溪語錄）》，刻於民國三十一年三月至十一月（現有廣文書局影印本）。其後，三十三年十一月，馬浮在《志學》月刊發表〈慈湖家記序〉，似乎《慈湖家記》已經刻出；至少，該序再度透露了馬浮編《儒林典要》的用意和態度：

> 《家記》中遍論群經，蓋多晚年之說，故學者欲知慈湖所以自得之深者，必求之此書明矣……又或疑此為禪學，試觀慈湖之說經，於一名一物，何嘗不致其謹。其當官蒞事，告君治民，行己接物，有一事之可議乎？謂禪學而如是，禪學亦何惡於人邪？……余恒病今之學者，不能自振拔，故欲盡刻慈湖書，先出此編，而學者已致疑，因為釋之如此……知我罪我，聽之後人，如有善學，必不以斯言為逕庭也。

可惜的是，復性書院後來在動亂的時局下關閉，所收「不慮百家」的《儒林典要》只刻了一小部份。其餘的，竟連目錄也不可一見了。

（三）《群經統類》，復性書院刊本。

目前只見「甲編」中的《四書纂疏》一種，刻於三十三年四月至三十六

〔註26〕以上見馬浮〈儒林典要序〉、〈儒林典要第一輯目錄〉。
〔註27〕此序是三十一年一月補作，另用鉛字排印後補入的。

年年七月。該書據民國十四年上海聖風書苑景印通志堂初印本重刊，馬浮原
先爲聖風本所作的〈四書纂疏札記〉和跋語也依舊刻入，跋語中說：

> 爲學必先治經，治經必先《四書》，讀《四書》必以朱子《章句》、
> 《集注》爲主，而用《論孟精義》、《中庸輯略》、《或問》、《語類》
> 參互尋繹，然後知朱子下語精切，眞字字稱量而出，碻乎其不可易
> 也……其或於《精義》、《輯略》、《或問》、《語類》不能備覽，苟得
> 趙氏《纂疏》而詳究之，則於朱子之說亦思過半矣……趙氏之書，
> 　其有功於朱子，譬猶行遠之賴車航，入室之由門户……

這應該也是馬浮在復性書院選刻該書的用意所在了。而復性書院這個刻本，
目前已有新興書局影印本。

　　由於所刻《四書纂疏》中未見叢書總序，本叢書的起始可能還在這之前。
事實上，本叢書的名稱在《爾雅臺答問》續編（三十二年一月編成）中已曾
出現〔註28〕；因此，書院於三十一年四月起交付院外印刷廠排印的《春秋胡
傳》〔註29〕，以及可能已在三十三年左右刻出的《周易繫辭精義》〔註30〕，
都有可能屬於本叢書。因爲至少二書與《四書纂疏》同屬宋儒經學著作，而
且馬浮在〈重刊周易繫辭精義序〉中的態度和觀點，與他的〈四書纂疏跋〉
一文正相呼應：

> 是書所引程氏遺書，及濂溪、橫渠書外，程門諸子有楊氏、謝氏、
> 游氏、呂氏、尹氏、侯氏，并及五峰胡氏諸說。雖有刪節，其書半
> 已亡佚，藉此以存，而尤以龜山之說爲多，何遽不可比於《論孟精
> 義》？……（朱子）於前人之說，義苟有當，無敢或遺，若在所疑，
> 必加料簡，故於《精義》之外，又草《或問》，以明其去取之所由，
> 說經至此，乃無遺憾。清儒猶以義理爲空疏，好以漢學標榜，或張
> 皇家法，輕詆異義，或唯務該洽，而迷其指歸，是由先有成見，遂
> 闕精思，故矜創獲者，其失則固，貴折中者，其失則膚，後之治經
> 者必改是。因刻《繫辭精義》，明舊說之不可輕棄……

　　由以上所述可知，在馬浮計劃中，《群經統類》與《儒林典要》應是相輔
相成的兩部叢書，前者收宋明儒經學著作，後者收宋明儒語錄等。假如當時沒

〔註28〕　《答問》續編，卷二，頁41下。
〔註29〕　據馬浮致董事會書（民國31年7月26日），見熊復光〈馬浮先生與復性書院〉。
〔註30〕　馬浮於三十三年四月作〈重刊周易繫辭精義序〉，次年一月又將該文發表於《志
　　　　學》月刊，因此該書已刻出的可能性很大。

受到時局動亂的影響，而能全部刻出的話，無疑的將對當代儒學研究發生重大影響力。由此也可以見到，馬浮在整理典籍上所下的工夫，遠超過同時期的熊十力、梁漱溟等人，難怪他的弟子戴君仁要尊他爲「現代朱子」了。〔註 31〕

第四節　刻　書

　　早在馬浮開講以前，復性書院就開始刻書了。輟講以後，書院更是以刻書爲主要事務。民國三十年十二月三十一日，馬浮對少數仍留在書院的弟子們說：〔註 32〕

> 今學者既寥落如斯，審書院所當務，唯有寓講習於刻書一途。既病接物未弘，宜令種智不斷。先儒說經諸書及文集語錄爲學者研索所必資者，或傳本已稀亟待流布，或向有刊本而今難觀，欲爲擇要校刊，以飴後學。雖一時編類難以盡收，庶使將來求書稍易，不患無書可讀，尤爲戰後所必需……多刻一板，多印一書，即使天壤間多留此一粒種子。明僧紫柏發願刻徑山藏成，彼教經論流傳始廣，清石埭楊居士實繼其業，每恨儒者未能及之。向來刻叢書者雖不乏，每失於擇之未精，博而寡要。今雖未能遽比古人，不可不以是爲志……庶幾煨燼之後，猶有巖壁之藏……

此段足可看出馬浮刻書的用心良苦和精謹慎重。馬浮在復性書院所刻諸書，前面多已提過，現在分三類總述如下：

一、馬浮講學有關著作

　　（一）《復性書院講錄》，六卷。

　　本書卷一的〈復性書院學規〉，於開講前已經刻出單行（民國二十八年四月）〔註 33〕，這是目前所知，書院最早的出版品。除外現在還知道：卷二於二十九年九月初印，卷一、卷三於同年十二月初印〔註 34〕，而全書於三十一年十月刊成〔註 35〕。現有廣文書局、夏學社兩種影印本，後者較佳。

〔註 31〕徐復觀，〈如何讀馬浮先生的書——代序〉。
〔註 32〕馬浮，〈告書院學人書八〉，《答問》續編卷六，頁 16～17。
〔註 33〕據劉百閔《周易事理通義》（臺北：世界書局，民國 55 年），頁 4，註 10。
〔註 34〕據祁致賢，〈復性書院的一鱗半爪〉，《海外論文集》（臺北：國語日報社，民國 72 年），頁 262。
〔註 35〕據《講錄》卷六，〈刻觀象巵言後記〉。

（二）《爾雅臺答問》，一卷，續編六卷。

正編於輟講（民國三十年五月二十五日）後不久刻出〔註36〕，續編於三十二年九月刊成〔註37〕。現有廣文書局影印本。

二、書院諸生著作

（一）《吹萬集》，一卷。

為書院諸生經說與詩文選集，刊於三十一年七、八月之前〔註38〕，未見。

三、馬浮所編叢書

（一）《儒林典要》。

第一輯十種二十五卷，刻於民國二十九至三十年。三十一年一月另以鉛字排印〈聖傳論序〉一文補入。現有中央研究院歷史語言研究所藏本。

第一輯以後，《盱壇直詮》（二卷）刻於三十一年三至十一月。現有廣文書局影印本。但這個影印本裡，各頁版口下端「復性書院校刊」、下卷末頁末行「張立民王培德校」、以及跋語末頁末行「中華民國三十一年三月復性書院重刊十一月刊成」等字樣（此據該影印本初版殘跡讀出）全被抹去，實在非常可惜。

另外，《慈湖家記》可能已刻於三十三年前後，未見。

（二）《群經統類》。

目前只知甲編的《四書纂疏》（二十六卷）刻於三十三年四月至三十六年七月（時間長達三年，跨越樂山、杭州兩個時期）。臺北新興書局曾影印此書（民國六十一年）。

可能也屬於此叢書，至少性質相合的，有《春秋胡傳》，但這是交付院外印刷廠排印的（三十一年四月起）〔註39〕；又有《周易繫辭精義》，可能已刻於三十三年前後。兩書皆未見。

〔註36〕據劉錫嘏、王培德，〈爾雅臺答問序〉。

〔註37〕據《答問》續編，編末〈附記〉。

〔註38〕據書院董事會上蔣委員長書（民國31年7、8月間），見熊復光〈馬浮先生與復性書院〉。

〔註39〕據馬浮致書院董事會書（民國31年7月26日），見熊復光〈馬浮先生與復性書院〉。

*

以上是復性書院所刻諸書，至於《泰和宜山會語合刻》，雖有由復性書院出版的初印本（民國三十年）〔註40〕，但事實上這是二十九年一月前，馬浮的友人（沈敬仲等）和弟子（烏以風等）若干人所合刻的〔註41〕。劉百閔便曾見過本書的「二十九年七月四川嘉定留潤齋刻本」〔註42〕，很可能本書原先為樂山留潤齋所刻所印，到民國三十年才改由復性書院印行的。

除了以復性書院名義所刻諸書外，馬浮又於民國三十六年，在杭州將他的詩詞集四種（計十二卷，見本章第一節）全部刻出（其中一部份或刻於樂山時期）。這四種並無任何刊行者的題記題號，所以一般都只著錄為「民國三十六年刊本」〔註43〕。由於馬浮一向嚴於名分，而這些詩詞集與書院講學並無直接關係，很有理由相信：它們是馬浮以賣字所得自費刊行的「自刊本」。

復性書院刊行諸書中，《春秋胡傳》因字數過多，而經費有限，只好交付院外印刷廠以四號鉛字排印，並用較差的洋連史紙印出。但印出後，「極為湛翁（馬浮的號）所不喜」〔註44〕，由此可見馬浮對木刻本的偏愛與要求的嚴格了。馬浮所刻諸書，由聘自成都的刻書老匠精刻〔註45〕，又經過馬浮幾位弟子的精校，而所用的紙「柔細堅韌，不像當時通用的粗糙易破的『戰時紙』」〔註46〕，應是民國刻書史上值得重視的善本。不過，在民國三十四年重訂的書院規制裡，「刻書處暫歸辦事處兼管，俟刻書擴充業務繁時，得別設刻書處，置提調專管之，分設木刻部、鉛板部、石印部、流通部」〔註47〕，可見若時局穩定，復性書院能繼續發展的話，它所刻的書將不只是上面所述，而所出版也不會僅限於木刻本了。

〔註40〕 中央圖書館收藏。廣文書局影印本即為此本。
〔註41〕 據馬浮〈泰和宜山會語卷端題識〉。
〔註42〕 據劉百閔，〈易事理學序論〉（《新亞學報》第一期，1955年8月），附註1。
〔註43〕 見《國立臺灣大學普通本線裝書目》，頁357；《臺灣公藏普通本線裝書目人名索引》，頁477。
〔註44〕 據明允中先生寫給筆者的信（民國73年1月23日、3月28日）。
〔註45〕 據明允中先生口述。
〔註46〕 據祁致賢，〈復性書院的一鱗半爪〉。
〔註47〕 《第二次中國教育年鑑》（臺北：宗青圖書公司，民國70年影），頁842。

第四章　馬浮的學術思想

馬浮的學術思想，在他四十歲前後已經確定、成熟（參見第一章），但他直到五十六歲（民國二十七年）才開始公開講學，正式刊行專著。因此他五十六歲之後的論著都是成熟之作，可以視爲定論。民國三十九年（馬浮六十八歲）以後，他在大陸似乎沒有新著問世（書法手蹟兩冊除外，參見第三章）。因此本章論馬浮的學術思想，以他四十歲以後爲範圍；而以他五十六歲以後、六十八歲以前的著作爲主要材料。

馬浮平生治學，「不分今古，不分漢宋，不分朱陸」〔註 1〕，而一以義理爲依歸。他年輕時已精通德、日、英、法四國語文，曾留學日本、歐美，三十歲以後又曾深究佛老二家；因此他的學術思想規模宏偉，氣象開闊，而圓融一貫，自成體系，是研究當代儒學所不可忽視的。然而他的相關論述，除了「六藝論」、「義理名相」、「學規」三項較集中較具系統性外，其餘多半是隨順文本的經典詮釋（如《復性書院講錄》）和隨順情境的論學書信、語錄（如《爾雅台答問》）等，而向來也還沒有人做過整體的、正式的研究，所以他的整個學術思想的體系至今仍然隱而不明。本章嘗試就本體論、工夫論、六藝論三方面，將馬浮學術思想的體系，做一個基本的整理與初步的探討如下：

第一節　本體論

本體論與工夫論是宋明理學的兩個最基本的課題，本體論探討道德實踐的超越根據，工夫論則探討道德實踐的方法與途徑。馬浮在這兩方面都有深入的闡釋和發揮。本節就先從「理氣與道器」、「心性情」兩個方面，來介紹

〔註 1〕　《爾雅臺答問》，卷一，頁 19 下。

他的本體論。

一、理氣與道器

馬浮論理氣，主張理氣一元。他說：「盈天地間皆氣也，氣之所以流行而不息者則理也。」〔註2〕又說：〔註3〕

> 邵康節云：「流行是氣，主宰是理。」不善會者每以理氣為二元，不知動靜無端，陰陽無始，理氣同時而具，本無先後，因言說乃有先後（原註：兩字不能同時并說）。就其流行之用而言謂之氣，就其所以流行之體而言謂之理，用顯而體微，言說可分，實際不可分也。

理、氣是「同時而具、本無先後、不可二分」的。為了要體、用分說，因而才有理、氣二名。但體用也是不二，因理、氣並非相對二物。即使從體起用地說，也沒有一個只是理而無氣的起點：〔註4〕

> 《乾鑿度》曰：「大易者，未見氣也；太初者，氣之始也……」……「未見氣」即是理，猶程子所謂「沖漠無朕，理氣未分」，可說是純乎理。然非是無氣，只是未見，故程子曰：「萬象森然已具。」。理本是寂然的，及動而後始見氣，故曰「氣之始」……氣見而理即行乎其中，故曰「體用一原，顯微無間」，不是元初有此兩個物事相對出來也。

所謂「不是元初有兩個物事相對出來」，似乎是針對朱子「所謂理與氣，此決是二物」〔註5〕一語而說的。朱子雖在同處立即補充道：「在物上看，則二物渾淪不可分開各在一處。」，而他在別處也說過：「理未嘗離乎氣」〔註6〕；但「不離」已無法彌補「決是二物」的支離二分了。馬浮另有一段話闡釋這個問題：〔註7〕

> ……「一陰一陽之謂道」，此「道」字與「理」字不異，即其行乎氣中而非一非二者也。不離故非一，不異故非二……

〔註2〕《復性書院講錄》，卷五，頁8。
〔註3〕《泰和會語》，頁44。
〔註4〕同上，頁43下～44。
〔註5〕《朱子文集》，卷四十六〈答劉叔文書一〉。
〔註6〕《朱子語類》，卷一。
〔註7〕《講錄》，卷五，頁14。

「不雜故非一」只不過是因為「用顯而體微，言說可分」罷了，不可便說成「決是二物」；而根本不必說「不離」，因為原就「不異」。

　　基於理氣一元，又可以說天地人物「共此一理」並「共此一氣」。「共此一氣」似乎費解，氣不是萬殊、各有差別的麼？馬浮解釋道：〔註8〕

　　……天地人物本是一性，換言之，即是共此一理、共此一氣也。理無差別而氣有差別，其差別者非是截然兩個。有一則有二，二即一之兩面也……如太極是體，陰陽即依此體所起之二用。雖顯成二用，然是相依而生，不是各成兩個物事……只此一理行乎氣中，因有往來屈伸，見為二相，不知只是此一理，即只是此一氣耳。

這個「共此一理」並且「即此不齊之氣亦是一氣也」的道理，馬浮以為正是聖人之所以能「會萬物為自己」的根據〔註9〕。此外，就「共此一理」、「共此一氣」來說「萬物同出一源」，馬浮也以為是儒家勝義所在：〔註10〕

　　如印度外道計「大自在天」生萬物，基督教立「造物主」之說，皆由不知一理一氣，萬物同出一源，求其故不得，因別立一個生之者，依舊天是天、人是人，終成兩個去，此皆儒者所不許。

他又指出，所以需立「太極」一名，正是為了彰明萬物同出一源的道理，他說：〔註11〕

　　「極」是表其至極……「太極」只是一個「實理」之假名，所以明萬事萬物同出於一原，同歸於一致。只此太極遍與萬物為體為用，為心為色，為氣為質，為知為能，而無或可遺，無有或間者也。

又說：〔註12〕

　　《易》言「太極」，《禮》言「太一」，《詩》、《書》言「帝」、「天」，皆為萬物根本，無所謂「造物主」也……兩儀、四象、五行、八卦，總此一理。尋常說天地萬物一體，總是信不及；若知人與物之所由來同此一氣，亦同此一理，自然無疑。

總之，無所謂「造物者」，不必別立一個生之者，所以儒家不會也不必走上西方宗教一路。這裡，透過比較，馬浮點出，原來「太極／天／理」在理論效

〔註 8〕《講錄》卷五，頁82。
〔註 9〕《講錄》卷六，頁60下。
〔註10〕《講錄》卷五，頁82。
〔註11〕《講錄》卷五，頁50下。
〔註12〕《講錄》卷五，頁13下。

力上可以對應於基督教的造物主（上帝），原來儒家的理氣觀本身就具有宗教意義。

理、氣二者中，「氣」比較易知易見。然而「理」卻是難以顯說，容易被誤為虛無，所以馬浮特加說明道：〔註13〕

> 此理不墮聲色，不落數量。然是實有，不是虛無。但可冥符默證，難以顯說。須是時時體認。若有悟入，則觸處全真。鳶飛魚躍，莫非此理之流行，真是活潑潑地。

由「鳶飛魚躍，莫非此理之流行」一語，可見所謂「悟入」，並非悟得一個「單理」，而是即氣見理，理氣相融的。

以上理與氣一而二，二而一的圓融義，馬浮用《易緯・乾鑿度》所謂的「變易」、「不易」、「簡易」三義，作一個總括的說明：〔註14〕

> 學者當知氣是變易，理是不易，全氣是理、全理是氣即是簡易（原註：此是某楷定之義，先儒釋三義未曾如此說。然頗簡要明白，善會者自能得之。）只明變易，易墮斷見；只明不易，易墮常見。須知變易原是不易，不易即在變易。雙離斷常二見，名為正見，此即簡易也。

馬浮還順著理氣的觀念來論道器，他強調道器與理氣這兩組概念「其實一也」：〔註15〕

> 器者萬物聚散之目，道者此理流行之稱，二名無所不攝……器即氣也，道即理也。合則曰氣，散則曰器（原註：萬物散殊皆名為器；流而不息，合同而化，以氣言也。）；寂則曰理，通則曰道；其實一也。立二名而義始備，從而二之則不是。然以道望理，則理隱而道顯；以器望道，則道隱而器顯。

寂然之理的流行通轉便是道，而合同一氣凝聚為散殊萬物便是器。所以理氣、道器兩組概念只是側重點不同而已。因此，如同理氣一元，道器也是不二，他說：〔註16〕

> ……道器不二，器者道之所寓也。凡民見器而不見道，故心外有物。聖人見器莫非道也，故道外無事；器之所在，道即在焉。故曰：「備

〔註13〕《泰和會語》，頁45。
〔註14〕同上，頁43。
〔註15〕《講錄》，卷六，頁71。
〔註16〕《講錄》卷六，頁72下。

物致用，立成器以爲天下利，莫大乎聖人。」

又說：「盈天地間皆器也，亦即盈天地間皆道也。」〔註17〕

　　爲了彰明道、器實義，馬浮拿佛家名相來作比較：〔註18〕

　　道、器二名即是色、心二法，此乃粗略言之。若精析義理分齊，則
　　道、器可攝色、心二法，而彼色、心義不能攝此；以彼言心、心所
　　法猶是器攝，非獨根境相對成色爲器也。彼以色爲心所現影，二俱
　　是妄；此以器爲道之流行，唯是一眞。唯彼言無爲法，其分齊乃當
　　於此言道。橫渠《正蒙》所簡正此義也。若《般若》明「色空不
　　二」，《華嚴》顯「一眞法界」，則與此分齊無差。故賢首判相宗爲始
　　教。

所謂「橫渠《正蒙》所簡」，大約是就張載「浮屠以山河大地爲見病」、「明
有不盡，則誣世界乾坤爲幻化」〔註19〕等語而說的。馬浮一方面指出，佛家
相宗（即唯識宗）以色、心爲皆妄，因此須加料簡、辨正；一方面又間接
地指出，相宗只是佛教中的「始教」（就華嚴判教來說），佛教中另有究竟
義在，不可以偏概全。與過去儒者相較，馬浮論佛教，可說是儘量公允客觀
的了。

　　馬浮又以爲，西方所謂唯心、唯物的心，其實仍落在器的一層：〔註20〕

　　今言唯心、唯物者，詳其分齊，彼所言心皆是器攝。以唯是識心虛
　　妄計度，又較佛氏相宗之言爲粗也，故唯見器而不見道。

根據這理路，西人所謂「唯心主義」僅屬「識心虛妄計度」的層次。因此，
時人動輒說儒家心性之學是「唯心主義」，那其實是不當的比附。

　　以上所述，是馬浮對理氣、道器問題的主要看法。此外，馬浮又總論
兩者如下：〔註21〕

　　有天地然後有萬物。萬物之數不可以畢舉也，其變化亦不可以終窮
　　也。聖人盡物之性而知其資始資生之所由然，故約之以陰陽，冒天
　　下之道，而無不遍焉；定之以五行，統天下之物而無不攝焉。五行
　　一陰陽也，二氣即一氣也，一氣即一理也。而理之行乎氣中者，不

〔註17〕同上，頁73。
〔註18〕同上，頁73下～74。
〔註19〕《張子全書》（四部備要本），卷二，頁2下。
〔註20〕《講錄》，卷六，頁74。
〔註21〕《講錄》，卷五，頁8。

> 能無消息、盈虛、屈伸、往復、升降、浮沉、聚散、闔闢、動靜、
> 幽顯，而成相對之象，唯盡性者能一之。故形而上之謂道，此理也；
> 形而下之謂器，亦此理也。於氣中見理，則全氣皆理也；於器中見
> 道，則離道無器也。老氏推之以本無，釋氏撥之以幻有，方術小數
> 溺滯於偏曲，凡愚殊俗迷執於斷、常，於是競趨於戰勝攻取之塗，
> 相倍相賊，而萬物皆失其理矣。

天下一氣，而理行於氣中，而全氣是理，因此理、氣皆實皆眞，這便是有別
於「無」、「空」的儒家的世界觀。這裡，由「聖人盡物之性而知其資始資生
之所由然」一語可以知道，這樣的世界觀，必須經由道德實踐來體證、確認，
不能僅靠思辨想像來觸及。

二、心性情

如同朱子，馬浮也以張載的「心統性情」一語，來表述心、性、情三個
概念之間的關係，他說：〔註22〕

> 陽明「心即理」說得太快。末流之弊，便至誤認人欲爲天理。心統
> 性、情，合理、氣，言「具理」則可，言「即理」則不可。

又說：〔註23〕

> 心統性、情，即該理、氣。理行乎氣中，性行乎情中。但氣有差忒，
> 則理有時而不行；情有流失，則性隱而不現耳。故言「心即理」，則
> 情字沒安放處。

總之，馬浮認爲「心統性情」才是關於心性圖像一個適切的表述，並且往往
以該語作爲討論心性問題的一個參照。

朱子的「心統性情」每被評爲「心、性、情三分」〔註24〕，但馬浮的「心
統性情」須另外看待，他說：〔註25〕

> 天也、命也、心也、性也，皆一理也。就其普遍言之謂之天，就其
> 稟賦言之謂之命，就其體用之全言之謂之心，就其純乎理者言之謂

〔註22〕《答問》，續編，卷二，頁 22。
〔註23〕同上，卷四，頁 18。
〔註24〕參見：牟宗三，《心體與性體》第三冊（臺北：正中書局，民國 68 年四版），
　　　　第七章。又：劉述先，《朱子哲學思想的發展與完成》（臺北：臺灣學生書局，
　　　　民國 71 年），第五章。
〔註25〕《講錄》，卷一〈復性書院學規〉，頁 8 下～9。

之性，就其自然而有分理言之謂之理……

又說：〔註26〕

> 性即心之體，情乃心之用。離體無用，故離性無情。情之有不善者，
> 乃是用上差忒也；若用處不差，當體是性，何處更覓一性？

性是心之體，此體之發用是情，而此體及其發用之全便是心。換句話說，就體來說是性是理，就用來說是情是氣，兩者合說則是心。因此，若用處不差，情皆順性，則全情是性，而心、性、情是一。

基於此，馬浮針對弟子楊碩井的〈心統性情說〉給了一段批語說：〔註27〕

> 以性為先天，心為後天，姑許如是說。實則性亦有後天，所謂氣質
> 之性是也；心亦是先天，所謂天地之心是也。今所名後天之心，乃
> 正是氣質之性；所名先天之性，豈非天命之性乎？安得心外有性邪？
> 心量即性量，豈可以大小分之？……纔有一毫私吝心，便與天地不
> 相似，此非心之本然也。

又說：〔註28〕

> 此文失處在硬作主張，定要說心之外別有一個性；末後雖欲和會，
> 仍說心、性、情是一，卻救不得前此之支離……

性不在心之外；性與心無大、小之分，更無先天、後天之別。總之，馬浮所謂「心統性情」的「統」，應是統括、統該、包含的意思，而不是居中統御指揮的意思。

為了彰明以上的觀點，馬浮曾幾次用《大乘起信論》的「一心二門」來譬喻「心統性情」。他說：「《起信論》一心二門與橫渠心統性情之說相似。」
〔註29〕又說：〔註30〕

> 要知《起信論》一心二門方是橫渠本旨。性是心真如門，情是心生
> 滅門。心體即真如，離心無別有性，故曰唯一真如。然真如離言說
> 相，才說性時便已不是性了。向來說性只說「繼之者善」，此卻是生
> 滅門中「覺」義也。

《大乘起信論》就眾生心的本性不生不滅義，立心真如門，就眾生心的流轉

〔註26〕《答問》，續編，卷二，頁2。
〔註27〕《答問》，續編，卷三，頁8下。
〔註28〕《答問》，續編，卷三，頁9。
〔註29〕《宜山會語》，頁33下。
〔註30〕《答問》，續編，卷一，頁14下。

還滅義，立心生滅門〔註31〕；即一心即二門，即二門即一心。同樣的，馬浮所謂的「心統性情」，即一心即性情，即性情即一心，絕非性情之外別有個居中主宰聯繫，作橋樑用的心在。今人牟宗三曾說：〔註32〕

> 就哲學發展的究極領域而言……（一心開二門的架構）有其獨特的意義。我們可以把它看成是一個有普遍性的共同模型，可以適用於儒釋道三教。

姑且不論牟宗三關於一心二門的具體理解爲何，我們由此至少可以知道，馬浮以「一心二門」來譬喻「心統性情」是有其合理性與普遍意義的，並非隨意比附。

綜觀以上所述，可見馬浮雖然反對說「心即理」，而要說「心具理」和「心統性情」；但就義理的歸趣來說，他所講的心，實質上同於陸王心、性是一的理路。而他的講法，又能避免王學末流以人欲爲天理的弊病。這可說是當代融合程朱、陸王兩派的一個重要的例子。

基於上述「心統性情」的理路，需注意的是，當馬浮說「心體」、「心之體」、「心之本體」時，所指的都是「性」，這是不同於今人「心體」、「性體」分說下，「心即是體，故曰心體」〔註33〕的用法的。現在各舉一例如下：〔註34〕

> 心相可滅，心體不滅，心體云者即性也。
>
> 若不知性命之理，則此心之體不顯。
>
> 足下胸中所蘊……一旦廓清，然後自心虛明之本體乃可復也。

所謂「不滅」、「不顯」、「可復」，正都是就「性」而言的。

此外，馬浮論性時最常用的一個語詞是「性德」，他爲「性德」下的定義是：〔註35〕

> 德是自性所具之實理……是人人本有之良知……知德即是知性……成德即是成性……德即是性，故曰性德，亦曰德性。（原註：「即性之德」是依主釋，「即德是性」是持業釋。）

〔註31〕 此據釋印順，《大乘起信論講記》（著者，民國61年再版），頁63。

〔註32〕 牟宗三，《中國哲學十九講》（臺北：臺灣學生書局，民國72年），頁293。

〔註33〕 牟宗三，《心體與性體》第一冊，頁557。

〔註34〕 分見：《答問》續編卷一，頁16；《講錄》卷六，頁76下；《答問》，頁4。

〔註35〕 《講錄》，卷三，頁9下。

所以他所謂的「性德」，也就等於「性」。他還曾廣說性德諸相如下：〔註36〕

> 從來說性德者，舉一全該則曰仁；開而為二，則為仁、知，為仁、
> 義；開而為三，則為知、仁、勇；開而為四，則為仁、義、禮、知；
> 開而為五，則加信而為五；開而為六，則並知、仁、聖、義、中、
> 和而為六德。就其真實無妄言之則曰至誠，就其理之至極言之則曰
> 至善。故一德可備萬行，萬行不離一德……

他又說：〔註37〕

> 善即性德之美稱，亦即仁體殊號。

又說：〔註38〕

> 實則一性無際曰天，法爾純真曰帝。性外無天，人外無帝。本來具
> 足是曰「天成」，一念無為斯名「帝出」。皆性德之異稱耳。

我們不妨說，「性德」一詞在馬浮思想中的地位，就如同「良知」一詞在王陽
明思想中的地位一樣。

第二節　工夫論

馬浮對工夫論的基本看法，見於他論「知能」的一段話中：〔註39〕

> 人受天地之中以生，凡屬有心，自然皆具知、能二事。孟子曰：「人
> 之所不學而能者，其良能也；所不慮而知者，其良知也。」其言知、
> 能，實本孔子《易傳》。在《易傳》謂之「易簡」，在孟子謂之「良」。
> 就其理之本然，則謂之「良」；就其理氣合一，則謂之「易簡」。故
> 孟子之言是直指，而孔子之言是全提。何謂全提？即體用、本末、
> 隱顯、內外舉一全該圓滿周遍更無滲漏是也。蓋單提直指，不由思
> 學（原註：慮即是思），不善會者便成執性廢修。全提云者，乃明性
> 修不二，全性起修，全修在性，方是簡易之教。（原註：性修不二是
> 佛氏言，以其與理氣合一之旨可以相發，故引之。）

這裡馬浮以「全提」和「單提直指」來區別兩種工夫進路。他並指出，《孟子》
的「不學而能，不慮而知」是單提直指，而《易傳》的「乾以易知，坤以簡

〔註36〕《泰和會語》，頁 20。
〔註37〕《宜山會語》，頁 17 下。
〔註38〕《講錄》卷三，頁 42 下。
〔註39〕《泰和會語》，頁 47。

能；易則易知，簡則易從」則是全提；前者不能無弊，後者才是圓滿周遍。
根據這個標準，我們來看馬浮對宋明儒工夫論的批評，他說：〔註40〕

> 程門下有龜山、上蔡兩派：龜山重涵養，上蔡重察識。象山、陽明
> 天姿絕人，自己從察識得力，其教人亦偏重察識。朱子早年學禪，
> 亦從察識得來；後依延平，承龜山一派；及與南軒交，盡聞胡氏之
> 說，則上蔡之緒也；晚年舉伊川「涵養須用敬，進學在致知」二語
> 教學者，實兼楊、謝二家法乳，然其所自得，則楊、謝未足以盡之，
> 故其爲說最醇密……

又說：〔註41〕

> 理雖本具，亦要學而後明。精義入神，方能致用。所以說性修不二。
> 專言守良心，便是執性廢修。

又說：〔註42〕

> 龍溪之言疏而無當。王學末流只見個昭昭靈靈底便以爲是，更不窮
> 理，此所謂光影門頭事也。學者必從朱子入，方可千了百當。

又說：〔註43〕

> 若能屏除舊習，實在向內體究，從陽明入固無不可。但須知用力察
> 識亦不得遺卻涵養一段工夫。

可以看出，馬浮這兒藉由涵養、察識兩個概念，具體地討論、判釋宋明儒的
兩種工夫進路。借用上面「全提」、「單提直指」的話語來說，他的意思應該
是，陸王偏重察識，講「先立乎其大者」（陸象山），講「致良知」（王陽明），
近於「單提直指」；而朱子則兼重涵養與察識，先講主敬涵養，再講格物致知，
這才是「全提」。

可以說，馬浮的工夫論便是以朱子的主敬涵養和格物致知爲基礎，融會
陸王一路和佛家之說，進一步擴充而成的。他在〈復性書院學規〉一文裡所
標舉的「主敬爲涵養之要，窮理爲致知之要，博文爲立事之要，篤行爲進德
之要」四目，可說就是他的完整的工夫論了。現在以該文爲主，配合其他相
關資料，探討他的工夫論如下：

〔註40〕 《答問》卷一，頁 47 下～48。
〔註41〕 《答問》續編，卷三，頁 15 下。
〔註42〕 《答問》續編，卷二，頁 21 下。
〔註43〕 《答問》卷一，頁 27。

一、主敬爲涵養之要

馬浮說：「以率氣言，謂之主敬；以不遷言，謂之居敬；以守之有恒言，謂之持敬。」〔註44〕又說：〔註45〕

> ……蓋心體本寂而常照，以動亂故昧，惟敬則動亂止息而復其本然之明。敬只是於一切時都攝六根住於正念。絕諸馳求勞慮，唯緣義理，即爲正念。敬以直內，言無諸委曲相也。常人以拘迫矜持爲敬，其可久邪？

可見「敬」只是此心自求貞定，自求直暢，住於定念；若藉外力來拘持制約此心，而以敬爲苦，則根本不是敬：〔註46〕

> 以敬爲苦者，只是勉強遏捺，胸中原不曾有敬，只捉一個敬字來制伏他，如何不苦？平日說主敬涵養話最多，亦說得最親切，諸君總未有入處……須知敬則自然和樂，和樂即是敬之效驗，豈有適得其反者？原來自是不曾敬，亦未識敬耳。

敬則自然和樂，這是敬的效驗，是個檢證的原則。擴大地說則是：〔註47〕

> 敬以攝心，則收斂向內，而攀緣馳騖之患可漸袪矣；敬以攝身，則百體從命，而威儀動作之度可無失矣。敬則此心常存，義理昭著；不敬則此心放失，私欲萌生。敬則氣之昏者可明，濁者可清，氣既清明，義理自顯，自心能爲主宰；不敬則昏濁之氣展轉增上，通體染汙，蔽於習俗，流於非僻而不自知，終爲小人之歸而已矣。

敬則有所定止，不敬則放失流蕩，真是效驗不爽。總之，敬是涵養此心的根本要則，所以說「主敬爲涵養之要」。

馬浮以爲，「一有不敬，則日用之間動靜云爲皆妄也」，此時根本不可能「致思窮理」（即察識）〔註48〕，因此他主張先涵養後察識，而察識必須基於涵養，他說：〔註49〕

> 察識從涵養得來者，其察識精而持守無失。若離涵養而專言察識，其察識多疏而持守不堅者有之。

〔註44〕《講錄》，卷一〈復性書院學規〉，頁3。
〔註45〕《宜山會語》，頁36下～37。
〔註46〕《答問》續編，卷四，頁15下。
〔註47〕《講錄》卷一，〈復性書院學規〉，頁4下～5。
〔註48〕同上，頁4下。
〔註49〕《答問》續編，卷二，頁21下。

又說：〔註50〕

> 未有致知而不在敬者。惟從涵養得來，則「知」爲心德，爲正知；否則只是尋聲逐響，徇物之知，或反爲心害，此知乃是習氣也。

他又用佛教天臺宗的「止觀法門」來闡明這個意思，他說：〔註51〕

> 主敬是止，致知是觀。彼之止觀雙運，即是定慧兼修。非止不能得定，非觀不能發慧。然觀必先止，慧必由定，亦如此言涵養始能致知，直內乃可方外。言雖先後，道則俱行。雖彼法所明事相與儒者不同，而其功夫塗轍，理無有二。比而論之，實有可以互相助發之處……

又說：〔註52〕

> 散心觀理，其理不明。如水混濁，如鏡蒙垢，影像不現。故智照之體必於定心中求之……無無止之觀，無無定之慧。若其有之，必非正觀，必爲狂慧。故曰：未有致知而不在敬者。敬實雙該止觀二法，由此可知。

總結地說，就是「尊德性而道問學，必先以涵養爲始基」，而「敬之一字，實爲入德之門」了。〔註53〕

二、窮理爲致知之要

　　首先應注意的是，這兒「窮理」與「格物」是異名同實的；因此所謂「窮理爲致知之要」，其實就是《大學》的「致知在格物」。馬浮指出，「從來學者都被一個物字所礙，錯認物爲外，因而再誤，復認理爲外」，因此他在此處「不言格物而言窮理」。〔註54〕

　　窮理是「究極此理」，致知是「竭盡」地證知此理。而「理窮得一分，即知致得一分，在佛氏謂之分證，到得知至即滿證也」，因此說「窮理爲致知之要」。〔註55〕

　　朱子說：「物，猶事也。」〔註56〕馬浮則進一步解釋說：「儒家所言『事物』，

〔註50〕 《宜山會語》，頁 34 下。
〔註51〕 同上，頁 34。
〔註52〕 《宜山會語》，頁 36。
〔註53〕 二語見《講錄》卷一，〈復性書院學規〉，頁 5 下、頁 6。
〔註54〕 《講錄》卷一，〈復性書院學規〉，頁 7。
〔註55〕 同上，頁 7 下、頁 9。
〔註56〕 朱子《大學章句》，經一章，「致知在格物」句注語。

猶釋氏言『萬法』，非如今人所言物質之物。」〔註57〕他並且指出，事、物與天、命、心、性都是共此一理，因此格物便是窮理，窮理便是知性：〔註58〕

> 天也、命也、心也、性也，皆一理也。就其普遍言之謂之天，就其稟賦言之謂之命……就其純乎理者言之謂之性，就其自然而有分理言之謂之理，就其發用言之謂之事，就其變化流形言之謂之物。故格物即是窮理，窮理即是知性，知性即是盡心，盡心即是致知，知天即是至命。

由此，馬浮融會朱子、陽明二家，對「即物而窮其理」（此為朱子〈大學格物補傳〉之語）一語作了圓滿的解釋：〔註59〕

> 今明心外無物，事外無理；「即物而窮其理」者，即此自心之物而窮其本具之理也。此理周遍充塞，無乎不在，不可執有內外。

該語朱子原本解釋作「即凡天下之物，莫不因其已知之理而益窮之，以求至乎其極」〔註60〕，牟宗三批評這是「徒成為泛認知主義之他律道德而已」，並說：「他律道德中之外在的理道，其為道德實體之道德性非必真能證實而保住者。」〔註61〕如今，依馬浮的新解，理為此心本具而非外在；則「致知」的知便是此心自證其理，而不是以此知彼的有所對的認知心了。馬浮自己便強調：「理是同具之理，無可獨得；知是本分之知，不假他求。」〔註62〕可以說，馬浮所謂「窮理致知」，在義理上同於陽明一路，卻又能如朱子般，照顧到由疏而密的工夫歷程。

　　依體證而來的知，與一般認知作用的知，兩者確實有根本的差異，馬浮說：〔註63〕

> 「知」是知此理。唯是自覺自證境界，拈似人不得，如人飲水，冷暖自知。一切名言詮表，只是勉強描模一個體段，到得此理顯現之時，始名為知。一現一切現，鳶飛魚躍，上下與天地同流，左右逢源，觸處無礙，所謂頭頭是道，法法全彰，如是方名致知，所謂知

〔註57〕同註54，頁6下。
〔註58〕同註54，頁8下～9。
〔註59〕《講錄》卷一，〈復性書院學規〉，頁6下。
〔註60〕亦〈大學格物補傳〉語。
〔註61〕牟宗三，《心體與性體》第三冊，頁395。
〔註62〕《講錄》卷一，〈復性書院學規〉，頁10。
〔註63〕同上，頁7下。

之至也。

由於此「知」的特性，因此「證者方是眞知，證後所說之理方是實理，不然只是揣量卜度，妄生分別」〔註64〕。但既然如此，則「知至」之前難免陷入迷茫，而不能不有所資藉，所以馬浮又說：〔註65〕

> 故窮理工夫入手處，只能依他古來已證之人所說，一一反之自心，仔細體究，隨事察識，不等閒放過……到得一旦豁然貫通，表裏洞然，不留餘惑，所謂直到不疑之地，方可名爲致知也。

又說：〔註66〕

> 至窮理之方自是要用思維……當思聖賢經籍所言即是吾心本具之理，今吾心現在何以不能相應？苟一念相應時復是如何？平常動靜云爲之際吾心置在何處？如此方有體認之意。當思聖賢經籍所言皆事物當然之則，今事物當前，何以應之未得其當？苟處得是當時復是如何？平常應事接物時吾心如何照管？如此方有察識之意。

由此可見不能憑空地窮理致知，也就是說，在本質上固然是自覺自證、體認察識，在過程中卻需有已知已證者的話語的指引。事實上，凡強調自證自悟的教門，都不能外於此法。馬浮有段話正好可以爲這點做個注腳：〔註67〕

> 禪家有設問曰：「爲復是稟受師承？爲復是自性宗通？」答云：「亦是稟受師承，亦是自性宗通。」此語好！若無前語，則是天然外道；若無後語，則是依他作解。

三、博文爲立事之要

《禮記・學記》說：「九年知類通達，強立而不反，謂之大成。」，《易傳・繫辭上》說：「聖人……觀其會通而行其典禮」。馬浮以爲，「知類通達」與「觀其會通」可說是博文，而「強立而不反」與「行其典禮」則是立事。另外，〈學記〉又說：「不學操縵，不能安弦；不學博依，不能安詩。」而《論語・季氏》則說：「不學詩，無以言；不學禮，無以立。」。馬浮也以爲，「操縵」、「博依」、「學詩」、「學禮」都是博文，而「安弦」、「安詩」、「言」、「立」都是立事。由前二例，可見博文可以立事；由後二例，可見缺於博文就無以

〔註64〕同上，頁7下～8。
〔註65〕《講錄》卷一，〈復性書院學規〉，頁8。
〔註66〕同上，頁10下～11。
〔註67〕《答問》續編，卷二，頁7下。

立事。總括一句，便是「博文爲立事之要」。〔註68〕

　　所謂「博文」，不只是讀書。馬浮說：〔註69〕

　　　　凡言「文」者，不獨前言往行布在方策有文史可稽者爲是。須知一
　　　　身之動作威儀、行業力用莫非文也；天下萬事萬物之粲然並陳者
　　　　莫非文也……言博文者，決不是徒誇記覽徒騁辭說以衒其多聞而不
　　　　切於事遂可以當之；必其閎通淹貫畜德多而謹於察物者也。

而所謂「立事」，也有個標準。馬浮說：〔註70〕

　　　　凡言「事」者，非一材一藝一偏一曲之謂。自入孝出弟、愛眾親仁、
　　　　立身行己、遇人接物，至於齊家治國平天下、開物成務、體國經野，
　　　　大之禮樂刑政之本，小之名物度數之微，凡所以爲因革損益裁成輔
　　　　相之道者，莫非事也……言立事者，不是智效一官、行效一能、不
　　　　該不遍、守其一曲遂足以當之，必其可以大受當於物而卓然不惑者
　　　　也。

可見兩者的範圍都至大至廣，卻又不是漫無統類。馬浮指出，這統類就是詩、
書、禮、樂、易、春秋六藝。他說：〔註71〕

　　　　實則天下之事莫非六藝之文。明乎六藝之文者，斯可以應天下之事
　　　　矣。此義何？詩以道志而主言。在心爲志，發言爲詩。凡以達哀樂
　　　　之感，類萬物之情，而出以至誠惻怛，不爲膚泛偏飾之辭，皆詩之
　　　　事也。書以道事。事之大者，經綸一國之政，推之天下，凡施於有
　　　　政，本諸身，加諸庶民者，皆書之事也……

也就是說，須得博學於六藝之文，始可承當天下之事。就這樣，六藝之學成
爲馬浮工夫論裡重要的一環。

　　問題是，前面的主敬涵養與窮理致知已經兼該涵養、察識二端，符合馬
浮所謂「全提」的標準了，爲何還要再加個博文立事呢？馬浮說：〔註72〕

　　　　已明心外無事，離體無用，更須因事顯理，攝用歸體。故繼窮理致
　　　　知而言博文立事也。

原來，格物窮理、證知本體（理）後，尚須由體起用，見諸行事，而因事

〔註68〕　《講錄》卷一，〈復性書院學規〉，頁12、13下。
〔註69〕　同上，頁13、14。
〔註70〕　同上。
〔註71〕　同上，頁12下。
〔註72〕　同上，頁12。

顯理，攝用歸體，如此才能使此本體在主觀心靈與客觀世界中同具意義；也只有到這裡才是儒家內聖外王學問的完整格局。然而，此心本體雖是人所同具，不分古今；但在歷史文化不斷累積前進的客觀世界中，它是無法直接地、憑空地起用無礙的。因此針對這點，在工夫論中加進「博文立事」，而後工夫論才可無所缺憾。

　　本來，《大學》裡格致誠正之後還有修齊治平；《易傳·繫辭上》也說：「知周萬物而道濟天下」，又說：「舉而措之天下之民，謂之事業。」可見儒家學問原不忽略外王一面。不過唐君毅指出，宋明儒的用心所在為「依性與天道以立人極、明道德」，尚未能充分地顧及外王事業；一直要到明末顧黃王諸儒才能「直承宋明理學家之重德性之精神，而加以充實擴展，由『博學於文』以言史學，兼論社會文化之各方面」〔註73〕。而曾昭旭先生也說：〔註74〕

　　　自孟子以後以迄宋明，儒學之主流實在逆覺體證此心性之本體。在「求其放心」，在由末（原註：變動無恒之現象）以反本（原註：亦超越亦內在之本體）。此學至宋明而臻於大成。而船山則不然，在船山，此道德主體之肯定已若無疑問，而不復成為其學之重點，於是乃重在更從此道德主體向外發以成就具體的事業，故其學之趨向，乃不是由末反本而是由本貫徹於末的。

宋明儒講「由末反本」，王船山等講「由本貫末」，而馬浮在理學湮沒了三百年之後重講此學，當然要兼重「由末反本」與「由本貫末」了。

四、篤行為進德之要

　　馬浮首先從理學家立場對「篤行進德」做了基本的解釋：〔註75〕

　　　自其得於理者言之，則謂之德；自其見於事者言之，則謂之行；非有二也……無有欠闕無有間斷乃可言篤，無有限量無有窮盡所以言進。行之積也愈厚，則德之進也愈弘……

篤行即是進德，進德必在篤行。這一目的出現，顯然是要跟所謂「空談心性」劃清界線的意思。

　　馬浮進一步指出，篤行進德有兩層意義。其一，就「修德」來說：〔註76〕

〔註73〕唐君毅，《文化意識與道德理性》（臺北：臺灣學生書局，民國69年四版），自序二。

〔註74〕曾昭旭，《王船山哲學》（臺北：遠景出版公司，民國72年），頁292～293。

〔註75〕《講錄》卷一，〈復性書院學規〉，頁16。

> 學者當知有性德有修德。性德雖是本具，不因修證則不能顯。故因
> 修顯性，即是篤行為進德之要。全性起修，即本體即功夫；全修在
> 性，即功夫即本體。修此本體之功夫，證此功夫之本體，乃是篤行
> 進德也。

其二，就「性德」來說：〔註77〕

> 然又須明性修不二，不是性德之外別有修德。修德須進，性德亦須
> 進。性德本無虧欠，何以須進？當知天地之道只是至誠無息，不息
> 即進也。與天地合其德只是貴其不已……行有欠闕即德有欠闕，行
> 有間斷即德有間斷。故雖曰性德無虧，亦須篤行到極至處始能體取，
> 所以言篤行為進德之要也。

原來，除了主觀意念裡念茲在茲地修德這一層外，性德自身原本就是永不止
息地活動著的。一個人能在主觀意識層面念茲在茲地修德，那就是對性德活
動的回應，那就是解除或減少了人對性德活動的遮蔽和干擾，那就是貞定了
以及顯明了性德自身永不止息的活動。所謂「修德須進，性德亦須進」，這一
點似乎是一般比較少談到的。

馬浮又認為，篤行進德的入手處無非視、聽、言、動四事：〔註78〕

> 視、聽、言、動皆行也，四者一於禮則是仁是德也。人生所日用不
> 離最切近而最易體認者，孰有過於四事者乎？所以應萬事而根於心
> 之所發者，捨此豈別有乎？故顏淵問仁，孔子告以「克己復禮為仁」，
> 顏子直下承當，便請問其目，只此視聽言動四事。知此便知篤行之
> 道合下當從非禮勿視、聽、言、動入手。

從視、聽、言、動四個角度入手，那就是在日常生活大小事務裡一一地用心、
隨處盡力的意思。這樣的工夫真是非常的綿密而緊切了。

但是，為什麼要在前述主敬涵養、窮理致知、博文立事三目之後，又說
個篤行進德呢？馬浮說明道：〔註79〕

> 〈乾文言〉曰：「知至，至之，可與幾也。」主敬涵養、窮理致知、
> 博文立事當之。「知終，終之，可與存義也。」則篤行進德當之。又
> 此門（按：指篤行進德）總攝前三，如主敬須實是主敬，窮理須實

〔註76〕　《講錄》卷一，〈復性書院學規〉，頁17下。
〔註77〕　同上，頁18下～19。
〔註78〕　同上，頁19下。
〔註79〕　《講錄》卷一，〈復性書院學規〉，頁20。

> 是窮理，博文須實是博文，此便是篤行；一有不實，只是空言。涵
> 養得力，致知無盡，應事不惑，便是進德。若只言而不行，安能有
> 得？行而不力，安望有進？故言雖分三，事唯是一；總此四門，約
> 爲一行。

主敬涵養是始基，窮理致知是要證知本體，博文立事是要完足此本體的客觀
意義。然而三者合起來只是儒家內聖外王學問的「始條理」之事；必定要加
上篤行進德以「終條理」，才是有始有終，完整而無弊的工夫論。

馬浮又說，總此四目（他自己的用語是「四門」）「內外交徹，體用全該；
優入聖途，必從此始」〔註80〕；又說：

> 子以四教：文、行、忠、信。文即六藝之文，行即六藝之事，忠、
> 信則六藝之本。今此四門亦略同四教，全體起用，全用歸體。此乃
> 聖學之宗要，自性之法門，語語從體驗得來，從胸襟流出，一字不
> 敢輕下。要識聖賢血脈，舍此別無他道。

可見上述學規四目確實是馬浮篤實踐履、深造有得所提出來的一個完整的工
夫論。他的弟子戴君仁曾對人推崇他爲「聖賢」〔註81〕，這便是他以親身實
踐爲此工夫論所作的一個見證。

第三節 六藝論

馬浮曾計劃寫一部《六藝論》，可惜因戰亂而無法完成（見第三章第一
節）。該書要略見於《泰和會語》中的〈六藝大旨〉五講，而全部內容與眞正
範圍已不可得知。不過現在由〈六藝大旨〉五講，加上從《宜山會語》、《復
性書院講錄》、《爾雅臺答問》諸書中歸納所得，我們也可以整理出馬浮對六
藝的系統看法，而仍舊稱爲「六藝論」，作爲馬浮學術思想中，本體論、工夫
論以外另一個基本的、重要的論題。

一、儒家早有判教之實

「判教」即判釋教相，是佛教義學家常用的手法，用來判釋佛教各經典
各宗派教義的深淺、大小、權實、偏圓、始終等〔註82〕；天臺宗所判的藏、

〔註80〕 同上，頁3。
〔註81〕 此據臺灣大學中文系古清美教授（戴君仁先生弟子）口述。
〔註82〕 參見：黃懺華，〈南三北七教判之說〉，《天臺宗之判教與發展》（臺北：大乘

通、別、圓四教，以及華嚴宗所判的小、始、終、頓、圓五教，便是其中最著名的觀點〔註83〕。馬浮指出，儒家雖無判教之名，卻有判教之實，而且早於佛教義學。他認為，《論語》的「興於詩，立於禮，成於樂。」、「不學詩，無以言……不學禮，無以立。」與「詩可以興，可以觀，可以群，可以怨……」等語，便已經有判教的意思；而《論語》以後，各家對六藝（此指「詩、書、禮、樂、易、春秋」六藝，而非「禮、樂、射、御、書、數」六藝）的判教更是不可彈舉，其中《荀子》的〈勸學〉、〈儒效〉二篇，以及《莊子》的〈天下篇〉，所判最為扼要；而《禮記・經解》所說的：

> 孔子曰：入其國，其教可知也。其為人也，溫柔敦厚，詩教也；疏通知遠，書教也；廣博易良，樂教也；絜靜精微，易教也；恭儉莊敬，禮教也；屬辭比事，春秋教也。故詩之失愚，書之失誣，樂之失奢，易之失賊，禮之失煩，春秋之失亂。其為人也，溫柔敦厚而不愚，則深於詩者也；疏通知遠而不誣，則深於書者也；廣博易良而不奢，則深於樂者也；絜靜精微而不賊，則深於易者也；恭儉莊敬而不煩，則深於禮者也；屬辭比事而不亂，則深於春秋者也。

這一段尤其「人法雙彰，得失並舉，顯然是判教的實證據」。〔註84〕

馬浮以為，「釋氏議教相不明者為儱侗真如、顢頇佛性。儒者之學不如是，以始終條理也」〔註85〕。可惜的是，後世儒者「於教相（即義理系統）或欠分明」，「說經往往不及義學家精密」；因此他主張「儒者治經亦須兼明義學，較易通悟也」〔註86〕。基於此，馬浮講說六藝特別著重判教的概念，而常用「六藝之教」、「詩教」、「書教」……等語詞；即使單說「六藝」、「詩」、「書」……時，也多半是就「教」（「教化」的教，非「宗教」的教）而言的。

至於判教的原則和態度，馬浮說：〔註87〕

> 孟子曰：「始條理者，智之事也；終條理者，聖之事也。」……內外本末、小大精粗，統之有宗，會之有元，備而不遺，通而不睽，交

　　　　文化出版社，民國68年），頁1～7。

〔註83〕　參見：呂澂《中國佛學思想概論》（臺北：天華出版公司，民國71年），頁188
　　　　～189，頁212。

〔註84〕　以上詳見：《講錄》卷二，頁2下～4下。

〔註85〕　《講錄》，卷二，頁5下～6。

〔註86〕　以上見：《講錄》卷三，頁12。

〔註87〕　《講錄》，卷二，頁1～2。

> 參互入，並攝兼收；錯列則行布分明，匯合則圓融無礙；此條理之
> 事也……六藝之道，條理粲然……今言判教者，就此條理之粲然者
> 而思繹之，綜會之，其統類自見，非有假於安排造作；實爲吾心自
> 然之分理，萬物同具之根源，特藉言語詮表，抉而出之顯而示之而
> 已耳，豈有他哉！

原來判教的對象也不在心外，而是心中本具的始智終聖的條理；因此，如同
本體論和工夫論一樣，也是不可依己意來安排造作的。此外，判教是要辨明
條理本末，得其統類總別，不是要支解開來，各守一支，互不相通的；因此，
馬浮駁斥了向來所謂孔門分設「四科」的說法：〔註88〕

> 分科之說何自而起？起於誤解。《論語・從我在陳》一章，記者舉此
> 十人，有德行、言語、政事、文學諸目，特就諸子才質所長言之，
> 非謂孔門設此四科也。十子者皆身通六藝，並爲大儒，豈於六藝之
> 外別有四科？蓋約人則品彙殊稱，約教則宗歸無異……故有判教而
> 無分科，若其有之，則成偏小，非六藝之教也。

總結一句，就是「分科者一器一官之事，故爲局；判教則知本之事，故爲
通」。〔註89〕

二、六藝統攝於一心

　　馬浮說：「六藝之教總爲德教」〔註90〕，又說：〔註91〕

> 六藝本是吾人性分內所具的事，不是聖人旋安排出來。吾人性量本來
> 廣大，性德本來具足，故六藝之道即是此性德中自然流出的，性外無
> 道也……天命之性，純乎理也，此理自然流出諸德，故亦名爲天德，
> 見諸行事則爲王道。六藝者，即此天德王道之所表顯。故一切道術皆
> 統攝於六藝；而六藝實統攝於一心，即是一心之全體大用也。

　　首先，就「六藝之道即是此性德中自然流出的」來說，六藝可與性德
諸相一一相配：〔註92〕

> 以一德言之，皆歸於仁；以二德言之，詩、樂爲陽是仁，書、禮爲

〔註88〕同上，頁5。
〔註89〕同上，頁5下。
〔註90〕《講錄》，卷三，頁9下。
〔註91〕《泰和會語》，頁20～21。
〔註92〕同上，頁22。

> 陰是知，亦是義；以三德言之，則易是聖人之大仁，詩書禮樂並是
> 聖人之大智，而春秋則是聖人之大勇；以四德言之，詩書禮樂即是
> 仁義禮智；以五德言之，易明天道，春秋明人事，皆信也，皆實理
> 也；以六德言之，詩主仁，書主知，樂主聖，禮主義，易明大本是
> 中，春秋明達道是和。

以上所述，可以圖解如下：

詩、書、禮、樂、易、春秋（皆歸於仁）					
詩、樂（陽／仁）			書、禮（陰／知）		
詩、樂（陽／仁）			書、禮（陰／義）		
易（大仁）		詩、書、禮、樂（大智）		春秋（大勇）	
詩（仁）	書（義）		禮（禮）		樂（智）
詩（仁）	書（義）	禮（禮）	樂（智）	易、春秋（信）	
詩（仁）	書（知）	樂（聖）	禮（義）	易（中）【大本】	春秋（和）【達道】

　　再來，就六藝是「一心之全體大用」來說，則是，易「本隱以之顯，即
是從體起用……是全體」；春秋「推見至隱，即是攝用歸體……是大用」；而
「易言神化，即禮樂之所從出……故易統禮樂」，也可說「易爲禮樂之原」。
此外，「春秋明人事，即性道之所流行；詩書並是文章（原註：「此言文章，
乃是聖人之大業，勿誤作文辭解。」），文章不離性道……故……春秋該詩書」；
或者也可以說「春秋爲詩書之用」〔註93〕。當然，易又「爲六藝之原」〔註94〕。
以上所述，可以圖解如下：

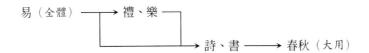

三、六藝始於詩終於易

　　除了就性德諸相與體用關係來表顯六藝體系外，馬浮也爲六藝的修習次
第判明終始先後。首先，詩是始教，馬浮說：〔註95〕

〔註93〕《泰和會語》，頁 21 下～22。又：《講錄》卷二，頁 11。
〔註94〕《講錄》卷六，頁 44 下。
〔註95〕同上，卷二，頁 12 下。

> 仁是心之全德，即此實理之顯現於發動處者。此理若隱，便同於木
> 石……直如死人，故聖人始教，以詩爲先。

又說：〔註96〕

> 六藝之教莫先於詩。於此感發興起，乃可識仁，故曰「興於詩」。

詩以後是書。「書以道事，即指政事」，而「詩通於政」，因此「以詩統書」
〔註97〕，而「詩之所至，書亦至焉」。〔註98〕

接著是禮。《論語》在「興於詩」之後便說「立於禮」，事實上「日用之
間莫非是禮」〔註99〕，凡視聽言動都不能離開禮，所以馬浮強調：「六藝之教，
莫先於詩，莫急於禮」。〔註100〕

然後，樂、易、春秋同爲終教，而可略分先後。首先，馬浮說：〔註101〕

> 興於詩，立於禮，方說成於樂。樂教亦是終教，成德之事也。

又說：〔註102〕

> 樂是終教，易亦是終教、圓教。禮樂並原於易，而樂尤近易。

又說：〔註103〕

> 胡文定曰：「春秋公好惡則發乎詩之情，酌古今則貫乎書之事，興常
> 典則體乎禮之經，本忠恕則導乎樂之和，著權制則盡乎易之變。百
> 王之法度、萬世之準繩皆在此書。故五經之有《春秋》，猶法律之有
> 斷例也。」此言深爲得之，所以言春秋爲窮理之要，不但不明易不
> 能明春秋，不明詩書禮樂又焉能明春秋？……如不學法律焉能斷
> 案？故易與春秋並爲聖人末後之教。

可見禮以後依次是樂、易、春秋。因此，《禮記・孔子閒居篇》有所謂「五至」
如下：

> 志之所至，詩亦至焉；詩之所至，禮亦至焉；禮之所至，樂亦至焉；
> 樂之所至，哀亦至焉，哀樂相生……

馬浮便參照這「五至」擴大地說：〔註104〕

〔註96〕 同上，卷四，〈詩教緒論〉，頁1下。
〔註97〕 同上，卷二，頁11。
〔註98〕 同註96，頁12下。
〔註99〕 《講錄》，卷四，〈禮教緒論〉，頁10下。
〔註100〕 《講錄》，卷四，〈禮教緒論〉，頁1。
〔註101〕 《答問》，續編，卷四，頁17。
〔註102〕 同上，卷二，頁46下。
〔註103〕 《講錄》，卷二，頁51。

　　詩之所至，書亦至焉；書之所至，禮亦至焉；禮之所至，樂亦至焉，
　　樂之所至，易亦至焉；易之所至，春秋亦至焉。

不過，春秋所以在易之後，是就「不明易不能明春秋」的角度而言的。但既然「易爲六藝之原，亦爲六藝之歸」〔註105〕，因此在「春秋亦至焉」之後，春秋仍要與詩書禮樂一樣，再度歸返於易。所以馬浮強調，易才是眞正的「最後之教」〔註106〕，並且說：〔註107〕

　　〈繫辭傳〉曰：「夫易何爲者也？夫易，開物成務，冒天下之道，如
　　斯而已者也。」易爲六藝之原，亦爲六藝之歸。乾坤開物，六子成
　　務。六藝之道，效天法地。所以成身，以通天下之志，詩、書是也；
　　以定天下之業，禮、樂是也；以斷天下之疑，易、春秋是也……知
　　易冒天下之道，即知六藝冒天下之道，無不從此法界流，無不還歸
　　此法界。故謂六藝之教終於易也。

以上所述，也可圖解如下：

詩（始教）─────→ 書 ──→ 禮 ──→ 樂（終教）──→ 易（終教、末後之教、最終之教）
　　　　　　　　　　　　　　　　　　　　　　　　　　　　↓↑
　　　　　　　　　　　　　　　　　　　　　　　　　春秋（終教、末後之教）

四、六藝教相總判

　　馬浮對六藝教相的總判，可以歸納爲五點如下：

（一）總別不異

　　六藝是總，而詩、書、禮、樂、易、春秋是別。就別來一一分判其德相、體用與終始，已如前述。但總與別原來不異，馬浮說：〔註108〕

　　荀子曰：「聖人言雖千舉萬變，其統類一也。」統是總相，類是別相。
　　總不離別，別不離總，舉總以該別，由別以見總，知總、別之不異
　　者，乃可與言條理矣。

又說：〔註109〕

〔註104〕《講錄》，卷四，〈詩教緒論〉，頁12下。
〔註105〕《講錄》卷六，頁2下。
〔註106〕《講錄》，卷二，頁45下。
〔註107〕同上，卷六，頁2下。
〔註108〕同上，卷二，頁1。
〔註109〕《講錄》，卷四，〈禮教緒論〉，頁1下。

華嚴家有帝網珠之喻，謂交光相羅，重重無盡，一一珠中遍含百千珠相，交參互入，不雜不壞。六藝之道亦復如是，故言詩則攝禮，言禮則攝樂，樂亦詩攝，書亦禮攝，易與春秋亦互相攝，如此總別不二，方名爲通。

可以附帶一提的是，馬浮強調：「六藝之旨，散在《論語》，而總在《孝經》」〔註110〕。因爲散在《論語》，所以《論語》中處處可見到六藝的總義和別義：〔註111〕

《論語》記孔子及諸弟子之言，隨舉一章皆可以見六藝之旨。然有總義，有別義；別義易見，總義難知。果能身通六藝，則於別中見總，總中見別，交參互入，無不貫通。

至於總在《孝經》，則是承鄭玄《六藝論》以《孝經》爲六藝總會之說法而來的〔註112〕，但馬浮作了更深入的詮釋：〔註113〕

六藝皆以明性道、陳德行，而《孝經》實爲之總會。德性是內證屬知，行道是踐履屬行……德性至博，而行之則至約。當其行時，全知是行，亦無行相可得。故可以行攝知，以道攝德，以約攝博……明此則知詩書之用、禮樂之原、易春秋之旨並爲《孝經》所攝……故曰：「孝，德之本也。」舉本而言，則攝一切德；「人之行莫大於孝」，則攝一切行；「教之所由生」，則攝一切教；「其教不肅而成，其政不嚴而治」，則攝一切政；五等之孝無患不及，則攝一切人；「通於神明，光於四海，無所不通」，則攝一切處。

扼要的說，就是「一言可以該性德之全者曰仁，一言而可以該行仁之道者曰孝，此所以爲六藝之根本，亦爲六藝之總會也。」〔註114〕

（二）始終不二

在華嚴判教裡，始（大乘始教）、終（大乘終教）二者，一高一下，界限分明，而且兩者都是偏而非圓。但在六藝之教，始亦是終，而且始便是圓。所以，針對作爲始教的詩教，馬浮便說：〔註115〕

〔註110〕《泰和會語》，頁16。
〔註111〕同上，頁32。
〔註112〕參見：《講錄》，卷三，頁1。
〔註113〕《講錄》，卷三，〈孝經大義序說〉，頁2下～3。
〔註114〕同上，卷三，頁58下～59。
〔註115〕《答問》續編，卷二，頁16。

詩是聲教之大用，以語言三昧顯同體大悲。聖人說詩教時，一切法
界皆入於詩，自然是實智。來問誤以詩爲多聞之學……當知從初發
心至究竟位皆是詩（原註：此圓教義，儒家教義唯圓無偏也。）不
得但以加行、方便爲説。

（三）唯實無權

此處所謂權，不是「一切名言施設皆權也」〔註116〕的廣義的權，而是佛
教中「權教」、「實教」對稱的權。馬浮說：〔註117〕

西來始教，每雜權宗；中土聖言，理唯實諦。

華嚴判教中，始教屬權教，要到終教才是實教〔註118〕。黃懺華《佛教各宗大
意》說：〔註119〕

大乘始教，大乘之初門，爲自小乘教出、始入大乘者所說教法。未
盡大乘法理，名之爲始；不言定性二乘無性闡提作佛，故亦名分。
於中廣說法相，少說法性；又說諸法一切皆空，不說不空中道妙
理……

但《春秋公羊傳》說：「權者何？權者反（返）於經然後有善者也。」〔註120〕
可見儒家的「權」，其實與「經」不離不二〔註121〕；如大乘始教般的權法，在
六藝裡是沒有的。

（四）教體俱大

所謂教體，馬浮以爲應是詩的「志」、書的「政」、禮樂的「本」、春秋的
「義」、和易的「意」等〔註122〕，也就是六藝之教的精神內涵、意義間架等。

華嚴判教裡有小（小乘）、大（大乘）之分；馬浮則指出，六藝教體俱大，
而易教又至大：〔註123〕

正得失，動天地，感鬼神，詩教之大也；恢弘至德，以顯二帝三王

〔註116〕《講錄》卷二，頁38。
〔註117〕《答問》，卷一，頁44。
〔註118〕參見：李世傑《華嚴哲學要義》（臺北：佛教出版社，民國67年），頁59。
〔註119〕黃懺華，《佛教各宗大意》（臺北：新文豐出版公司，民國62年）第三輯，頁
　　　　29。
〔註120〕《春秋公羊傳》桓公十一年文。
〔註121〕參見《講錄》卷二，頁65下～66。
〔註122〕《講錄》，卷二，頁42。
〔註123〕同上，卷六，頁44下～45。

之治，書教之大也；樂與天地同和，禮與天地同節，禮樂之大也；
善善惡惡，賢賢賤不肖，存亡國，繼絕世，補敝起廢，撥亂反正，
春秋之大也。而易以乾坤統禮樂，以咸恒統言行，則詩書禮樂之旨
在焉；亦要存亡吉凶居可知矣，則春秋之義在焉……以六藝別言之，
則教體俱大；合言之，則所以爲詩書禮樂春秋之教體者莫非易也……
則又以易教爲至大也。

（五）皆為圓頓

馬浮認爲佛家義學「至賢首（按：即華嚴宗三祖法藏）而極，後來更不
能增損」〔註124〕。而華嚴宗判定自己是五教（小、始、終、頓、圓）中最高
的圓教；馬浮則指出，六藝之學也具備華嚴勝義，他說：〔註125〕

佛氏華嚴宗有四法界之說：一、事法界，二、理法界，三、理事無
礙法界，四、事事無礙法界。孔門六藝之學實具此四法界，雖欲異
之而不可得，先儒只是不說耳。

又說：〔註126〕

……又法從緣起爲出，一入一切也；法界一性爲至，一切入一也。
此義當求之華嚴，而實具於《論語》、《春秋》。

而反過來說，則佛教中只有圓教可與孔子之學（即六藝之學）相當：〔註127〕

佛氏有「破相顯性宗」，儒者不須用此。如老子便是破相。孔子唯是
顯性而不破相，在佛氏唯圓教實義足以當之，簡易又過佛氏。

以上總結地說，就是六藝同屬圓教了。然而「圓即頓也」，因此六藝皆圓而即
是皆頓；但這一點易致疑惑，馬浮解釋道：〔註128〕

……其實圓即頓也……約義而判，六藝皆屬圓宗，即並可說爲頓教。
「一以貫之」，非頓而何？（原註：灑掃應對進退即是精義入神，與
「咳唾掉臂皆爲佛法、舉足下足莫非道場」其旨是一。）中庸知行
三等，亦是言機有勝劣。及其知之一也，及其成功一也，則亦同歸
圓頓。到此田地，更無階差位次可言……困勉是初，學利是中，生

〔註124〕《答問》續編，卷二，頁38。
〔註125〕《泰和會語》，頁29。
〔註126〕同註122，頁66下。
〔註127〕《泰和會語》，頁43。
〔註128〕《答問》續編，卷二，頁38。

安是後，從生至熟，此乃有似於漸。及其知之、成功一也，方了得
是頓。頓漸在己而不在教。

＊

以上五點，可用馬浮的一段話作個總結：〔註129〕

彼爲義學者之判教，有小有大，有偏有圓，有權有實。六藝之教則
絕於偏小，唯是圓大；無假權乘，唯一實理；通別始終，等無有
二；但有得失，而無差分。此又儒者教相之殊勝，非義學所能及者
矣。

這段話可以看作馬浮會通儒、佛之後，借用佛家判教的觀點，對儒家思想所
作的一個整體的判教了。

五、六藝統攝中西一切學術

馬浮認爲，六藝「不唯統攝中土一切學術，亦可統攝現在西來一切學術」
〔註130〕。這裡所謂統攝，他沒有直接的解釋，但他說：〔註131〕

……欲使諸生於國學得一明白概念，知六藝總攝一切學術，然後可以
講求。譬如行路須先有定嚮，知所嚮後循而行之，乃有歸趣……

又說：〔註132〕

……先須識得綱領，然後可及其條目。前講六藝之教可以該攝一切學
術，這是一個總綱，眞是範圍天地之化而不過，曲成萬物而不遺……

又說：〔註133〕

（西方）哲學思想派別雖殊，淺深小大亦皆各有所見……但彼皆各
有封執，而不能觀其會通……若能進之以聖人之道，固皆六藝之材
也。

又說：〔註134〕

今言六藝統攝一切學術……頗有朋友來相規誡，謂先儒不曾如
此……然義理無窮……若只據先儒舊說搬出來詮釋一回，恐學

〔註129〕《講錄》，卷二，頁5。
〔註130〕《泰和會語》，頁24。
〔註131〕同上，頁18。
〔註132〕同上，頁20。
〔註133〕《泰和會語》，頁24下～25。
〔註134〕同上，頁28～29下。

—91—

> 者……難有個入處，所以要提出一個統類來……物雖萬殊，事雖萬
> 變，其理則一……古今有變易，理則盡未來無變易……須知一理該
> 貫萬事，變易元是不易，始是聖人一貫之學……今舉六藝之道即是
> 拈出這個統類來，統是指一理之所該攝而言，類是就事物之種類而
> 言；知天下事物種類雖多，皆此一理之所該攝，然後可以相通而不
> 致相礙。

可見馬浮是以一理該貫萬事萬物，作爲六藝（吾人自性本具之理）統攝中西
一切學術（就「事物」之廣義而言，學術亦屬事物，參見本章第二節）的理
論根據的。因此，所謂六藝統攝一切學術，並不是事相、內容上全備或本具
的意思，而應是六藝之教以其圓大實教的格局（見前）作爲中西一切學術的
綱領、統類與終極的歸趣的意思。當然，基於歷史條件，六藝對中土一切學
術的統攝關係，是兼具「本源」的地位的。

（一）六藝統攝中土一切學術

馬浮分別就《漢志》所謂的諸子，與《隋志》所謂的四部。來說明此
點。

1.六藝統攝諸子

馬浮以六藝流失的結果來說明諸子學的出現和存在。他說：〔註135〕

> 須知六藝本無流失，學焉而得其性之所近，俱可適道。其有流失者，
> 習也……流失所從來便是學焉而得其習之所近，慎勿誤爲六藝本體
> 之失。

基於此，他進一步指出：老子得於易爲多，而其失也多；莊子得於樂之意爲
多，而其失也多；墨子於禮樂得少失多；法家往往兼道家言，於禮與易得少
而失多；名家與雜家同是得少失少；縱橫家實無所得，而兼有誣與亂之失；
農家、陰陽家出於禮與易，而皆卑陋不足判〔註136〕。總之，他站在儒家的立
場，從義理偏全、得失的角度，論斷六藝足可統攝諸子學，而諸子學無一可
以統攝六藝。

2.六藝統攝四部

首先就經部而言，馬浮認爲：經部諸書可分「經」（指現存六藝諸經《易

〔註135〕同上，頁 12。
〔註136〕以上詳見：《泰和會語》，頁 12～15。

經》、《詩經》、《尚書》、《春秋》、《周禮》、《儀禮》等）和「論」兩部份，而
「論」（統於「經」）又可再分「宗經論」、「釋經論」兩部份：《孝經》、《論
語》、《孟子》以及二戴所采的曾子、子思子、公孫尼子諸篇，屬宗經論；《儀
禮‧喪服傳》、《春秋三傳》與《爾雅》是釋經論，而《說文》則附屬於《爾
雅》；至於《禮記》，則是「有宗有釋」。這種分法，是馬浮參較佛家目錄學而
得的，他說：

> 「宗經」、「釋經」區分，本義學家判佛書名目。然此土與彼土著述
> 大體實相通。此亦門庭施設自然成此二例，非是強爲安排，諸生勿
> 疑爲創見……

經過這樣的區分後，六藝在經部的統攝地位就顯然可見了。〔註137〕

其次就史部來說。馬浮以爲，諸史中「紀傳雖由史公所剙，實兼用編年
之法；多錄詔令奏議，則亦尚書之遺意；諸志特詳典制，則出於禮」；此外，
紀事本末是「左氏之遺則」；而三通與通鑑，「編年紀事出於春秋，多存論議
出於尚書，記典制者出於禮，判其失亦有三，曰誣曰煩曰亂」。〔註138〕總之，
史部諸書也可以看作六藝的遷化與流衍。

再其次就集部來說。馬浮認爲，「文章體製流別雖繁，皆統於詩書……詩
以道志，書以道事；文章雖極其變，不出此二門」。他又說：「今言文學，統
於詩者爲多，《詩‧大序》曰：『治世之音安以樂，其政和；亂世之音怨以怒，
其政乖；亡國之音哀以思，其民困。』，三句便將一切文學判盡。」〔註139〕

至於子部，這是前面提到過的，這裡不再重複。

總而言之，馬浮認爲，就中土學術而言，「六藝可以該攝諸學，諸學不
能該攝六藝」；六藝是「一切學術之原」，而「其餘都是六藝之支流」。〔註140〕

（二）六藝統攝西來一切學術

首先，自然科學可統於易。馬浮說：「易明天道，凡研究自然界一切現象
者皆屬之。」又說：

> 物生而後有象，象而後有滋，滋而後有數。今人以數學、物理爲
> 基本科學，是皆易之支與流裔，以其言皆源於象數而其用在於制

〔註137〕同上，頁 15～16 下。
〔註138〕同上，頁 16 下。
〔註139〕《泰和會語》，頁 17～18。
〔註140〕《泰和會語》，頁 10。

器。《易傳》曰:「以制器者尚其象。」凡言象數者不能外於易也。

其次,社會科學可統於書、禮、春秋。馬浮說:「政治、法律、經濟統於書、禮。」又說:

> 春秋明人事,凡研究人類社會一切組織形態者皆屬之……社會科學之義亦是以道名分為歸,凡言名分者不能外於春秋也。

再其次,「文學藝術統於詩樂」,而「宗教雖信仰不同,亦統於禮,所謂『亡於禮者』之禮也。」

最後是哲學思想,馬浮說:

> 哲學思想派別雖殊,淺深小大,亦皆各有所見。大抵本體論近於易,認識論近於樂,經驗論近於禮;唯心者樂之遺,唯物者禮之失;凡言宇宙觀者皆有易之意,言人生觀者皆有春秋之意。但彼皆各有封執而不能觀其會通……若能進之以聖人之道,固皆六藝之材也。

以上可說是馬浮以六藝之道統攝西方學術的綱領〔註 141〕,雖只是簡略的、原則性的意見,但基本上有個完整的格局和思路。衡諸近現代中國學術發展的困境,可以知道,馬浮這個觀點有其時代的意義與價值。具體地說,西方學術在近現代取得相對優勢,尤其自然科學、社會科學強調科學精神與科學方法,更是中國傳統學術所短;馬浮這個觀點至少顯示了他對六藝之道的信心,也就是站在六藝之道的立場上來融攝西方學術的基本信念,值得國人參考和深思。

六、六藝為人類文化的最後歸宿

馬浮對文化的基本看法如下:〔註 142〕

> 《孝經》始揭父子天性,在《詩》曰秉彝,在《書》曰降衷,在《易》曰各正性命,在《中庸》曰天命之謂性……由是性之發用,而後有文化,故曰:「觀乎人文以化成天下」。其用之有差忒者,由於體之不明,故為文之不當也(原註:《易》曰:「物相雜故曰文,文不當故吉凶生焉。」);除習氣盡私欲,斯無不明無不當矣。

「性」是文化的本體,文化的本原。當本體有所不明,文化就要陷於紛亂迷

〔註 141〕 以上詳見:《泰和會語》,頁 24～25。
〔註 142〕 《講錄》卷三,頁 1 下～2。

失；而若是明得本原，識得本體，文化自然可達於美善。

　　基於此，則「此性德中自然流出」的六藝之道，便也可以統攝人類一切文化活動了。馬浮說：〔註143〕

　　　　趨實言之，全部人類之心靈，其所表現者不能離乎六藝也；全部人
　　　　類之生活，其所演變者不能外乎六藝也……彼雖或得或失，皆在六
　　　　藝之中而不自知其爲六藝之道……學者當知六藝之教固是中國至高
　　　　特殊之文化。唯其可以推行於全人類，放之四海而皆準，所以至高；
　　　　唯其爲現在人類中尚有多數未能瞭解，所以特殊。

又說：〔註144〕

　　　　西方哲人所說的眞、美、善，皆包含於六藝之中。詩、書是至善，
　　　　禮、樂是至美，易、春秋是至眞……諸生若於六藝之道深造有得，
　　　　眞是左右逢源，萬物皆備，所謂盡虛空遍法界盡未來際，更無有一
　　　　事一理能出於六藝之外者也。

又說：〔註145〕

　　　　所以說天下萬事萬物不能外於六藝，六藝之道不能外於自心。黃梨
　　　　洲有一句話說得最好，曰：「盈天地間皆心也。」由吾之說，亦可曰：
　　　　「盈天地間皆六藝也。」

此外，馬浮又強調，若不論所用名言的表面差異，則東西方聖人所行出來的都會是同樣的一個六藝之道：〔註146〕

　　　　天地之道只是個至誠無息，聖人之道只是個純亦不已。往者過，來
　　　　者續，本無一息之停，此理決不會中斷，人心決定是同然。若使西
　　　　方有聖人出，行出來的也是這個六藝之道，但是名言不同而已。

因此，馬浮作了如下斷言：〔註147〕

　　　　吾敢斷言，天地一日不毀，人心一日不滅，則六藝之道炳然常存，
　　　　世界人類一切文化最後之歸宿必歸於六藝，而有資格爲此文化之領
　　　　導者則中國也。

　　從以上所述可以看出，在馬浮的六藝論裡頭蘊涵著一個文化哲學的觀

〔註143〕《泰和會語》，頁25。
〔註144〕同上，頁26。
〔註145〕《宜山會話》，頁2。
〔註146〕《泰和會語》，頁26。
〔註147〕同上，頁26下。

點。事實上近人賀麟已經在《當代中國哲學》中指出這點，並且給予很高的評價：〔註148〕

> ……（馬先生）用力所在，及比較有系統的思想，乃是關於文化哲學的思想。他舉出詩教、書教、禮教……春秋教，稱爲六藝……廣義的指六種或六部門活潑發展的文化學術或教化而言……包羅萬象，該攝一切文化……其來源不是出於物質條件，而是從吾人心性中自然流出……簡言之，他的文化哲學的要旨是說，一切文化皆自心性中流出，甚至廣義講來，天地內萬事萬物皆自心性中流出。只要人心不死，則人類的文化即不會滅絕……當然這是很有高遠識見，能代表中國正統思想的文化觀，要說明如何萬事萬物，如何全部文化，皆自心性中流出，自然需要很高深困難的唯心哲學作基礎。

應當澄清的一點是，馬浮的學問體大思精，圓融一貫，不可僅以文化哲學爲他「用力所在，及比較有系統的思想」。

另外，近人唐君毅在《哲學概論》中也推崇馬浮六藝論爲當代中國文化哲學的代表作：〔註149〕

> 文化哲學一名，乃中國古所未有。然《禮記》之論禮樂各文，及〈經解〉之論詩、書、禮、樂、易、春秋之教，即皆爲文化哲學之討論。而除經子之書以外，歷代史書，如禮書、樂書……藝文志、刑法志等之敘言，其論禮樂等之文化意義與價值，多原本於性與天道，旁通於治亂興衰，即皆文化哲學之論也。清人章學誠著《文史通義》，更以詩、書、禮、樂、易、春秋之教，爲中國學術之大原。近人馬一浮先生，則有《六藝論》之著，亦意在以六藝之文化與其精神，通天人之故。此亦文化哲學之流。

除了誤以《六藝論》爲成書外，這段話已將馬浮六藝論在中國學術思想史上的意義和定位，做了扼要而恰切的說明了。

〔註148〕賀麟，《當代中國哲學》（嘉義：西部出版社，民國60年影），頁17。
〔註149〕唐君毅，《哲學概論》（臺北：臺灣學生書局，民國68年臺四版）上冊，頁161。

結　語

　　馬浮終身過著極低調的、隱士般的生活；但他並非一味地避世離俗，而是積極地治學進德、開導後學，希冀以學問道德匡濟天下的。他在《避寇集》的兩首詩（〈郊居述懷〉和〈爾雅臺〉）裡就說：[註1]

　　天下雖干戈，吾心仍禮樂……
　　勝暴當以仁，安在強與弱……

　　靜樹深如海，晴天碧四垂。
　　一江流浩瀚，千聖接孤危……

從中很可以看到他對禮樂教化、人類文明實在有著一份深切的關懷。

　　他所交往的人物中，有一流的詩人（如趙熙）、哲學家（如方東美），有當代大儒（熊十力、梁漱溟）、佛門大師（如釋弘一），還有科技專家（馬君武）……等。而他在這些人當中，仍是被推崇、肯定甚至求教的對象，可見他一代大儒的地位是早就得到認可的。

　　他的弟子中，有國學學者（程發軔、羅庸、戴君仁等）、經濟學家（壽景偉）、政治學家（劉百閔等）、藝術家（豐子愷）……等，甚至還有比他年長的人（洪允祥、許同萊等）。這些弟子對他無不衷心感念，敬仰有加，可見他的影響力非常深廣，能夠寓經世大業於教化當中。

　　他的學術著作雖不算多，但都是晚年成熟之作，義理精純，圓融一貫。而他的大量詩作則是真情流露、意味深純，也是儒門「依於仁，游於藝」傳統下的精粹之作。

――――――――――――――――――
〔註 1〕　《避寇集》，頁 1 下～2；頁 22。

他的學術思想，調和程朱、陸王，以程朱爲基底，以陸王爲歸宿（如釋「心統性情」、「窮理致知」等）；總該漢宋，以宋學統攝漢學、即經學即理學（如以六藝爲一心之全體大用）；會通儒佛，而能界限分明，不相淆亂（如六藝判教）；判明中西學術文化，以六藝爲終極歸宿，而不陷於比附。整體來看，雖然在行文、用語、表達手法上不免傳統保守，但他絕非自外於時代，退爲古人。他對當代儒學的新發展，雖無直接的、積極的開創；但毋寧說，他用力的重點，在以當代精神，融會傳統學術，作爲此後開創的資藉。換句話說，他是寓「開新」於「繼絕」中，而即繼絕，即開新的。

因此，就思想而論，馬浮除了毫無疑問已經是「當代大儒」外，還應該可以進一步稱爲「當代新儒家大師」。雖然他與目前認定爲「當代新儒家」主流的熊十力、唐君毅、牟宗三……等人，在思想性格上略有不同；但這正是他可以增添、豐富、甚至平衡「當代新儒家」，而不應爲「當代新儒家」所忽略的地方。

重要參考書目

（馬浮著作全目見第三章）

一、

1. 《十三經注疏》（清嘉慶二十年南昌府學重刊宋本），臺北：新文豐出版公司，民國 67 年影再版。

2. 清‧沈翼機等，《敕修浙江通志》（清乾隆元年重修本），華文書局，民國 56 年影。

3. 清‧馬文燨，《會稽馬氏宗譜》（會稽吳融：文英堂，清道光二十七年），美國哥倫比亞大學藏本；臺北：國學文獻館，微捲。

4. 紹興縣修志委員會編，《紹興縣志資料》第一輯，該會，民國 27～28 年。

5. 教育部，《教育部二十八年四月份工作報告》（油印本）。

6. 黃覺民編，《全國專科以上學校最近實況》，臺北：商務印書館，民國 30 年。

7. 教育部編，《第二次中國教育年鑑》，臺北：宗青圖書公司，民國 70 年影。

8. 《民國人物小傳》一～五冊，臺北：傳記文學出版社，民國 64～71 年。

9. 周作人，《知堂回想錄》，香港：三育圖書文具公司，1971 年再版。

10. 阮毅成，《三句不離本「杭」》，臺北：正中書局，民國 63 年。

11. 陶英惠，《蔡元培年譜》，中央研究院近代史研究所，民國 65 年。

12. 徐復觀，《徐復觀雜文——憶往事》，臺北：時報出版公司，民國 71 年二版。

13. 錢穆，《八十憶雙親、師友雜憶合刊》，臺北：東大圖書公司，民國 72 年。

14. 祁致賢，《海外論文集》，臺北：國語日報社，民國 72 年。

15. 國立臺灣大學圖書館編，《國立臺灣大學普通本線裝書目》，該館，民國60年。

16. 國立中央圖書館編，《臺灣公藏普通本線裝書目人名索引》，該館，民國69年。

二、

1. 宋・張載，《張子全書》，四部備要本，臺北：中華書局。

2. 宋・黎靖德編，《朱子語類》，臺北：正中書局，民國59年。

3. 宋・朱在、余師魯等編，《朱子文集》，四部備要本（改名《朱子大全》）。

4. 許玨，《高子菁華錄》，臺北：無錫許氏自強不息齋，民國56年影。

5. 馬浮，《泰和宜山會語合刻》，四川樂山：復性書院，民國30年（中央圖書館收藏）。又：臺北：廣文書局，民國69年影。

6. 馬浮，《復性書院講錄》，臺北：廣文書局，民國68年縮影再版。又：夏學社出版公司，民國70年影。

7. 馬浮，《爾雅臺答問》，四川樂山：復性書院，民國30～32年（中央研究院歷史語言研究所收藏）。又：廣文書局，民國62年影二版。

8. 馬浮編，《舜水遺書》，臺北：古亭書屋，民國58年影。又：世界書局，民國51年（改名《朱舜水全集》）。

9. 馬浮編，《儒林典要》第一輯，樂山：復性書院，民國29～30年（中央研究院歷史語言研究所收藏）。

10. 熊十力，《新唯識論》文言本，臺北：臺灣學生書局，民國72年影。

11. 熊十力，《十力語要》，臺北：洪氏出版社，民國64年影。

12. 熊十力，《十力語要初續》，臺北：洪氏出版社，民國66年再版。

13. 李霜青，《熊十力》，《中國歷代思想家》叢書，臺灣商務印書館，民國67年。

14. 賀麟，《當代中國哲學》，嘉義：西部出版社，民國60年影。

15. 藍吉富，《當代中國十位哲人及其文章》，臺北：正文出版社，民國58年。

16. 錢穆，《朱子新學案》，臺北：三民書局，民國60年。

17. 程發軔主編，《六十年來之國學》（全五冊），正中書局，民國63年。

18. 唐君毅，《哲學概論》，臺灣學生書局，民國68年六版。

19. 唐君毅，《文化意識與道德理性》，臺灣學生書局，民國69年四版。

20. 牟宗三，《生命的學問》，三民書局，民國67年三版。

21. 牟宗三，《心體與性體》（全三冊），正中書局，民國67～68年三～四版。

22. 牟宗三，《中國哲學十九講》，臺灣學生書局，民國72年。

23. 戴君仁，《戴靜山先生全集》，戴顧志鵷，民國 69 年。

24. 曾昭旭，《王船山哲學》，臺北：遠景出版社，民國 72 年。

25. 傅樂詩等，《近代中國思想人物論——保守主義》，時報出版公司，民國 70 年二版。

26. 劉述先，《朱子哲學思想的發展與完成》，臺灣學生書局，民國 71 年。

三、

1. 釋東初，《中國佛教近代史》，臺北：中華佛教文化館，民國 63 年。

2. 釋印光，《印光大師全集》，臺北：佛教出版社，民國 66 年。

3. 釋弘一，《弘一大師文鈔》，臺北：陳慧劍，民國 65 年。

4. 林子青，《弘一大師年譜》，香港：陳廷驊，1978 年重校排印本。

5. 釋太虛，《太虛大師全書》冊五十、五十一，臺北：太虛大師全書影印委員會，民國 59 年影再版。

6. 釋印順，《太虛大師年譜》，《妙雲集》中編之六，臺北：正聞出版社，民國 70 年。

7. 釋印順，《大乘起信論講記》，著者，民國 61 年再版。

8. 黃懺華，《佛教各宗大意》，臺北：新文豐出版公司，民國 62 年。

9. 李世傑，《華嚴哲學要義》，臺北：佛教出版社，民國 67 年。

10. 張曼濤編，《唯識學概論》，臺北：大乘文化出版社，民國 67 年。

11. 張曼濤編，《華嚴宗之判教及其發展》，臺北：大乘文化出版社，民國 67 年。

12. 張曼濤編，《天臺宗之判教與發展》，臺北：大乘文化出版社，民國 68 年。

13. 呂澂，《中國佛學思想概論》，臺北：天華出版公司，民國 71 年。

四、

1. 馬浮，《蠲戲齋詩全集》，臺北：自由出版社，民國 54 年影。

2. 胡樸安編，《南社叢選》，《近代中國史料叢刊》第三輯，臺北：文海出版社。

3. 姚琮，《味筍齋詩鈔》，中國文化學會叢書，民國 42 年。

4. 姚琮，《味筍齋詩文鈔》，臺北：藝文印書館，民國 59 年。

5. 汪辟疆著，高拜石校注，《光宣詩壇點將錄斠註》，臺北：河洛出版社，民國 65 年。

6. 楊牧編，《豐子愷文選》（全四冊），臺北：洪範書店，民國 71～72 年二、三版。

五、

1. 洪允祥，〈與馬湛翁書〉，《國風》五卷二期，民國 23 年 7 月 16 日。

2. 李絜非，〈西遷宜山前後的國立浙江大學〉，《教育通訊》二卷二十四期，民國 28 年 6 月 17 日，重慶。

3. 編輯部，〈復性書院徵選肄業生〉，《教育通訊》二卷二十六期，民國 28 年 7 月 1 日。

4. 馬浮，〈論校長教員之名不可用〉，《志學》十三期，民國 33 年 10 月 15 日，四川溫江（美國國會圖書館收藏）。

5. 馬浮，〈慈湖家記序〉，《志學》十四期，民國 33 年 11 月 15 日（美國國會圖書館收藏）。

6. 馬浮，〈重刊周易繫辭精義序〉，《志學》十六期，民國 34 年 1 月 15 日（美國國會圖書館收藏）。

7. 馬五先生，〈熊十力〉，《香港時報》「新世說」專欄，民國 40 年 2 月 3 日。

8. 王化棠，〈談熊十力〉，《暢談》三十三卷十一期，民國 55 年 7 月 16 日。

9. 錢穆，〈故友劉百閔兄悼辭〉，民國 57 年。

10. 許逖，〈方東美師七秩大壽獻辭〉，《中央日報》副刊，民國 58 年 4 月 4 日。

11. 朱淵明，〈憶馬一浮先生〉，《中國學人》第三期，民國 60 年 6 月，香港。

12. 朱守正，〈關於馬一浮〉，《珠海學報》第四期，民國 60 年 7 月，香港。

13. 林熙，〈馬君武・謝无量・馬一浮〉，《大人》三十七期，香港。

14. 熊復光，〈馬浮先生與復性書院〉，《傳記文學》二十四卷三期，民國 63 年 3 月。

15. 王士元，〈記吾師梁漱溟先生〉，《傳記文學》二十四卷四期，民國 63 年 4 月。

16. 牟宗三，〈熊十力先生追念會講話〉，《鵝湖》五十期，民國 68 年 8 月。

17. 王邦雄，〈當代新儒家面對的問題及其開展〉，《鵝湖》七十六期，民國 70 年 10 月。

18. 豐華瞻，〈豐子愷與馬一浮〉。

19. 餘青，〈近代中國的讀書種子：略述馬一浮先生的生平〉，《春秋雜誌》600、601 期，1982 年 7 月 1 日、16 日，香港。

20. 張肇祺，〈當代中國哲學〉，《哲學與文化》十卷三期，民國 72 年 3 月。

21. 阮毅成，〈馬一浮主復性書院〉，《小世界》九七九期，「靜遠書屋雜記」專欄，民國 72 年 10 月 1 日，臺北：世界新聞專科學校。

附錄一：馬浮的哲學典範及其定位 [註1]

劉又銘

前　言

　　馬浮的哲學基本上是朱子理學的立場，他據此融攝佛學、陸王心學以及歷代經學、子學等。他主張「六藝之道即是此性德中自然流出的」、「六藝實統攝於一心，即是一心之全體大用」，並且就本著這六藝之教的概念來作儒家判教，來撰述《復性書院講錄》。他又強調六藝是國學的最佳代表，可以統攝諸子與四部，可以統攝中西一切學術。總之，他對儒學傳統及其當代意義有一個整體的、創造性的洞見，可以歸爲「當代新儒家」的開創人物。

　　不過，有許多學者認爲馬浮思想守舊而封閉，只能稱作「當代儒家」；也有許多學者認爲馬浮的哲學是陸王一路，或程朱、陸王的融合；這都是本文想要辨正、澄清的的地方。底下，本文先就馬浮哲學典範的定位做個初步的討論，然後再分別詮釋馬浮的理氣論、心性論和修養工夫論。

（一）馬浮當然是「當代新儒家」

　　若隨順「當代新儒家」一詞向來的用法，那麼馬浮當然是當代新儒家。當代新儒家在五四以後逐漸出現。當時，各項事物紛紛脫離傳統朝西方文化傾斜、轉變。在這種情勢、氛圍下，還能夠自覺地抉擇儒家，並在理論上、

〔註1〕　本文初稿在在「紀念馬一浮先生誕辰 125 週年暨國際學術研討會」（浙江省文史研究館、杭州師範大學等主辦，2008.11）上發表，第一次修訂稿收入吳光編，《馬一浮思想新探——紀念馬一浮先生誕辰 125 周年暨國際學術研討會論文集》（上海：上海古籍出版社，2010），頁 130～144；又收入吳光主編，《馬一浮全集·第六冊（下）：附錄》（浙江古籍出版社，2013），頁 520～538。本文爲第二次修訂稿（2013.6.20）。

實踐上有所建樹，那就可以算是當代新儒家了。馬浮早年學過英、日、德文，曾遊學美、日，去過英國、德國，能直接研讀和翻譯西方論著；因此他的儒家立場是經過具體地考察、比較、深思的結果，並非一廂情願與抱殘守缺。表面上他的行文、用語比較傳統，但他的觀點、學說都是對當代現實問題以及西方文化的回應，並非傳統學術的簡單重複，這是具體檢視他的學說之後便可發現的。

當然，由於每個時代各有其「當代」，因此今天所謂的「當代新儒家」也只是個暫時的稱號而已。在未來新的時代裡，人們自然會改用別的方式來稱呼今天所謂的「當代新儒家」。

（二）「當代新儒家」至少應有三系

「當代新儒家」一詞隨順「宋明新儒家」一詞而來。向來所謂「宋明新儒家」、「當代新儒家」的稱號跟「尊孟抑荀」的價值觀分不開。依照這個價值觀，先秦孔孟儒學是儒家第一期（至少是第一期的主幹與核心），宋明新儒家（指理學諸儒）上接孔孟是第二期，而當代新儒家上接宋明新儒家則是第三期。以此為背景，過去對馬浮哲學定位的討論，都以宋明理學程朱、陸王兩系為參照點。然而，本文以為，「尊孟抑荀」的價值觀和「儒學三期說」是片面的，以程朱、陸王兩系作為參照是不完整的。

所謂一個時代的儒家，應該包括那一個時代儒家的各種派別在內。例如先秦儒家包括孔、孟、荀三個基本典範。其中孔子比較是均衡、綜合的型態，孟子、荀子則偏內偏外各有所重（孟、荀二人關於人性的概念不同，所以雖然一個主張性善一個主張性惡，但實質上應該是「強性善論」跟「弱性善論」的差異）。

孔、孟、荀這三個基本的儒學典範，在宋、明、清時期表現為朱子、王陽明、戴震三種思想典範。朱子是綜合、均衡的型態，以孟學含攝荀學；王陽明是加倍的孟學；而戴震則是荀學。其中戴震的情況比較曲折，他在尊孟抑荀的氛圍下，在詮釋孟學的意圖中不自覺地建構了一個「孟皮荀骨」的「新荀學」。

當代儒家當然也應該至少包括上述三系。粗略地看，馬浮、錢穆、余英時、成中英等人是「孔學——朱子學」一系；梁漱溟、熊十力、張君勱、唐君毅、牟宗三、劉述先、杜維明等人是「孟學——陽明學」一系；胡適、張岱年、李澤厚等人則是「荀學——戴震學」一系。跟宋明清時期的戴震一系

相似，這當代第三系的情況也是曲折混沌；由於尊孟抑荀意識型態或馬克思主義氛圍的影響，胡適、張岱年、李澤厚三人的荀學（甚至儒學）立場都沒有明顯表露出來。〔註2〕

（三）馬浮是新朱子學

目前關於馬浮哲學的定位大致有以下幾類（依出現先後次序排列）：

第一類。1945 年，賀麟認爲馬浮「其格物窮理，解釋經典，講學立教，一本程朱，而其返本心性，袪習復性，則接近陸王之守約」〔註3〕。1963 年，徐復觀也說馬浮「宏博似朱子；而朱子用心危若，馬先生則意境圓融。至其學問歸宿，則近陽明而不近朱子。」〔註4〕。他們的意思都是，馬浮哲學的形式面、基底框架是程朱，實質面以及歸宿則是陸王。這個意見影響頗大。如1984 年，劉又銘認爲馬浮「調和程朱、陸王，而以陸王爲歸宿」〔註5〕；1994年，楊儒賓認爲馬浮的六藝論「事實上是心學的一種變形……在實質內容上，與它最接近的則是王陽明的經學理論」，而馬浮思想「當歸宗於陸王，而不是結穴於程朱。」〔註6〕1995 年，滕復主張馬浮「一方面包容和調和程朱與陸王，另一方面又在思想實質上傾向於陸王。」〔註7〕；而 2006 年，姚褘更是直接用「心學」來標示馬浮哲學。〔註8〕此外，2006 年，王黨輝雖然主張馬浮的哲學是心學與理學的融合；〔註9〕但他的意思卻是，馬浮哲學中理學的部份「皆是以心學爲前提和內核」，馬浮是「以心學爲本體論，在此基礎上展開理學爲形上學，這就把二者統合在一個體系內了」；〔註10〕因此嚴格地說他應該還是賀麟、徐復觀這一類。

第二類。1963 年，戴君仁認爲馬浮「守程朱居敬窮理之教，涵養之粹，

〔註2〕 關於第三系，參見劉又銘，〈儒家哲學的重建——當代新荀學的進路〉，收入汪文聖主編，《漢語哲學新視域》（臺北：臺灣學生書局，2011）頁 157～181。

〔註3〕 賀麟，《當代中國哲學》（臺北：宗青出版公司影印本，1978），頁 16。

〔註4〕 徐復觀，〈如何讀馬浮先生的書·代序〉。

〔註5〕 劉又銘，《馬浮研究》，政治大學中國文學研究所碩士論文（1984），頁 127～128。

〔註6〕 楊儒賓，〈馬浮「六藝統於一心」思想析論〉，《鵝湖學誌》12（1994 年 6 月），頁 33、34。

〔註7〕 滕復，〈馬浮的儒學思想初探〉，收入方克立編，《現代新儒家研究論集（二）》（1995）。

〔註8〕 姚褘，《馬一浮心學思想述評》，雲南師範大學經濟政法學院碩士論文，2006。

〔註9〕 王黨輝，《馬一浮之心學理學融合論》，復旦大學哲學系博士論文，2006 年。

〔註10〕 王黨輝，《馬一浮之心學理學融合論》，頁 12、59。

讀書之博，並世未見其比」〔註11〕，並推崇他是「現代之朱子」〔註12〕。1985
年，林安梧認爲馬浮哲學「乃是程朱學調適而上遂的發展，通過馬氏學來看
朱子學，將可使朱子學有一較圓滿的系統」。〔註13〕 戴君仁之說可以算是馬
浮弟子的親身感受；林安梧之說則是對賀麟、徐復觀觀點的一個重要的扭
轉。此外，1991 年，宋志明認爲馬浮「應當屬於『新程朱』型的『新儒家』學者」
〔註14〕；2006 年，鄧新文也主張馬浮應該歸於程朱理學一路。〔註15〕

　　第三類。1992 年，陳來認爲，馬浮的理氣論「主要承繼了程朱學派的理
氣觀和華嚴宗體用論的理論思維」，但他的心物論「則承繼了陸象山、王陽明
唯心論和包括禪宗在內的整個佛教的『唯心』傳統……可以看作是中國傳統
哲學唯『心』論的一個綜合」。〔註16〕 2006 年，劉禕討論馬浮的功夫論，認爲
馬氏的「主敬涵養」繼承程朱一路，但「窮理致知」卻是對程明道、胡五峰、
陸王等人重察識思想的吸收；而整體地看則重心偏程朱一邊，重涵養甚於重
察識。〔註17〕這兩個觀點都認爲馬浮哲學既有程朱的部份，又有陸王的部份
（雖然整體上不無偏重）。

　　第四類。2004 年，滕復改變原先「傾向陸王」的判斷（見第一類），主張
馬浮「在朱、陸的分歧上並無偏向，而是提出了調停之說，認爲程、朱、陸、
王各自的思想，在本質上是沒有不同的。」〔註18〕這是主張調和或調停程朱、
陸王的一類。

　　上述四類中，第一、三、四類定位的出現，恐怕都因著陸王學派對朱子
理學的誤解而來。陸王學派一向不滿意朱子理學，對朱子理學的詮釋也往往

〔註11〕戴君仁，〈重印爾雅台答問後記〉，收在《爾雅台答問》（臺北：廣文書局影印
　　　　本，1973）內。
〔註12〕轉引自徐復觀，〈如何讀馬浮先生的書・代序〉，收在《爾雅台答問》內。
〔註13〕林安梧，〈馬一浮心性論的義理結構〉，《當代新儒家哲學史論》（臺北：文海
　　　　學術思想研究發展文教基金會，1996）頁 129。
〔註14〕宋志明，《現代新儒家研究》，北京：中國人民大學出版社，1991，頁 19。轉
　　　　引自王黨輝，《馬一浮之心學理學融合論》，頁 9。
〔註15〕參見鄧新文，〈馬一浮之學及其定位問題〉，《學術界》119，2006 年 4 月。
〔註16〕參見陳來，〈馬一浮哲學的心物論〉，收入陳著《哲學與傳統》，臺北：允晨文
　　　　化公司，1994。
〔註17〕參見劉禕，〈馬一浮功夫論初探〉，《寧波大學學報（人文科學版）》19 卷 2 期，
　　　　2006 年 3 月。
〔註18〕滕復，《一代儒宗——馬一浮傳》，杭州：杭州出版社，2004。轉引自王黨輝，
　　　　《馬一浮之心學理學融合論》，頁 9。

失眞、扭曲。所謂「析心與理爲二」、「心、性、情三分」的論斷其實都不是朱子理學的原貌。以這樣的朱子學爲參照，當然就會得出第一、三、四類的結果。事實上，朱子論學一向多頭並進、來回對比，因此若干環節難免在表面上顯得支離瑣碎，但若去除陸王學派的成見，並整體地、綜合地看，便能發現他的終於會歸爲一，便能同意他本來就有自己渾然融貫的思維，並非必然地需要陽明學來作根本的彌補與校正。

我在 1984 年對馬浮哲學的定位便是受到徐復觀的判定，以及牟宗三的朱子詮釋的影響。但在那之後，或許就由於馬浮哲學的潛在作用，我逐漸掙脫牟宗三那種陸王本位的朱子詮釋，形成了自己對朱子學的新理解。我個人的這個經歷恰恰印證了林安梧的觀點（見前），而我對馬浮哲學的定位也因此而從上述的第一類轉向了第二類。不過，林安梧認爲馬浮哲學「乃是程朱學調適而上遂的發展」，我則認爲馬浮對朱子哲學做了恰當的、相應的詮釋，然後又有進一步的發展。林安梧所謂「調適上遂」的說法難免讓人誤以爲程朱理學有根本的缺失，必須由馬浮來「調適上遂」；但我認爲朱子哲學本身已經是個成熟的典範，只是表達上不夠明朗、一致而已。

底下，我便以我所理解的朱子學爲參照來討論馬浮的哲學，來揭示馬浮「新朱子學」的哲學典範。

一、理氣論：從「純乎理／氣在理中」到「理行乎氣中」

相較於朱子的強調理、氣「不雜不離」，馬浮進一步強調理、氣的「不雜故非一」與「不異故非二」。（1：342）〔註19〕如果說，「不雜不離」難免有理、氣二分的嫌疑；那麼「不雜不異、非一非二」多少消除了這樣的疑慮。馬浮眞正的意思是，「理氣同時而具，本無先後……就其流行之用而言謂之氣，就其所以流行之體而言謂之理」。（1：39）也就是說，理是氣裏面作爲「體」作爲「發動者」的那個東西，而氣的流行則是理的發用的結果（嚴格地說，則是「理」本體的流行發用帶出氣的變化流行，詳見下文）。

澄清、化解朱子理學中理、氣二分的嫌疑，這應該是爲了回應、澄清明代心學家以及明清氣本論者的質疑。但馬浮並沒有成爲一個心學家或氣本論者。所以，雖然跟氣本論者黃宗羲、顧炎武一樣，馬浮也曾說過「盈天地間

〔註19〕 本文凡引述馬浮著作都出自《馬一浮集》（全三冊，浙江古籍出版社、浙江教育出版社，1996），並直接在引文後標示冊數、頁碼。

皆氣也」的話；但他並沒有像黃宗羲那樣，另外又說個「盈天地間皆心也」；
他也沒有像明代的氣本論者羅欽順那樣，主張「理爲氣之理」。相反的是，他
下一句便接著說「氣之所以流行而不息者則理也。」（1：336）也就是說，在
大力強調理、氣的「不異」與「非二」的同時，馬浮仍然堅持了朱子學中「理」
作爲「體」的基本觀點。從這點來說，馬浮哲學仍然是「理學」，也仍然可以
說成「理本論」。

底下再從三個方面，具體討論馬浮理氣觀的面貌和特色。

其一，在理、氣先後的問題上，朱子一方面說「此本無先後之可言」，一
方面卻又說「自形而上下言，豈得無先後」，又說「有是理後生是氣」。這就
彷彿還是存在著一個最最起始的「只有理，沒有氣」的階段，以及「理先氣
後」的事實（至少容易導致此誤解）。馬浮則指出，《乾鑿度》關於宇宙初始
說的是「太易者，未見氣也」。他據此解釋說，在最初的「太易」階段，其實
已經有氣的存在，只是未見罷了。他認爲，這時「理氣未分，純乎理」而「沖
漠無朕」，可說成「氣在理中」。（1：38、40）依照這個解釋，整個世界一開
始就是個有理也有氣的狀況，只不過此時的理寂然不動，氣也在理的主宰下
顯得寂然一片而無形可見。就這樣，馬浮的解釋避開了「理生氣」和「理先
氣後」的困擾，而又仍然保留了「理」作爲主宰的角色。

其二，是關於「理」的活動性的問題。這問題尤其表現在對周敦頤〈太
極圖說〉中「太極動而生陽……靜而生陰」一句的理解上。明代曹端雖然指
出，朱子語錄中「太極不自會動靜，乘陰陽之動靜而動靜耳」、「理之乘氣，
猶人之乘馬；馬之一出一入，而人亦與之一出一入」等話語，其語意味著
「理爲死理，而不足以爲萬化之原」，容易讓人誤解；但他也同時指出，朱子
另外在《太極圖說解》裏的解釋「極明備」，不致造成這樣的誤解。〔註20〕合
併起來看，曹端其實是爲朱子做了很好的澄清。在這問題上，馬浮的態度跟
曹端一樣，他引述了上述曹端的一大段話，同時自己也說：「朱注：『動靜者，
所乘之機也。』，『所乘』二字微有未安，若改爲『闔辟之機』似較安。」（1：
716）原本朱注用「所乘之機」，「乘」字相對強化了理自己不能活動的意味；
馬浮改作「闔辟之機」，則避開了這個誤解。顯然，他在這裏是對朱子注語做
正面的修訂、澄清，而不是否定。此外，在《太極圖說贅言》中，他也說：「理
本是寂然的，及動而後始見氣」（1：38-39）也就是說，依他心目中的朱子學，

〔註20〕　《曹端集》（北京：中華書局，2003），頁 23～24。

以及依他自己的觀點，「理」都是「活」的也就是能「活動」的而不是「死」的。當然，這裏「理」的活動性跟「氣」的活動性分屬不同層次，不能混為一談。

其三，是理帶著氣活動起來之後理、氣的相對關係。馬浮說：「氣見而理即行乎其中。」（1：38）又說：「理行乎氣中而用始形。氣不可言用，凡言用者皆理也。」（1：413）又說：「變化以氣言，流行則以理言。」（1：343）又說：「太極既形以後，『萬象森然』，可說『理在氣中』」（1：40）。這也就是說，流行的是理而不是氣；氣只能說變化，而氣的變化，其實就是理的發用、流行所帶出來的。因此，所謂理的發用，正是在氣當中對氣發用，是對氣的種種活動、變化的主宰、支持、規約與限定。所以馬浮又說：「此理不墮聲色，不落數量，然是實有，不是虛無……鳶飛魚躍，莫非此理之流行，真是活潑潑地」（1：40）。而在他來說，《易傳》的「天地設位，而易行乎其中矣」、「乾坤成列，而易立乎其中矣（馬浮原注：立字即是位字，古文位只作立）」，其實說的恰恰就是「理行乎其中」、「理位乎其中」（1：39）。

總之，「理本是寂然的，及動而後始見氣」，「氣未見時純是理，氣見而理即行乎其中」（1：39），「太極未形以前，沖漠無朕，可說氣在理中；太極既形以後，萬象森然，可說理在氣中」，這幾句話大致表達了馬浮對朱子理氣觀的創造性的詮釋以及創造性的重建。相對來看，牟宗三認定朱子的理只是靜態的「存在之理」，只是靜態地「使然者然」的實現之理，也就是「只存有而不活動」，不具創生義；〔註21〕這卻是對朱子學的扭曲、變形。很難想像朱子這樣的大儒處在儒家大傳統底下，窮一生之力，集宋學之大成，卻建構出這樣一種沒創生義、沒活動性的天理觀。

二、心性論：「心統性情」與「一心開二門」

馬浮說：「太極以象一心，八卦以象萬物。心外無物，故曰『陰陽，一太極也』」（1：427）又說：「邵子曰：『心為太極』，此語最諦。」（1：429）又說：「一切道術皆統攝於六藝，而六藝實統攝於一心，即是一心之全體大用也。」（1：20）單憑這些話，很容易讓人認定是心學。但重要的是，馬浮這些話中所謂「心」的內涵跟心學家的「心」並不一樣，因此不能根據這些話將他看作心學家。

〔註21〕 牟宗三，《心體與性體》III，頁503～504。

馬浮對「心」的看法，可以用張載「心統性情」一語來代表。他說：「陽明『心即理』說得太快，末流之弊便至誤認人欲為天理。心統性、情，合理、氣，言『具理』則可，言『即理』則不可。」（1：591）又說：「心統性情，即該理、氣。理行乎氣中，性行乎情中。但氣有差忒，則理有時而不行；情有流失，則性隱而不現耳。故言『心即理』則情字沒安放處。」（1：672）可以看出，在馬浮心目中，人情、人欲（屬氣的活動）容易有差忒、流失而遮蔽、阻斷或假冒了天理，因此不能驟然地說「心性是一」和「心即理」。也就是說，他並不像心學家那樣，樂觀看待理對氣的通透性。事實上程朱、陸王之間關鍵的、核心的差異恰恰就在於「理對氣的通透力的強、弱」這一點上，而不在於牟宗三所指稱的「理」的活動性的有無。

朱子也常說「心統性情」，但朱子的相關論述很容易被誤解為心、性、情三分。最主要的原因在於，朱子說心，除了指那兼包性（體）情（用）的心外，又常常隨順一般習慣，單單指情，而他又沒去分辨，於是就彷彿在性、情之外又有個心了。馬浮則非常細密地避開了這個表達上的毛病，他說（1：572）：

> 性即心之體，情乃心之用。離體無用，故離性無情。情之有不善者，
> 乃是用上差忒也。若用處不差，當體是性，何處更覓一性？凡言說、
> 思辨皆用也，若無心，安有是？若無差忒，安用學？

「凡言說、思辨皆用也」，這就將言說、思辨，一般常常說成「心」的，都放進「情／用」的範圍裏，也就是將「情／用」的概念明白地做廣義的界定。如此一來，「心」基本上只指那整體的心；而分開來看時便只是性和情兩層而已。性屬理，是體；情屬氣，是用。必須注意的是，馬浮說過，「變化以氣言，流行則以理言」、「氣不可言用，凡言用者皆理也」（見前引），因此所謂「情乃心之用」的意思應該是：情是在心當中，關聯著「性／理／體」之發用的部份。也就是說，所謂用，只能是就「性／理／體」來說的用，並非氣自己的用。正是在「性／理／體」的主宰、發用下，人心中氣的層面才有了如此這般的種種變化、表現叫做情。不妨說，由於「性／理／體」的主宰、發用就表現在屬氣的情的活動上，所以情的種種變化、表現便也可以寬鬆地徑說成用了。

馬浮又借用《大乘起信論》的「一心開二門」來譬喻、說明「心統性情」，他說：「整體地說是一心，分開來說則有二門；性相當於心真如門，情相當於

心生滅門。」（1：560、571）〔註22〕。

依《大乘起信論》，心真如門是「一法界大總相法門體」，是心之本性，不生不滅；而心生滅門則依著前者（心真如）而來，是不生不滅與生滅的和合。因此，馬浮這樣的比擬，恰恰呼應、印證了他「合說則為一心，分說則性是體情是用」的理路。重要的是，第一點，《起信論》心生滅門有「覺」與「不覺」二義，「能攝一切法，生一切法」；而馬浮認為，覺相當於「性其情」，不覺相當於「情其性」；這就證明了他所謂「心統性情」的「情」採取廣義用法，包括心的一切活動，並非單指情感、情意等意思。第二點，《起信論》生滅門依真如而有，是不生不滅與生滅的和合；這就說明了馬浮所謂性、情並非截然二分；在他來說，性是隨時在情之內或隱或顯地主宰著，也就是「離體無用，故離性無情……若用上不差，當體即是性」（見前引）。第三點，馬浮的弟子王紫東曾經提問說：「習固可以心言，但非謂心之本體然耳……心、習混融為一，則性、情在內明矣！」馬浮回答說：「習是生滅門事，如何謂統性情邪？」（1：618）這就間接透露了他所謂「心統性情」的「統」指的主要是統合、統括義，而不是動作義，不是指心以第三者的角色來統領、統御性與情。

馬浮「心統性情／一心開二門」的具體內涵，說明了他所謂「心」並非心學家直接以「本心」為心而「心、性是一」的用法。在他來說，最終極最根本的還是在心裡面作為本體的「性」與「性德」；這就如同他在主張「理氣同時而具，本無先後」的時候仍然要進一步強調「氣之所以流行而不息者則理也」一樣，都是以本體為歸的理路。所以他雖然說過「太極以象一心……心外無物」、「邵子曰：『心為太極』，此語最諦。」（皆見前引）但是一旦要突顯心裡面還有個本體時他便說：「邵子以心為太極；朱子以太極便是性，動靜陰陽是心。心以何為體？心以性為體。此理唯周子說得最明。」（1：714）又說：「心以象太極。當其寂然，唯是一理，無象可得。動而後分陰陽……而理即行乎其中……」（1：432）同樣的，他雖然說過「是

<hr>

〔註22〕 馬浮常藉佛學來說明儒學，有學者說這是「以佛證儒」，這似乎不妥，因為「證」字下得太重了。雖然馬浮的確在早年（1918）說過「捃彼教之卮言，證儒家之孤義」（2：505），但後來他已經改變說法，例如：「間有取於二氏之說，假彼明此，為求其易喻。」（1：422），又如：「法喻難齊……此亦假彼明此不得已之言。」（1：437），又如：「彼教經論浩博……特欲借彼明此」（1：83）據此則似乎可以稱作「以佛喻儒」、「借佛喻儒」或「借佛明儒」。

心能出一切法，是心遍攝一切法，是心即是一切法」，但他隨即又接著說：「說性命之理乃是顯此心之本體，說三才之道乃是顯此心之大用。」（1：488）應該說，馬浮所謂「心外無物」、「是心能出一切法，是心遍攝一切法，是心即是一切法」，是就整體的心並且側重其中「情」的一面來說的；這跟《起信論》宣稱心真如門、心生滅門「皆各總攝一切法」，然後又就心生滅門的「覺」、「不覺」二種義強調其「能攝一切法、生一切法」的理路是相似的（馬浮甚至直接借用了《起信論》的話語）；因此不能單就這些話語論斷他是心學的立場。跟上述相似，馬浮雖然說過「一切道術皆統攝於六藝，而六藝實統攝於一心，即是一心之全體大用也。」但他畢竟又從究極的層面說道：「六藝之教不是聖人安排出來，實是性分中本具之理」，又說「吾人性量本來廣大，性德本來具足，故六藝之道即是此性德中自然流出的，性外無道也。」（1：18）〔註23〕

不妨說，「一心」是兼該體用兩端整體地說的，「性」與「性德」才是就更根本的「心體」、「心之體」來說的。馬浮說：「心體云者，即性也。體若可離，則性成斷滅，一切聖凡、迷悟、染淨諸法及情世間、器世間俱無所依。」（1：562）總之，他的心性論中最根本的範疇應該是「性德」，其理論地位相當於陽明學的「良知」。從這裏也可以確定，馬浮的哲學是朱子理學一路，而不是陽明心學一路。

三、修養工夫論：先涵養後察識，思學並進，性修不二

馬浮在〈復性書院學規〉裡說，書院訂定學規的用意是「所以示學者立心之本、用力之要，言下便可持循，終身以為軌範……乃所以弼成其德，使遷善改過而不自知……將令身心調熟，性德自昭，更無走作」（1：105-106）；又說，學規四項「內外交徹，體用全該；優入聖途，必從此始」（1：107）。據此可知，他為復性書院所訂定的學規便是他修養工夫論的綱領了。底下便就著復性書院的學規四目來說明其修養工夫論。

〔註23〕 就在這裡，我們觸及了馬浮「六藝是性德所自然流出」、「六藝統攝中西一切學術」的主張。馬浮的六藝論，常有人認為迂闊、不切實際。我認為他的六藝論至少可以理解為這樣的一個基本信念：六藝之道是人性流注、具現在人間的最美好的形式，是普世的、至善至美的價值體系；就華人自身來說，我們可以根據它，開放地統攝、吸收、消化、取捨、開展中西一切學術。應該說，在開放地、批判地理解和運用下，馬浮的六藝論仍是值得肯定的。

（一）主敬為涵養之要

馬浮認為，人心虛明不昧之本體容易受氣稟拘迫而萎縮褊小，受物欲遮蔽而無法覺知、照物，必須主敬持敬，收攝身心，充養本原，才能回復原有的含容深廣與虛明照澈，也才能進行下一步的致思窮理（亦即察識、體認）。（1：108-110）應該說，跟朱子一樣，馬浮並不輕忽氣稟對「性／理」的遮蔽阻滯，不高估理對氣的通透力整正力，不認為「先立乎其大者」可以一念之間達到。正因為這樣，他才會極力強調「先涵養後察識」。他在《宜山會語》九篇中，有關主敬涵養的就有〈說忠信篤敬〉、〈居敬與知言〉、〈涵養致知與止觀〉三篇。他甚至說：「學者用力處只在涵養，涵養熟自能悟，悟後仍要涵養，故徹頭徹尾只是一個涵養，而察識自在其中。」（1：610）又說：「尊德性而道問學，必先以涵養為始基。及其成德，亦只是一敬，別無他道。故曰：敬也者，所以成始而成終也。」可以說，馬浮這樣地看重主敬涵養，絕不是對朱子學的一個局部的擷取而已，這是跟他的程朱理學立場有必然的理論關聯的。

（二）窮理為致知之要

這項相當於「格物致知」。馬浮認為，「格物」一詞，容易讓人誤以為物在外，理也在外。對他來說，「理」無所不在，不分內外，也不在事、物之外；而心之體即是性即是理，因而心具理，因而心、性、事、物就都因理而彼此相通，並且理、事、物也都不在心外；於是「格物致知」就可以說成「窮理致知」了——意思不變，卻能免於「向物、向外求理」的誤會。

馬浮又認為，所謂「窮理致知」的意思就是：究極此理、竭盡心知。同樣的，由於理在事在物也在心，因此並非先究極此理，然後竭盡心知；而是理窮得一分，知便致得一分；一當究極此理，便已竭盡心知。（以上參見 1：110～113）從上述脈絡來看，他所謂「即物而窮其理者，即此心之物而窮其本具之理也。」（1：111）就仍然是以「理」為本為基的立場，不能理解為陸王學的觀點。

關於窮理工夫的具體進行，馬浮特別強調一點：「窮理工夫入手處，只能依他古來已證之人所說，一一反之自心，子細體究，隨事察識，不等閒放過。」（1：112）這點顯然跟陸王學直接就自心體證的觀點不同，而仍然必須從朱子學來理解。前面說過，相對於陽明學，朱子學更加地強調氣的障蔽阻滯，也就是理對氣的「弱通透力」。若進一步引申，我們也可以說，雖然心具理，而

理能活動，但理卻不會直接地、主動地在人的意識、認知中清晰呈現；也就是說，理不會憑空現成以及迅捷容易地自己取得語言的形式進入意識中。就因為這樣，朱子才要貼著具體的事物，就著理對事物作用的形跡來體認理的本身，來取得理在意識中呈現的語言形式。同樣的，馬浮所以要強調「依古人所說，反之自心，仔細體究察識」，也是這樣的理路。

馬浮又說：「窮理之方，自是要用思惟。」他主張要在思惟中才能有真切的體認與察識，才能窮理致知。（1：114～115）事實上他在別處也曾說：「學問之道，以致思為最要。」（1：62）又說：「無思無為是果位上事，好學致思是因地上事……未到顏子地位，不致思豈能有得？」（1：69～70）又說：「義理本人心所同具……體究如何下手？先要入思惟……所以引入思惟，則賴名言。」（1：37）因此這並非孤立的話語，而是他明確的、重要的主張，並且這恰恰又是關聯著上述「依古人所說，反之自心，仔細體究察識」的進路所必然導出的一點。重要的是，馬浮說過：「孟子曰：『人之所不學而能者，其良能也；所不慮而知者，其良知也。』……孟子之言是直指……單提直指，不由思學（原注：慮即是思），不善會者便執性廢修。」（1：41）可見他的「要用思惟」是有針對性的，是對反於「孟子──陸王」一系的凸顯「不學、不慮」所提出來的。

（三）博文為立事之要

對於「文」與「事」，馬浮有個基本的、一般的界定：「凡天地間一切事相皆文也，從一身推之家國天下皆事也。」。必須注意的是，這樣的界定難免讓「文」與「事」變得漫無界限、難以掌握，因此馬浮又進一步做了個價值義的界定：「《論語》朱注曰：『道之顯者謂之文』，今補之曰：『文之施於用者謂之事』」。正是基於這價值義的界定，馬浮才會將「博文為立事之要」又說成「通經為致用之要」（1：115）也就是說，馬浮所謂「博文立事」並非一般地、寬泛地說，而是有其特定內涵的，它強調的是研讀經書，學習「道」（也就是「理」的發用、流行）的種種事例、內涵，藉以致用、行事。不僅如此，馬浮又說：「六藝之道何物而可遺？何事而不攝乎？」，又說：「明乎六藝之文者，斯可以應天下之事矣。」（1：117、116）這就把「博文立事／通經致用」更具體更明切地說成「學習六藝之文、六藝之道以應天下之事」了。

朱子的工夫論以程頤「涵養須用敬，進學則在致知」一語為主軸，完整

地說則是「涵養→察識→再涵養」；若借著《大學》八條目來說則是「敬（相當於涵養）→格致（相當於察識）→誠正修齊治平（相當於再涵養）」。對比之下，馬浮這兒的「博文立事／通經致用」顯然是就著「再涵養／誠正修齊治平」這一段做了具體的補充。他說：「已明心外無事、離體無用，更須因事顯理、攝用歸體，故繼窮理致知而言博文立事也。窮理主於思之意多，博文主於學之意多。《論語》曰：『學而不思則罔，思而不學則殆』……此見思學並進……」（1：116）大約「窮理致知」是在事、物的參照與提示中思慮、體認天理，重點在於對天理的整體的、質的認取；「博文立事／通經致用」則是在「再涵養」的同時，具體地學習各種各樣的「道」（六藝之文、六藝之道），以便作爲實際應事、行事的依據，重點在於對「文」與「道」的美好範型的積儲運用。這一項的補充，從陸王學來看並不是很有必要；因爲只要直接在事上磨練，當良知由粗轉精時就能應事無礙了。不妨說，「博文立事／通經致用」的提出，顯示了馬浮「以宋學精神融攝漢學」的一面；並且再度說明了馬浮是「性即理」一路，而非「心即理」一路。

（四）篤行爲進德之要

這一項是儒家的傳統老觀念，也是程朱、陸王兩路都會同意的一個環節。不過，在晚明王學末流空談心性，並且經過清初黃、顧、王等人作了重要的反思和救治之後，這一點在功夫論上就有了新的重要性和新的發揮空間。馬浮說：「有性德，有修德。性德雖是本具，不因修證則不能顯。故因修顯性，即是篤行爲進德之要。全性起修，即本體即功夫。全修在性，即功夫即本體。修此本體之功夫，證此功夫之本體，乃是篤行進德也。」又說：「須明性修不二，不是性德之外別有修德；修德須進，性德亦有進。性德本無虧欠，何以須進？當知天地之道只是至誠無息，不息即進也。」（1：121、122）一方面，我們可以從這些引文中看到黃宗羲「盈天地皆心也，變化不測，不能不萬殊。心無本體，工夫所至，即其本體」等話語的影子；另一方面，我們又可以看到馬浮借用佛教「性德」、「修德」的概念將黃宗羲原本就著「心體」來說的心學論述轉變成他自己就著「性體」來說的理學論述。

以上四項中，關聯著第一、二項，馬浮強調「先涵養後察識」；關聯著第二、三項，馬浮強調「思、學並進」；關聯著前三項與最後一項，馬浮強調「性、修不二」。基於這幾點，我們說，馬浮在他的工夫論裡仍然整體地、根本地、明確地呈現了朱子學而不是陽明學的立場。

結　語

　　馬浮的哲學論述極其廣大平和，其創造性的融合和創造性的發展都隱藏於娓娓道來、渾然而寧靜的言辭中，不經過具體的、細密的分析比對，就不容易發現。本文上面的討論，從理氣論、心性論、修養工夫論三個層面說明了他的確是朱子學一路的創造性的發展，並且具有「後宋明」的視野，以及「以宋學融攝漢學（經學）」和「以儒家六藝之教融攝古今中西一切學術」的用心。因此，整體地看，持平地說，他的哲學並不是沒有創意和新意，更不是傳統舊學的隨意拼湊與簡單重複；過去對他的一些負面的批評只不過是一時的誤解與誤讀罷了。

　　由於客觀情勢的偏倚與主觀心理的傾向，前此的當代新儒家一直以「孟學 —— 陸王」一系為主流。因此，多年來臺灣的當代新儒家學者往往認為馬浮的哲學不重要，甚至說馬浮的著作是「不急之書」。但隨著客觀情勢的推移以及主觀心理需求的轉變，當代新儒家中，那綜合、均衡型態的「孔學 —— 朱學」一路，以及最具有「中國文化脈絡下的現代性」的「荀學 —— 戴震學」一路都有可能進一步推進、發展；到那時候，作為「孔學 —— 朱學」一路的先驅的馬浮哲學，就一定會受到更多的重視了。

附錄二：馬浮研究相關資料選輯

劉又銘

一、跟附錄一一樣，本篇也是在這次（2014）才附加進來的。這些資料都是我在撰寫碩士論文《馬浮研究》的期間（1983～1984），以及那之後的若干年裡所收集的。它們大致涉及（1）馬浮生平（2）馬浮著作（3）泰和宜山時期的浙江大學（4）復性書院等幾個方面；有的是報導、介紹，有的是書信和評論；而其中有一部份曾經局部地摘錄、引述在《馬浮研究》裡。

二、這些都是較早時期的資料（最早從 1939 年起，最晚到 1987 年為止），有的向來不曾被注意到，有的在今天已經不容易看得到或找得到；所以我把它們收錄在這兒，供大家參考使用。不過要聲明一下：這不是一份完整詳備的資料，而只是一份可能的補充資料而已。

三、各項資料按照年代先後次序排列。每項資料後面再附加一段說明（包括資料出處，以及必要的解說和提示）。

1.《教育部工作報告》：創設復性書院

……

（5）創設復性書院

國學名宿馬一浮先生湛深性理之學，經奉　委員長指示，由本部與馬先生商洽，創設復性書院。茲已聘屈映光先生等十五人為籌備委員，成立籌備委員會，開始籌備工作。

【說明】原載於《教育部二十八年四月份工作報告（油印本）》頁三下。

爲該報告第三部分「關於主管事務之進行事項」的甲項「高等教育事項」的第五則。

2.《教育通訊》報導：私人講學機關設立辦法

私人講學機關設立辦法

公布日期　六月一日

第一條　書院及類似書院之私人講學機關，應具備左列條件方得設立：

一、主持人在學術上有特殊貢獻，資望品格爲海內所宗仰者。

二、不違背三民主義者。

三、經教育部學術審議委員會投票通過者。

四、學生需大學畢業或同等學力者。

五、有充足之基金者。

第二條　私人講學機關之學生概不給予資格。

第三條　私人講學機關遇有特殊情形必須政府補助經費時，應遵照私立專科以上學校補助費支給辦法呈請。

第四條　私人講學機關，每年須將該機關狀況呈報教育部，其應報之項目，由教育部訂定。

第五條　私人講學機關成績優良願改爲私立專科以上學校者，得按照私立專科以上學校立案手續請求立案並改稱。

第六條　私人講學機關設立後，本部將隨時派員視察，其有違背規定者，即予以取締。

【說明】原載於《教育通訊（週刊）》2：23（重慶，1939.6.10）頁 5；收在「教育法令」專欄內。這可以算是關於這個法令的一個即時的報導了。在稍後教育部所編的《教育法規》（1942.10）裏，第一類「通則」的第 113 則便是這個辦法，屬「教育部第 122242 號部令公布（民國 28.6.1）」。應該說，這是教育部爲了復性書院而特別訂定並且儘速通過的一個法令。

3.《教育通訊》報導：復性書院徵選肄業生

復性書院徵選肄業生

　　復性書院創始於國難嚴重之際，其宗旨在講明經術，注重義理，欲使學者知類通達，深造自得，養成剛大貞固之才，為純粹研究學術團體，由馬一浮先生主講。凡志願入學者，不限年齡資格，不納學費，須經主講知友介紹，如係大學畢業，由其本校文科教授介紹，或從事於教育事業者，由其主管機關證明，無介紹者亦可逕自申請，均須具書自陳志趣，詳敘涉學經過並附所作文字及本人最近四寸半身相片二張，請受甄別。經該院審查認為可造者，即寄與通知書徵其來院，一律為預備生，再經考察兩月後，方得選取為正式肄業生，酌予膏火，聞該院定於九月一日開講，院址暫定四川樂山烏尤寺云。

　　【說明】原載於《教育通訊（週刊）》2：26 期（重慶，1939.7.1）頁 7。

4.《圖書季刊》報導：復性書院開創消息

復性書院開創消息

　　該院以闡明本國學源（案：疑當作「學術」）本原，使學者得自由研究，養成通儒為宗旨，不隸屬於現行學制系統之內，亦不參加政治運動。研究科目有經術，義理，子，史，文學，而以經學為主。現代科學與外國語文不在所治之列，但得獎勵譯才，由書院主講指定，翻譯中國古籍為西文。又擬附設編纂館及印書部，編定群經統類，儒林典要，諸子會通及通史之類。該院頃已開始招收肄業生，肄業期間，院方著與津貼膏火，並得由院刊布其論著，身有職業而未能長期住院者，得為參學人，院方於其參學期內供給膳宿。參學人無定額，亦無定期。

　　該院開講期定於本年九月一日，院址暫定四川樂山縣烏尤寺，辦事處設樂山城內洙泗塘一號云。

　　【說明】原載於《圖書季刊》新 1：3 期（昆明，1939.9），頁 359；收在「學術及出版消息」專欄內。

5.《教育部工作報告》：核准民族文化書院備案

核准民族文化書院備案

本部據民族文化書院董事長陳布雷、院長張君邁等呈送民族文化書院緣起及組織大綱等件，據稱擬在雲南大理洱海旁創設民族文化書院，暫設經學系（附子學），史學系，社會科學系及哲學系，以培養德智交修，誠明並進之學風，共同研討學術文化，致力身心存養，以期擔負文化復興之大任為宗旨。當以該院設立，與部頒私人講學機關設立辦法之規定尚無不合，已准予備案。

【說明】原載於《教育部二十八年十二月份工作報告（油印本）》。這個資料跟復性書院並不直接相關，但它顯示了教育部當年所頒佈的「私人講學機關設立辦法」，受惠者不只是復性書院一例而已。

6.《圖書季刊》介紹《復性書院講錄》卷一等

講錄卷一

四川樂山復性書院編印　二十八年出版　木刻本　一冊　二七面

復性書院係於二十八年九月成立，以恢復國故，究心經義，養成通儒為主旨，為馬一浮熊十力等所創辦，不採取現行之學制，性質近似舊日之書院。

此錄係開講日馬熊二氏所示諸生者，為文二章，茲略述其大要如左：

馬氏講錄——謂書院所講求者，在經術義理，創議籌備諸公及來院相助諸友，其用心皆以扶持正學為重，應持常以遇變不累於物，師資不務速化，而期以久成；不矜多聞，而必求深造，須知自私用智，實違性德之常，精義入神，始明本分之事，望諸生進德修業，勿怠勿忽云。

熊氏講錄——首釋書院之名稱，次駁輕視文哲注重科學之偏見，次述立身行道治學致用之訓示十餘條，凡論器識，論親師，論敬長，及其如何耐性盡性以窮理，明智聰慧以究道，學為專材通材以治世，皆屬一代宿儒，病於我國今日事事模仿歐美委國故精華於不問，激而出此倡議，以時代思潮衡之，不免迂論，其中斥白話詩斥西洋詩各段，要屬一般舊學家之偏私，惟誥誠諸

生立志躬行，敦敦勸善之意未可厚非耳。

另新刊一冊，題名「講錄第一卷」共五十六面，所載全係馬氏一人之作，內容包括四篇，除第一篇〈開講日示諸生〉同於前冊外，第二篇〈學規〉，訂立主敬，窮理，博文，篤行四項，以爲進德修業之階梯。第三篇〈讀書法〉，歸納爲通而不局，精而不雜，密而不煩，專而不固四門，藉明讀書所以窮理亦所以畜德也。第四篇〈通經（按：當作「治」）群經必讀諸書舉要〉，雖不免偏陋，然自張氏《書目答問》以來，一人而已，此係通治門書目，他日別治門者當求廣博云。

【說明】原載於《圖書季刊》新 2：1 期（昆明，1940.3），頁 96～97；收在「圖書介紹」專欄內。文中除了介紹外也稍稍做了評論。

7.《圖書季刊》報導：民族文化書院之創設

民族文化書院之創設

邇來書院之創辦，頗稱盛行，在蜀有復性書院，在滬有太炎書院，研讀專攻，殊便學者。

民族文化書院係張君勱所創設，院址勘定雲南大理洱海旁，校舍正在建築中，本年暑假後，開始講授。

該院宗旨在使大學畢業生得以從容學問，進德修業，本客觀態度，以求真理，俾圖發揚固有文化而光大之，學科主修漢學，參治西學，以期德智兼修，誠明並進，暫設學系如下：

（一）經子學系，（二）史學系，（三）社會科學系，（四）西洋哲學系。

學規著重德性修養，以求彌救渙散無所歸依之學風，訂有（一）立己，（二）達人，（三）愛國，講學鵠的有三：（一）完成各人人格，（二）淬厲智慧以貢獻於世界學術，（三）本德智合一之工夫以致力於經世致用之大業。

【說明】原載於《圖書季刊》新 2：1 期（昆明，1940.3），頁 133～134；收在「學術及出版消息」專欄內。第一段顯示了當時一般知識界是怎麼看待復性書院的。此外，民族文化書院「主修漢學，參治西學」的路線也跟復性書院形成了明顯的差異和對比。

8.《圖書季刊》介紹《復性書院講錄》卷二、《泰和宜山會語合刊》

復性書院講錄卷二

馬浮著　二十九年三月復性書院出版　線裝　一冊　六八面　價九角

本卷首述群經大義，說判教與分科之別，玄言與實理之異。為明六藝之教，必先瞭然於此，而後可以無惑也。繼分十章，略舉《論語》大義無往而非六藝之要，《論語》有仁、政、孝三大問目，凡答問仁者，皆《詩》教義也；答問政者，皆《書》教義也；答問孝者，皆《禮》《樂》義也。故曰「興於《詩》，立於《禮》，成於《樂》。」《易》為《禮》《樂》之原，言《禮》《樂》則《易》在其中。《春秋》為《詩》《書》之用，言《詩》《書》則《春秋》在其中，故曰「《詩》亡而後《春秋》作」也。《春秋》以道名分，撥亂反正，尊諸夏而攘夷狄，至於文質損益，刑德貴賤，經權予奪，是其大用也。胡文定曰：「《春秋》公好惡則發乎《詩》之情，酌古今則貫乎《書》之事，興常典則體乎禮之經；本忠恕則導乎樂之和，著權制則盡乎《易》之變，百王之法度，萬世之準繩，皆在此書。故五經之有《春秋》，猶法律之有斷例也。」此言深為得之。

是編雖屬講說，行文不以謹嚴縝密為貴；而著者以其淹博，引申闡發，觸類旁通，縱橫條貫，融會為一，非同腐儒之株守注疏，無所會心之陳言也。各章論述，直似將一部《論語》拆散，而又從新鋪排，整理有方，創義無窮，足以啟發未悟。詞達理舉，望善會者有以得之！（敬）

泰和宜山會語合刊

馬浮著　二十九年一月嘉定刻本　線裝　一冊　一二六面　價一元

講義之說與著述事異，一則稱意而談，隨順時俗，語言欲人易喻，雖方言俚語，亦不為過；一則期其傳世行遠，不留疵瑕，體例務求謹嚴，敘論不取繁雜。講說亦有不由記錄而出於自撰者，如象山〈白鹿洞書院論語講義〉、〈荊門軍皇極講義〉，朱子〈玉山講義〉是也。王陽明以後，講會益盛，每有集聽，目為會語，其末流寖濫矣。

著者平生度門著書，未嘗聚講，及避寇江西之泰和，任國立浙江大學國學講席，始出一時酬問之語。其後隨校踰嶺入桂，復滯留宜山，續有稱說，《泰

和會語》曾先後印於紹興、桂林，旋已散盡，茲乃合刊，欲以貽初機之好問者也。

《泰和會語》包有〈論治國學先須辨明四點〉、〈橫渠四言教〉、〈楷定國學名義〉、〈論六藝該統攝一切學術（按：多「統」字，應是「該攝」）〉、〈論六藝統攝於一心〉、〈論西來學術亦統於六藝〉、〈論六藝明統類是始條理之事〉、〈論語首末二章義〉、〈君子小人之辨〉、〈理氣〉、〈知能〉等十一篇，另〈論老子流失〉附錄三篇。《宜山會語》包括〈說忠信篤敬〉、〈釋學問〉、〈顏子所好何學論釋義〉、〈說視聽言動〉、〈居敬與知言〉、〈涵養致知與止觀〉、〈說止〉、〈去矜〉等九篇，附〈擬浙江大學校歌〉一章。

大約隨機設施，因言見理，治學者各有因承，烏能以其空疏於義理而忽視之哉？（靜）

【說明】原載於《圖書季刊》新 2：3（昆明，1940.9）頁 450-451，在「圖書介紹」專欄內。

9.〈抗戰以來的國立浙江大學〉（節錄）　孫祥治

......

二、遷校之經過

......二十六年十一月五日，日在全公亭、金山衛登陸，東戰場形勢嚴重，於是西遷建德，租民防假公舍上課。十二月二十四日，杭州失守，杭富路上戰事異常緊張，大學乃奉令西遷贛南……二十七年一月抵吉安，時白鷺洲吉安中學適放假，遂假其地上課，並結束二十六年度第一學期之課業。白鷺洲為文文山先生讀書處，景行其地，彌增高山仰止之感。同時，在吉南四十公里之泰和趕修校舍，至二月而遷往。在泰和凡九閱月……嗣因贛北粵南相繼聞警，奉令西遷安順，乃車輛缺乏，運輸困難，於二十七年十月暫駐宜山，及至二十八年十一月二十四日南寧失陷，桂南迭受日機威脅，宜山空襲頻仍，影響課業匪淺，遂於二十九年二月遷至遵義，而於青岩設一年級分校，一面復在湄潭經營新校址，期於該地作較永久之計劃焉。

三、課業之維持

......

年度	學　期	學校駐在地	實際上課起訖日期	...
二十六年度	第一學期	杭州	二十六年九月十二日上課 二十六年十一月十一日停課	
		建德	二十六年十一月十九日復課 二十六年十二月二十二日停課	
		吉安	二十七年一月二十二日復課 二十七年二月三日至九日學期試驗	
	第二學期	泰和	二十七年二月二十一日上課 二十七年六月二十二至二十九日學期試驗	
二十七年度	第一學期	宜山	二十七年十一月一日上課 二十八年三月十一至十九日學期試驗	
	第二學期	宜山	二十八年三月二十七日上課 二十八年六月二十六至七月三日學期試驗 二十八年七月四日至八月十五日補課	
二十八年度	第一學期	宜山	二十八年十月十一日上課 二十八年十二月二十日停課	
		遵義	二十九年二月二十二日復課 二十九年四月十五至二十一日學期試驗	
	第二學期	遵義	二十九年四月二十九日上課 二十九年八月十九至二十五日學期試驗	

　　【說明】原載於黃覺民編，《全國專科以上學校最近實況》（商務印書館分支館，1941），頁 16（全文爲頁 15～19）。馬浮抗戰期間在浙江大學擔任特約國學講座，這份資料提供了時間地點的相關背景資料。

10.《圖書月刊》介紹《復性書院講錄卷三》

復性書院講錄　卷三

　　馬一浮撰　二十九年十二月初版　復性書院印行　線裝一冊　六十二葉　定價二元一角

　　是書爲《孝經大義》，凡六篇：前有序說，篇有附語。序說大意謂性外無道，事外無理。六藝之道，即吾人自性本具之道，亦即倫常日用所當行之事。六藝皆以明性道，陳德行，而《孝經》實爲之總會。《孝經》之義，始於事親，

終於立身，立身之旨，在於繼善成性。三代之英，大道之行，六藝之宗，無有過於此者。故繼《論語》之後（《講錄》卷三）略說此經。

〈孝經大義一〉，略辨今古文疑義。謂孔子爲曾子陳孝道，未嘗自撰《孝經》，朱子以爲曾子門人所記是也。《孝經》之傳，在先秦以（按：應是「已」字）顯，自兩漢諸師，皆以《孝經》與《論語》並重，分章亦從漢已然。然經文有今古文之別，古文孔安國注，今文鄭氏注，先儒並皆致疑。今謂注可疑而經不可疑，古文可疑而今文不可疑，孔注可疑而鄭注不可疑也。宜依今文十八章之舊。

〈孝經大義二〉，釋至德要道。分疏其義：至者究極之稱，要者簡約之謂，向上更無可說名曰至，推之不可勝用名曰要。德是自性所具之實理，道即人倫日用所當行。道、德對文，則德爲隱而道爲顯。性、道對文，則性爲體而道爲用。德、行對文，則德主內而行主外。六藝之教，總爲德教，六藝之道，總爲性道。《孝經》則約此性德之發現而充周者，舉示於人，使人知所用力而已。附語十餘則，於儒與釋道二家，有相互發明處。

〈孝經大義三〉，釋五孝。已知六藝總爲德教，而《孝經》爲之本，故說至德要道是明宗，次說五孝是辨用。五者，應跡不同，其本是一：心爲身之本，德爲心之本，孝又爲德之本。假佛氏依正二報釋之。五孝統於愛敬：愛敬之發爲孝弟，其實則爲仁義，推之爲忠恕，文之爲禮樂，舉體用而合言之則爲中和，爲信順，爲誠明，就德相而分言之，則溫恭、遜讓、易直、慈良、巽順、和睦，一切美德廣說無盡，皆孝弟之推也。（見附語）

〈孝經大義四〉，釋三才。說五孝是於理一中見分殊，釋三才是於分殊中見理一。釋經、義、行，以三易之義通之，經言乎其不易，義言乎其變易，行言乎其簡易。更以佛義通之：則有當於體大、相大、用大三義。更引《春秋繁露‧五行對》，廣爲申說。

〈孝經大義五〉，釋明堂。舉蔡邕、袁準二家之說，以蔡邕爲得之，袁準爲失之，蔡邕明堂月令論，言清廟，太廟太室，明堂、太學、辟雍，異名而同事，其實一也。其制度之數，則引大戴禮及蔡邕之說，所以明配天饗帝之義也。

〈孝經大義六〉，原刑。謂兵刑之作，由於禮樂不興，禮樂不興，由於德教不修，德教不修，由於孝弟不達，孝弟不達，由於性德不明。刑以弼教，刑亦教也。然期於無刑。引《大戴禮》〈曾子大孝〉篇，董生說《孝經》義，

《漢書‧刑法志》之言，《春秋左氏傳》叔向之言，及《荀子》〈宥坐〉篇，皆所以明前德而後刑，務德不務刑之理。篇末重申序說中之意，謂六藝皆爲德教所作，而《孝經》實爲之本；六藝皆爲顯性之書，而《孝經》特明其要。故曰一言而可以該性德之全者曰仁，一言而可以該行仁之本曰孝云。

綜觀全書，雖旁參二氏，然純是儒家之言。於進化論及征服自然之說有所詆諆，蓋就倫理論說，學人不加深論可也。（澹）

【說明】原載於國立中央圖書館編，《圖書月刊》1：5（四川江津中白沙，三民主義叢書編纂委員會，1941.6.30），頁 24～25；爲「新書介紹」的一則。

11.〈論復性書院講錄〉（節錄）　太虛

馬君《復性書院講錄》一、二、三，文從字順，其辭雅馴，義積純熟，其理平允，宛若程、朱、陸、王之再現。雖篤行踐形處猶未獲深知，而讀書爲說，則粹然類之矣；豈惟類之，且尤有勝之者也。試略言之：馬君於禪宗語錄，台賢教義，亦研習得相當純熟，引之比合儒言，乃往往恰到好處，使儒道藉以輝煌炳耀，大有非宋、明道學諸儒所能及者，其勝一也。承清代發皇小學考據經子之盛，馬君亦嘗含咀英華，擷拔芳萃，其取精用弘處，亦有非宋明儒之空腹空心、疏謬夸誕堪比者，其勝二也。值清季民初以來，歐西學術雲奔霧集，震盪全國，自政治教化以逮民俗生活，均呈劇變，馬君胸有權衡，靜觀默察，其所憤悱啓發於世緣者，亦遠超宋明諸儒而上之，其勝三也。然大醇不無小疵，再更端議之。

……

【說明】本文原載於《時代精神》五卷二期（在「大成老舊刊全文數據庫」的收藏目錄 http：//www.dachengdata.com/search/toRealIndex.action 中未見此期，但根據前後各卷出刊年份既各卷期數估計，此期的刊行應在 1941 年年底，或許在 11 月左右），收入《太虛大師全書》（太虛大師全書編纂委員會編，1956 初版，1970 再版）冊 50，頁 339～350。

本文很可能是對馬浮《復性書院講錄》所提出的第一個正式的、公開的學術評論（賀麟《當代中國哲學》刊於 1945 年九月左右，本文比賀著早了將近四年）。這兒節錄的是文章一開頭對《復性書院講錄》前三卷的整體評價的部分。其中，太虛大師從佛教的立場來讚揚馬浮思想，指出他超越、勝過宋

明儒的三個要點。值得注意的是，第三點說，面對歐西學術的衝擊，馬浮「胸有權衡，靜觀默察，其所憤悱啓發於世緣者，亦遠超宋明儒而上之」；這個意思，用今天的話來說，就是馬浮的確有資格作爲「當代新儒家」的一員了。

12.《最近高等教育概況》報導：私立講學機關三所

……

四、專科以上學校之變遷

……

（四）戰時專科以上學校之增設

……

此外尚有臨時政治學院二所，一爲安徽省立臨時政治學院，一爲山東省立臨時政治學院。私立講學機關三所，一爲復性書院，一爲民族文化書院，一爲中國鄉村建設育才院，均經核准設立。

【說明】原載於教育部高等教育司編印《最近高等教育概況》（1942.1），頁 18。

13.《圖書季刊》報導：復性書院典籍之刊行

復性書院典籍之刊行

復性書院由馬一浮先生主持，年來對於儒家源流及經典曾作有系統之闡揚。所刊諸書，皆極精要，當爲學者所必讀。茲錄簡目於下：

群經統類第一種，該院校刊：

春秋胡氏傳，宋胡安國撰。（二冊。）

儒林典要第一輯十種，該院校刊：

太極圖說，通書西銘述解，明曹端撰。

正蒙注，清李光地撰。

上蔡語錄，宋朱熹編。

延平答問，宋朱熹編。附後錄，補錄。

知言，宋胡宏撰。附疑義，附錄。

公是弟子記，宋劉　敞撰。

明本釋，宋劉　蘄撰。

聖傳論，宋劉子翬撰。

儒林典要第二輯，第一種，該院校刊：

盱壇直詮，明曹胤儒編羅近溪語。（二冊。）

講錄九種，馬先生講：

卷一，學規；讀書法；通治群經書目舉要；

卷二，論語大義；

卷三，孝經大義；

卷四，詩教緒論；禮教緒論；

卷五，洪範約義；

卷六，觀象卮言。（卷各一冊。）

叢刻三種：

泰和宜山會語，馬先生講；

爾雅臺答問，王培德劉錫嘏輯錄馬先生手札；

吹萬集，張立民選編該院學人論著。（三種各一冊。）

以上各書，除群經統類一種外，現均已出版云。

【說明】原載於《圖書季刊》新四卷一、二期合刊（國立北平圖書館圖書季刊編輯部，1943.3&6），頁 204，為「學術界消息」的一則。

14.《圖書展望》報導：復性書院遷杭

復性書院遷杭

復性書院於民國二十年（按：應為二十八年）由委座及孔祥熙陳立夫諸氏創議設立於四川之樂山。延馬一浮氏為主講，從學者甚眾，後以費絀罷講，專從事於刊行古籍，由董事長屈文六，副董事長陳藹士諸氏募集刻書基金，已達二千餘萬。去年十一月中在渝開董事會，決議遷回杭州，恢復舊制，講學與刻書並行，公推馬氏老友鍾鍾山氏先來杭州，與省府市府持洽院址，刻已全部遷回。

【說明】原載於《圖書展望》復刊第一期（杭州西湖孤山，浙江省立圖書館，1946.10.31），頁 32，為「文化簡訊五、其他文化綴拾」裏的一則

15.《圖書展望》：復性書院刊印諸書簡目並價格一覽
（廣告）

復性書院刊印諸書簡目並價格一覽

本院刊印諸書事方造始卷帙無多然書皆精要爲學者所必讀備有樂山杭州兩種
印本爲便於流通計各本僅收回紙料印釘之費定價最廉其版片剞劂等費並不計
算在內除由本院刻書處直接門售郵購外並約定杭州宋經樓商務印書館上海南
京漢口廣州中國文化服務社分社上海北平修文堂來薰閣及成都茹古書局等十
一家爲各該地代售處書目及代售辦法函索即寄

民國三十七年四月十六日復性書院刻書處啓

　　簡目及價格如下（以下各書除春秋胡氏傳吹萬集兩種外但出杭州本價格其記有＊符號
　　者存有樂山本書品較小內容無異悉照杭州本半價出售並請注意）

群經統類甲編八種　　本院校刊

　　＊繫辭精義　宋呂祖謙編　附馬湛翁先生序　一冊　十六萬元

　　春秋胡氏傳　宋胡安國撰　附馬湛翁先生序　二冊　十五萬元（此書係在
　　樂山排印無杭州本）

　　蘇氏詩集傳　宋蘇轍撰　刻未成

　　嚴氏詩緝　宋嚴粲撰　刻未成

　　＊大學纂疏　宋趙順孫撰　附馬湛翁先生札記並跋　一冊　八萬元

　　論語纂疏　宋趙順孫撰　三冊　二十八萬元

　　孟子纂疏　宋趙順孫撰　三冊　二十八萬元

　　＊中庸纂疏　宋趙順孫撰　一冊　十萬元

群經統類乙編三種　　本院校刊

　　＊易學濫觴　元黃澤撰　　春秋師說　元趙汸編　合釘一冊　十六萬元

　　毛詩經筵講義　宋袁燮撰　一冊　八萬元

儒林典要第一輯十種　　本院校刊

　　＊太極圖說通書西銘述解　明曹端撰　附馬湛翁先生序　合釘一冊　十四
　　萬元

　　＊正蒙注　清李光地撰　一冊　十四萬元

＊上蔡語錄　宋朱子編　一冊　七萬元

＊延平答問　宋朱子編　附後錄補錄　一冊　十萬元

＊知言　宋胡宏撰　附疑義附錄　一冊　十萬元

＊公是弟子記　宋劉敞撰　一冊　七萬元

＊明本釋　宋劉荀撰　一冊　十一萬元

＊聖傳論　宋劉子翬撰　附馬湛翁先生序　一冊　五萬元

儒林典要第二輯五種　本院校刊

先聖大訓　宋楊簡撰　三冊　四十三萬元

慈湖家記　明秦鉞編　附馬湛翁先生序　二冊　三十五萬元

＊盱壇直詮　明曹胤儒編羅近溪語　附馬湛翁先生序　二冊　二十一萬元

＊周易六龍解　東溟粹言　明管志道撰　合釘一冊　六萬元

儒林典要第三輯一種　本院校刊

朱子讀書法　宋張洪齊熙同編　一冊　七萬元

講錄九種　馬湛翁先生講

卷一　學規　讀書法　通治群經書目舉要　合釘一冊　四萬元

＊卷二　論語大義　一冊　九萬元

卷三　孝經大義　一冊　九萬元

＊卷四　詩教緒論　禮教緒論　合釘一冊　九萬元

＊卷五　洪範約義　一冊　十四萬元

＊卷六　觀象卮言　一冊　十一萬元

叢刻六種

復性書院擬先刻諸書簡目　馬湛翁先生擬訂　一冊　四萬元

泰和宜山會語馬湛翁先生講　合釘一冊　十五萬元

＊爾雅臺答問　王培德劉錫嘏輯錄馬先生手札　一冊　七萬元

爾雅臺答問續編　張立民王培德輯錄馬先生手札　二冊　二十一萬元

濠上雜著　張立民輯錄馬先生雜著　刻未成

吹萬集　張立民選編本院學人論著　一冊　七萬元(此書係在樂山排印無杭州本)

附　告

一、後有續出隨時增入惟樂山印本存書無多欲購從速

二、郵購者須另加郵費包紮二成多退少補唯寄出之書或因郵局中途汙損及遲
　　遞等情本院不能負責

三、學校圖書館及文化團體備函來購者照訂價九折優待

四、蠲戲齋詩集由本處流通實價一百萬元概無折扣寄費另加

　　　　院址　杭州靜江路九十一號（即前裏西湖葛蔭山莊）

　　　　電報掛號　一七八八　　　電話　一八五九

　　【說明】原載於《圖書展望（季刊）》復刊第七期（杭州西湖孤山，浙江省立圖書館，1948.4.30）封底。又，這份書目裏頭各書的售價充分反映了當時幣值大幅下跌的情況。可以做為參照的一個數據是，同期《圖書展望》季刊總共 33 頁（A4 版面），售價是「法幣四萬元」。

16.《第二次中國教育年鑑》介紹復性書院

私人講學機關——復性書院

　　（一）主旨　以綜貫經術，講明義理，養成通儒為主旨。

　　（二）沿革　該院創立於民國二十八年，初設於四川樂山，有住院肄業生二十餘人，院外參學十餘人，通訊問業者頗眾。刊有講錄九種及校刊《群經統類》、《儒林典要》諸書。自三十二年因經費支絀，不能容接學人，乃罷講習，專事刻書，至今不輟。

　　（三）組織　初籌備委員組織籌備委員會，聘馬一浮為主講總持教事，旋改為董事會，並置基金保管委員會。三十四年，改訂規制：由董事會推舉馬一浮為院長，另推副院長一人，總理院務；主講兼任總纂，專事編訂，選刻諸書目錄。並擬俟講舍粗成，準備復講。其組織系統如左表：

　　（1）辦事處　刻書處暫歸辦事處兼管，俟刻書擴充業務繁時，得別設刻書處，置提調專管之，分設木刻部，鉛板部，石印部，流通部。

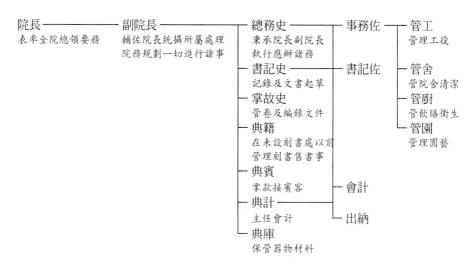

（2）講習處　編纂處暫歸講習處兼攝，未置總校以前，以總協纂兼任，事繁時得另設編纂處，由總纂總校專領之。

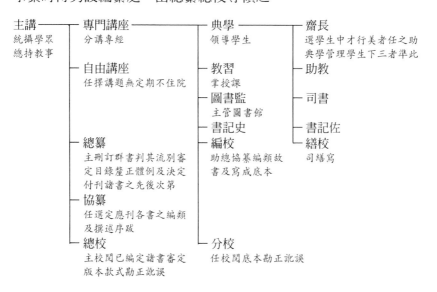

（四）經費　初由政府補助，繼由董事會募集基金，以基金生息爲刻書費。

（五）院址　三十五年自四川遷至杭州，由國民政府電浙江省政府，指借裏西湖葛蔭山莊爲臨時院舍；並經行政院令浙省府，准予租用舊藩署空地爲建築院舍之用。

（六）設備　初在樂山，假屋山寺，除講舍外，僅有簡陋之圖書館及刻書工場。遷杭後，董事會近擬再募基金添置設備。

（七）研究事業　在院學人所研究者，爲群經諸子，兼及文史，其職志在明古代學術流別，務知類通達，不貴一偏一曲之見，期於躬行實踐，成德達才，重漸摩薰習，不重辯說，故尙未有成績可言，至校刊諸書，已成者僅二十餘種，選定目錄尙未刻者數百種。

（八）在院任職人數　在院任事人員，多係兼攝，現有職員研究員共二十八人，工役八人。

【說明】原載於《第二次中國教育年鑑》（教育部編纂，1948；收入《中國教育年鑑》冊 7～10，台北宗青出版公司 1981 影印本），頁 48～49。據本書序文，此時教育部長爲朱家驊。據本書〈編輯例言〉，這部年鑑採集材料到 1947 年年底爲止，而敘述則多到 1948 年四月爲止。其中第六編「學術文化」第三章「學術機關」第肆節的標題就是「私人講學機關——復性書院」。也就是說，復性書院在這裡是作爲私人講學機關的唯一代表被介紹和敘述的。

17.《學思文粹》選錄馬浮論著

《學思文粹》編者爲蘇淵雷（1908-1995），浙江人，文史學者，著有《易學會通》、《經世文綜》、《學思文粹》、《李杜詩選》、《鉢水齋外集》……等。

《學思文粹》（蘇淵雷編著，鉢水齋 1948；又，未著編者，台北：生活出版社，1959 影印版）選錄古今學術論著共 116 篇，共分爲十卷。前九卷收錄先秦到清代的學術論著（其中有一小部份是當代學者的詮釋評論作品）。而第十卷選錄的便是民國時期的學術論著，其目錄如下：

最近世之學術（節錄）	梁啓超論中國學術思想變遷之大勢
嘉興沈乙盦先生學案小識	王蘧常
附沈乙盦尙書七十壽言	王國維
瑞安孫先生傷辭	章炳麟
與岡鹿門書	宋衡
楊仁山居士傳	歐陽漸
親教師歐陽先生事略	呂澂
談孔學	歐陽漸
讀史總論	陳黻宸
自序	章炳麟菿漢微言

復性書院學規 　　　　　馬浮

談學與人之自覺 　　　　　呂澂

　　其中就選了一篇馬浮的〈復性書院學規〉。可以說，蘇淵雷這部《學思文粹》在 1948 年前後那樣一個歷史轉折的關鍵年代，從中國學術思想史的視野，對馬浮思想的地位與重要性做了一個相當的肯定。

18.《當代中國十位哲人及其文章》：馬浮（節錄）　　藍吉富

　　……

馬浮簡介

　　徐復觀先生在廣文版《爾雅台答問》〈代序〉一文中，曾指出當代中國四大儒爲熊十力、馬浮、梁漱溟、張君勱四先生。這四位先生中，在學問和行爲方面最具有傳統儒家之醇儒氣象的，則應推會稽馬浮先生。

　　馬先生是浙江會稽人，字一浮，號湛翁，別號「蠲戲老人」。由於生性不求聞達，隱居於西子湖畔，所以不太爲世人所知。初曾講學於浙江大學。倭寇入侵後，他離開杭州到四川，民國廿八年夏，應時人邀請，出任復性書院主講。復性書院設在四川樂山縣烏尤寺。其時熊十力先生也曾應聘赴該書院爲講師，惟不久即因病辭職。大陸淪陷後，馬先生也未能來台，這眞是一件令人惋惜和傷感的事。據云馬先生已逝世於大陸……

　　下面摘錄的是幾位名學者心目中的馬先生，從這些比較原始的資料裡，也許讀者對馬先生較能有一親切的印象。

　　（一）徐復觀先生說：「凡是看到馬先生所寫的字，所作的詩的人，只要稍有這一方面的修養，便不難承認它是當代第一流乃至第一人的手筆。」「馬先生是一個博極群書、精通訓詁校勘之學的人。」「馬先生宏博似朱子；而朱子用心危若，馬先生則意境圓融。至其學問歸宿，則近陽明而不近朱子。」（原註：此上所引，俱取自徐先生爲廣文版《爾雅台答問》所寫的〈代序〉一文。）

　　（二）戴君仁先生說：「君仁敬惟（馬）先生之學，經術義理，圓融周遍，雖以宋儒爲主，而亦兼采漢人之說，造詣之宏深，莫可窺測。又旁及道書釋典，玄理禪心，靡弗究貫。」「先生守程朱居敬窮理之教，涵養之粹，讀書之博，並世未見其比。所爲文章歌詩，高古深美，度越魏晉。作書治印，亦風格峻雅，有出塵之致。」（原註：此上所引，係取自戴先生所寫，廣文版《爾

雅台答問》〈後記〉一文中。戴先生現任台灣大學教授，爲馬先生的學生。）

（三）賀自昭先生說：「馬一浮先生本係隱居西子湖畔的一位高士，也是我國當今第一流的詩人。」「馬先生兼有中國正統儒者所應具備之詩教、禮教、理學三種學養，可謂爲代表傳統中國文化的僅存的碩果。其格物窮理、解釋經典，講學立教，一本程朱，而其返本心性、袪習復性則接近陸王之守約。他尤能卓有識度，灼見大義，圓融會通，了無滯礙，隨意拈取老莊釋典以闡揚儒家宗旨，不惟不陷於牽強附會，且能嚴格判別實理玄言，不致流蕩而無歸宿。」

「馬先生生平沈浸潛玩於中國文化的寶藏中，他用力所在，及比較有系統的思想，乃是關於文化哲學的思想。……他的文化哲學的要旨是說，一切文化，皆自心性中流出，甚至廣義講來，天地內萬事萬物，皆自心性中流出。只要人心不死，則人類的文化即不會滅絕。」（原註：此上所引，俱摘自賀著《當代中國哲學》。）

【說明】藍吉富《當代中國十位哲人及其文章》（台北：正文出版社，1969）一書是爲初學者所編寫的哲學入門著作，先後介紹了章炳麟、歐陽竟無、王國維、馬浮、熊十力、張君勱、梁漱溟、唐君毅、牟宗三、陳康等當代中國十位哲人。其中關於馬浮的部分，包括馬浮〈復性書院開講日示諸生〉、〈告書院學人書五〉、〈告書院學人書六〉等三篇文章和上面這一段簡介。應該說，在早些年的台灣，除了有幾家出版社分別出版馬浮的若干著作外，〔註1〕藍吉富可能是第一個在專書（而非期刊論文）裏面以專篇來介紹馬浮思想的人了。

19. 〈憶馬一浮先生〉（節錄）　朱淵明

……馬先生自與熊先生訂交，而序熊之《新唯識論》，中有句云：「先生學究天人」及「遂使僧肇歛手而咨嗟，玄奘矯舌而不下。」其傾佩之忱，可以想見。熊先生亦認馬先生爲儒林知音，與林宰平、梁漱溟諸先生並重同禮。每至杭州，必與馬先生朝夕盤桓。但二位先生之淵博謹嚴固相若，而個性氣

〔註1〕　包括廣文書局所出版的《爾雅台答問》（1963）、《復性書院講錄》（縮印本，1964）、《泰和宜山會語合刻》（1980），夏學社所出版的《復性書院講錄》（大字本，1981），以及自由出版社所出版的《蠲戲齋詩全集》（1965）。

質則有異；熊先生言詞慷慨而有時不免激越，馬先生說話簡練，而言必有中。熊先生喜罵權貴（自然毫無私意），馬先生則多論事實，而少批判人的長短，然亦胸有主宰，言詞之中，常寓皮裏陽秋，不過含蓄較深耳⋯⋯

故馬、熊二位先生，亦有時小抬其槓，而稍吵其嘴，但事後熊先生赴馬先生處照常談笑，二位仍怡然如初。然若有梁漱溟先生參加其中，則議論滔滔，另成一局面矣。

民國廿二年（一九三三）暑假期中的某一天，筆者於傍晚順道至馬先生處，一進客廳，忽見滿堂賓客，熊先生正站著說話（此乃熊先生的常態），甫畢，回頭見余，即道：「你來正好。你回去預備一下，明天我們到你那裏去談。今天他們遊湖半天，又談了半天，應該休息哪」說罷即領余介見梁漱溟先生及初會的數位⋯⋯

次日十時左右，梁、馬、熊三先生及各位高足共約十人，齊集敝寓，菸茶點心與飯食，早已準備齊全，他們的暢談，自係繼續昨日未竟之意，余初不悉所談是何學術問題，且因居主人地位，既須照料賓客，又須辦理他事，雖出入客廳，然不便坐聽，但覺熊先生聲浪最高，梁先生議論最長，而馬先生則正襟危坐，手挾香烟，說話簡潔有力。自晨至晚，九時許始散，似乎並無結論。余當時感想：古人所謂「朱陸異同，鵝湖會講」，今日之談，得毋類似？⋯⋯

當晚梁先生等先行，馬、熊二位略緩一步⋯⋯第二天，余送梁先生等上火車後，返至馬先生處，熊先生問余曰：「你看梁先生如何？」余冒然答道：「照他的風範，我看他應享大名。」熊先生即道：「麼事大名？麼事大名？」言下似有不以為然之意。而馬先生則沉默無語⋯⋯

【說明】朱淵明此文，登在香港新亞研究所《中國學人》第三期（1971.6），頁 178～185。這裏節錄其中描寫馬浮、熊十力、梁漱溟三人的往來相處以及1933 年某次論學聚會（作者說這個聚會類似宋代朱陸的「鵝湖會講」）的部分（頁 180～181）。據文中自述，朱淵明是壽毅成的莫逆之交，小馬浮、熊十力二十歲或更多，是馬、熊二先生的忘年小友。

附帶一提的是，本文作者本名朱惠清，朱淵明是他的筆名，而且他還有另一個筆名叫「餘青」。〔註2〕他在本文之後，隔了 11 年，又用「餘青」這個

〔註 2〕 據丁敬涵，〈馬一浮先生交往錄〉，《馬一浮全集（六上）：附錄》，頁 108。

筆名發表了一篇〈近代中國的「讀書種子」：略述馬一浮先生的生平（上）（下）〉〔註3〕。

20.〈馬浮先生與復性書院〉（節錄）　熊復光

一、創院緣起

……（復性書院）籌辦的經過，劉伯閔先生、壽毅成先生奔走之力為多。再則劉伯閔先生與馬浮先生有一段不平常的知遇，也是促成創院的遠因。據劉先生說：「……抗戰軍興，馬先生以碩學清望，隨浙江大學，攜其外甥及外甥眷屬赴義西遷，雖在泰和宜山小住，但不願在上庠講學，輒思得以（按：疑當作「一」）清幽環境作久居之計，當時壽毅成先生找我研商馬先生住的問題，同時並請教屈文老陳藹老，經研究結果，最理想的是在一風景區創辦一所書院，請馬先生為主講，藉以宏道淑世。承馬先生允諾。即草擬建院計劃。以領袖蔣公平日禮待師儒，乃透過陳布雷先生，將復性書院建院計劃報告蔣委員長。委員長特准創辦，並捐專款三萬元為建院基金，命屈文老主其事。同時教育部四川省府亦允每年定額補助，於是復性書院遂於二十八年春在四川樂山（嘉州）烏尤寺創立。」

以上是劉伯閔先生於五十七年由香港回國時，對我講述復性書院創辦的緣起……

二、董事會

復性書院董事會係由浙江大老及當代名德所組成。董事會有屈映光（文六）、陳其采（藹士）、陳布雷、葉楚傖、周鍾嶽（惺甫）、陳果夫、壽毅成、沈尹默、邵力子等。屈映光先生為董事長，陳其采先生為副董事長。特請劉伯閔先生為總幹事。當時屈董事長是中央賑濟委員會副委員長，陳副董事長是國府主計長，劉總幹事是國民參政員，政大教授，並主持中央宣傳部中國文化服務社，為社長。

董事會日常會務及與馬主講之聯繫，統由總幹事劉伯閔先生負責。劉先生經常駐中國文化服務社辦公，社址在重慶較廠口磁器街，也是董事會的辦

〔註3〕 餘青，〈近代中國的「讀書種子」：略述馬一浮先生的生平（上）（下）〉，《春秋雜誌》600 期（1982.7.1），頁 4～7；601 期（1982.7.16），頁 8～11。

公處。凡董事會一切業務及書院應辦事項，概由中國文化服務社義務兼辦。民國二十九年，我在中國文化服務社任秘書，奉劉社長命，兼辦復性書院業務，所以當時對各董事及主講有聆教的機會。三十二年八月後，同事郭孝先兼任屈董事長私人秘書，我這分兼差，就移交給郭祕書了。郭祕書兼任不久，乃由明允中先生兼任，允中兄與劉伯閔先生遊，甚得倚重，精於詞章，馬主講數稱美之。三十四年抗戰勝利，馬主講於三十五年還鄉，書院亦隨馬主講遷杭州西子湖歌鶯山莊（按：應是葛蔭山莊）。董事會則遷移上海。

在我兼辦書院業務的期間，將近三年，董事會從未召開過，凡書院有何重要問題待商，照例由董事長屈文老邀請副董事長陳藹老及總幹事劉伯閔先生，在重慶林森路屈公館聚餐，我做紀錄。馬主講無論談院務，要經費，發牢騷，也是直接寫信給董事會這三位負責人。有時董事長總幹事因公外出或有遠行，書院有公事待決，我就逕行請示副董事長裁處。然後我再轉復書院馬主講。

書院員生膏火及一切開支，均仰賴基金利息及政府補助，四川省府每年一萬元，教育部每月四千元，民國三十年以前，尚可自給，此後因物價日昂不能維持開支，乃由董事會請求教育部，准書院報領食米，名為私人創辦的書院，也無異半公立了。到了三十一年年終，學生離院甚多，乃終止講學，專門刻書（按：不過據馬浮〈告書院學人書〉七、八，民國三十年五月廿五已經輟講，三十一年一月起專力刻書），並呈請蔣委員長再予專款濟助……

【說明】熊復光，曾任復性書院董事會秘書，此文原載於《傳記文學》24：3（台北，1974.3）頁24-31。這裡節錄的是前面兩個小節（頁24～25）。

21.〈哲人與書簡介〉：馬一浮簡介　林寬鳳

一、《爾雅台答問（附續篇）》，廣文書局，200頁，60元。
二、《復性書院講錄》，廣文書局，400頁，100元。
三、《蠲戲齋詩全集》，自由出版社，400頁，200元。

右列三本書是在台灣僅可以買到的馬大師一浮的著作。馬大師本係隱居西子湖畔的一位高士。有中國正統儒者所應具備的詩教、禮教、理學三種學養。此外，對佛學之體驗及老莊之境界則別有慧悟。可算是中國近百年來唯一展現唯一代表中國哲學現代意義的哲人。《爾雅台答問》是收集一些語錄。

看此書可以揣摩一下如何建立自己的「道德意識」及「人生看法」。徐復觀說
這本書是「鎔鑄六經，鑪錘百代，以直顯孔孟眞精神的大著」。《復性書院講
錄》是抗戰時期在復性書院中爲弟子們所擬的講義。內容有（1）學規（2）
讀書法（3）通治群經必讀諸書舉要（4）群經大義總說──論語大義、孝經
大義、詩教緒論、禮教緒論、洪範約義、觀象巵言。前三項及論語大義可爲
初學者研讀。其他部份最好在《論》、《孟》、《學》、《庸》及《詩》、《易》均
有領會之後再下功夫研讀。（2）（3）對初讀中國哲學尚摸不著門徑之人是最
好的資料。《蠲戲齋詩全集》是一詩集，其序云：「詩以道志，志之所至者感
也。自感爲體，感人爲用。故曰：正得失，動天地，感鬼神，莫近於詩。」
所以他的詩雄厚壯闊、沉靜與諧樂，可以使人興起無比之感懷及玄遠之幽思。
一個哲人底情懷、涵養、人格、智慧具見於詩中。舉一首詩爲例：

> 樹靜深如海，晴天碧四垂；
> 一江流浩瀚，千聖接孤危。

【說明】林寬鳳（1951－，花蓮人），成大數學系畢業，目前（2014年）
是台北市妙寄子企管顧問有限公司負責人。他在大學四年級時（1974.5.31）
寫了這篇〈哲人與書簡介〉，自己刻鋼板油印（共七張），在校內的東方哲學
社辦了一個相同題目的演講會。文中第一個介紹的就是馬浮及其著作（第一
張），之後是熊十力、錢穆、唐君毅、牟宗三、方東美、懷德海、湯用彤以及
老莊禪學等。

據他說（2013.12.23），寫這篇文章的時候，他並不知道有藍吉富《當代
中國十位哲人及其文章》這一部書。他是在大二暑假回花蓮的時候，經由舊
日高中同學（唸當時中國文化學院的中文系或哲學系）的介紹才知道馬一
浮、熊十力的。當時他驚訝地發現，這位同學讀馬一浮、熊十力的書才一兩
年，竟然整個人氣質都變了。於是他也開始讀了起來，一頭栽進哲學世界裡
去。這就是他當年撰寫〈哲人與書〉介紹馬浮、熊十力等人的思想的因緣與
背景。

林寬鳳寫這篇〈哲人與書簡介〉辦演講會的時候，我正好唸成大工程科
學系二年級，也正好參加東方哲學社。我所以能知道馬浮，並閱讀馬浮的書，
便是從這個機緣開始的。

22.《六十年來之理學》（節錄） 曾昭旭

緒言

……理學家者，乃以心性的研究體驗為其學術之基礎，而歸本於孔子，且能全幅實踐於生命之中者……秉此基本之條件，以與西學相觀摩，始可能自為主宰，而成就涵攝西學之功也。本文即以此為標準，以進退民國來之學者。其能兼攝西學者，固深具時代之精神，而為本篇所尤取；即不甚能兼通，若於理學家之本義深造有成，自亦不能外而弗述也。

本文首節述「清末民初理學之復萌」，舉康有為、譚嗣同、梁啟超、章太炎四氏，以代表其時學術界受時代衝擊，而醞釀新學之象。而此四氏本身，則不得謂為合格之理學家也。

本文第二節至第七節，依次述馬一浮、梁漱溟、熊十力、牟宗三、唐君毅、錢穆六先生。其以馬一浮先生為首者，取其為傳統之儒之最後典型也。次以梁漱溟先生者，取其為新儒（新儒意指承受西方之衝擊，而有新之應酬路向者）之第一位開拓者也。次以熊十力先生者，以其與梁先生同時，而晚成於梁，且為新儒之最重要人物也。牟、唐兩先生為熊氏弟子，對中西文化，深有疏導之功，故以次焉，而牟先生與熊先生關係尤切，故又先焉。錢穆先生於哲學本身成就不大，然能以理學精神，全幅投注於其史學，故以殿諸後。復綜觀之。熊先生與馬、梁二先生嘗為講友，唐、牟二先生為其弟子，錢先生則與唐、牟二先生交誼甚厚，是亦可謂本文所述，直隱然以某一線索為主，獨以處此新學開創之時代，此線索尚未能凝成一流派耳。故所述諸氏之學，多不能明列其宗傳，然大體言之，於宋明儒多近陽明，於西方則多取康德等之唯心論耳。

……

二、馬浮

民國以來，純由傳統之途徑，為學修養，歸然自得，而成就為一醇儒者，厥為馬浮先生。

……（按：此處概述《復性書院講錄》全書內容）徐復觀先生著〈如何讀馬浮先生的書〉……謂其「都是扣緊中國文化精神純真的本質，及全相以立論，把中國文化精神，從歷史的夾雜與拘限中超脫出來，因而使讀者能與

其本來應有的面目照面。」此即其書之價值所在也。

　　至馬先生之思想，似未能有何新創，其用力所在，及比較有系統者，乃在關於文化哲學之思想。認為文化是精神之產物，因云：「全部人類之心靈，其所表現者不離乎六藝，其所演變者不能外乎六藝。」（泰和會語）六藝蓋不單指六經，實包羅萬象，該攝一切學術文化也。而上語換言之，即六藝本是吾人性分所具之事。故云：「性外無道，事外無理，六藝之道，即吾人自性本具之理，亦即倫常日用所當行之事也。亙古亙今盡未來際盡虛空界無須臾而可離，無一事而不徧者也。由是性之發用，而後有文化。」（講錄卷三）然性者心之德，性之發用，實即自本心流出。故云：「一切道術皆統攝於六藝，而六藝實攝於一心，即是一心之全體大用也。」「天地一日不毀，此心一日不亡，六藝之道亦一日不絕。人類如欲拔出黑暗而趨光明之途，捨此無由也。」（宜山會語）是馬先生之學，根本歸宿應在陽明。然馬先生又另有一極佳處，即其學問宏博，義理圓融而條理賅備也。故調和朱陸，若不費力。其言曰：「今明心外無物，事外無理，即物而窮其理者，即此自心之物，而窮其本具之理也。此理周徧充塞，無乎不在，不可執有內外。」（講錄卷一），其釋即物窮理，不謂之巧妙圓融不得也……（按：此處引賀麟、徐復觀、戴君仁的評論）是馬先生之圓融，不止為學問思想之圓融，實為全人格全生活之圓融矣。故徐復觀先生譽為代表中國文化「活地精神」之大儒，而賀自昭先生則許為代表傳統中國文化僅存之碩果也……

　　【說明】曾昭旭先生（我的碩士論文指導教授）的《六十年來之理學》，收在《六十年來之國學（四）：子學之部》（台北：正中書局，1974），頁 557～608。本書以熊十力為當代新儒家最重要的人物，認為馬浮只是「純由傳統之途徑，為學修養，蹴然自得，而成就為一醇儒」的型態，只是「傳統之儒之最後典型」；這自然是從當代新儒家熊、唐、牟一系的立場對馬浮思想所做的定位和評論。

23.〈戰火下的弦歌：梅光迪與浙江大學〉（節錄）　宋晞

一、前言

　　民國二十六年七七抗戰開始以後不久，在全國多數大學因時局關係而西遷之中，杭州的浙江大學亦隨著東戰場戰局的急變而自那一年的十一月十一

日開始撤離杭州，西遷的途徑，是一遷建德（浙江），再遷泰和（江西），三遷宜山（廣西），四遷遵義與湄潭（貴州）。

梅光迪先生於民國二十五年應浙江大學聘請，擔任文理學院副院長，兼外國文學系主任。二十七年七月被選任爲國民參政員。二十八年浙大文學院獨立，梅先生任院長，直到他於三十四年十二月廿七日病逝爲止。梅先生的家書……內容很廣泛，對時局的看法，尤其對浙大師生的戰時生活多所描繪。（原註：《梅光迪先生家書集》已由中國文化大學出版部於本年六月出版）茲就讀後感想，述之如下。

二、浙大在泰和

浙大自浙江建德遷往江西，初在吉安白鷺洲的吉安中學上課一個月（廿七年一月十八日至二月十八日），以結束第一個學期的學業。然後遷至泰和縣南五里之上田村的大原書院、華陽書院與新村、老村的臨時校舍。在泰和鄉間約八個月（廿十七年二月十八日至十月八日）。（原註：見李絜非撰浙江大學西遷紀實，民國二十八年在廣西宜山出版，頁 11～15。）……

說到泰和的生活環境，他（按：此指梅光迪）說：「鄉間一片新綠，非常可愛，氣候仍冷，田間充滿人肥味，所以散步其間，頗不好受……本地人很友善，但很懶惰，菜農在雨天不願賣菜。豬肉很少……這裡沒有水果，所以從未嚐過。蚊子來去很快，天未黑前就要點上蚊烟香。」（原註：四月十一日函，頁9；五月廿四日函，頁25～26）……又說：「每人在此厭惡單調的鄉村生活，吃變化很少的伙食，到處都是骯髒、潮濕與臭氣，許多小孩因此而易得病。」（原註：頁17）

三、馬一浮、柳詒徵相繼到校講學

在泰和期間，浙大很幸運的請到兩位大師，一位是杭州馬一浮先生，時年五十六歲，當蔡元培長北大時，屢次邀他去任教，沒有成功。二十六年蔣委員長邀他到南京談話，亦被婉拒。浙大也曾邀請，亦遭拒絕。二十七年二月忽然函竺校長，願爲戰時難民。梅先生說：「馬氏任教與一般教授不同，他發表公開演講，每週二、三次，師生均可去聽。經過甄選的學生，可以到他寓所討論，每週一、二次。他是位大學者，校長座車也供他使用。」又說：「我與他在杭州相識，他知道我是因爲看過我在《學衡》上發表的文章。他對現代知識也很豐富，三十年前曾留學美國。他能來校任教，在這艱難時期是我

們最大的幸福。」（原註：以上見四月二日函，頁 5～6。）他說到馬先生演講的盛況，當時竺校長與文理學院院長胡剛復先生都因公到漢口去了，演講會由他來主持，聽眾達二百多人，講堂容量有限，有些人只好站著聽。在講演開始前，他宣佈幾點：「一、當馬先生進來，大家必須起立，俟馬先生坐下，大家才能坐下；二、任何人不得發出交談聲音，否則即被請出室外；三、當講演完畢，馬先生離開時，大家必須起立，俟講演者先走，大家才能次第離開。」（原註：見四月十一日函，頁 10～11。）他以大家都能遵守此一規定而高興，希望因馬先生的出現，使年輕的一輩在道德教育上發生影響。馬先生講「六藝要旨」，爲期一年，後來入蜀講學。浙大的校歌歌詞就是出自馬一浮先生的手筆。

……

【說明】本文原載於《聯合報》副刊，1980.8.20-22；爲「漢學會議學人專輯」系列文章之一。作者宋晞於抗戰時期是浙江大學的學生（據作者文中自述，他在龍泉分校唸了兩年，在遵義唸了三年）。

24.〈馬一浮主復性書院〉（節錄）　阮毅成

抗戰勝利之次年，劉百閔兄到杭州見訪，謂馬一浮先生主講之復性書院，原在四川樂山，茲擬遷至杭州，請爲覓一院址。我以馬先生爲當代大儒，又爲浙人，理應效力。惟杭州經過八年抗戰，日人不但未曾新建任何房屋，且因戰時缺乏木材，將若干大宅拆毀。欲求一屋，實非容易。我在戰時，向省府會議提出設立省通志館，聘余越園（紹宋）先生任館長，甫從雲和大坪，遷來杭州，由我囑杭州市政府借裏西湖楊莊爲館址。館主人因希望佔住之軍隊，能早日移走，勉爲同意。楊莊隔壁爲葛蔭山莊，謂在葛嶺之下，亦有軍隊住用，我仍囑杭州市政府與屋主洽借。屋主聞可使軍隊移走，並可由書院自行修繕，當表歡迎。於是書院各董事，如周惺甫（鍾嶽）、陳藹士（其采）、壽毅成（景偉）諸先生，均對我表示感謝，並陪同馬先生到杭，住入莊內。此後，百閔兄數次來杭，亦均住書院內。

余越園先生與馬一浮先生原係相識，惟往來不多。通志館與書院既爲比鄰，遂成爲好友。於是圖史互校，相得極歡。我常於晚衙散後，過裏西湖，訪二老閒談……

【說明】阮毅成《靜遠書屋雜記（八十）：馬一浮主復性書院》，世界新聞專科學校《小世界（週報）》979 期（台北，1983.10.1）。

25.明允中談復性書院書兩封　明允中

之一

又銘先生：承詢馬先生與書院種種，四十年前，中在渝時曾受命兼辦書院承轉公文事務（約自廿九至卅四年），其間雖亦曾多次請益，並承先生諭勉，終以根基不深，所得者少，實不足以知　先生。卅四年春，　先生約往書院專辦與馬叔平先生合作傳刻故宮舊籍，並爲安排工作住處，不意日寇投降，歸心已動，遂留函　先生作別。卅五年春，謁　先生於杭州。承告以年老身疲，書院事務已趕辦結束，來學之士均以婉言謝絕，悵悵而別。卅六年，復往杭州爲先生辦理書院部份事務。迄卅八年來台，即未通音問。關於已刻之書，約如尊札所記。《春秋胡傳》似爲最後，係用四號鉛字排印線裝，　先生意極不懌。書院除馬先生主講外，熊十力、歐陽竟無、趙堯生、謝无量諸先生均曾作短期講學。院務由王星賢、張治平、沈敬仲先生等爲之協助。講授科目約爲講錄。當時經費雖由教部專款指撥，　先生雅不欲以院長自居（僅負主講名義），故一切承上啓下皆由董事會代爲經辦。卅四年十月，中請假離渝，業務交由虞念祖先生（按：應即虞逸夫，見下一則資料）接辦，其中頗多　先生所提設院之意見，極爲珍貴。復員之後，此一代文獻則不知歸於何所矣。　先生所賜個人之法書字幅，卅八年來台遺置故鄉未能攜出。先生法書名滿寰中，抗戰後期曾願以鬻書完成刻書素願，想多有留布，此間庋藏之家或有存者。創院之事，當時教育部長陳立夫先生全力贊助。以體制特殊，經費及膏火之費均曾予教部相當困擾。故今日知其事者，宜莫若陳公矣。事隔數十年，記憶容有不眞之處，參酌熊復光文可得梗概……專復即候　年釐
明允中拜　一、廿三（1984.1.23 來函）

之二

又銘先生：來函敬悉，承詢各節，以事隔多年再無接觸，未便謬加斷決，謹就記憶所及，簡陳如下——

附來二書題簽皆非湛翁題簽，似爲書商另行之印本。《儒林典要》第二輯

當時並未見付印。《胡傳》鉛印本體型較大，似爲十六開本，每頁天地空幅甚
廣，全不同於《講錄》。當時因絀於印費，且所用爲洋連史紙，故極爲湛翁所
不喜。湛翁詩集似皆無書院印行字樣，或爲鬻書所得自行刻印者。至所提院
生之名與字，以未識其人，故未便指實。惟一般習慣，列名書冊中者皆爲名
而非字，則楊蔭林應爲名。以張、王二君皆署名，可知其餘三楊宜皆爲名而
非字，以皆爲問學之人也。當時院友列名請領膏火者約數十人，自備生活及
通訊往來者亦百數十人，《答問》所載者實居少數而已。卅五年六月，李季谷
先生來台接長台範學院，曾囑中爲其開列書目。書院所刊書目，似已多采列，
無妨前往一查。率復乞諒，順頌　學祺　明允中敬復　三、廿八（1984.3.28 來
函）

　　【說明】明允中於抗戰時期擔任中央宣傳部中國文化社文書組長，曾兼
辦復性書院董事會業務。來台後任教於靜宜女子文理學院（今天的靜宜大
學）。我在撰寫碩士論文《馬浮研究》期間，曾幾次寫信請教他有關復性書院
的若干問題，上面這是他的兩封回信。

26. 〈近代名書家馬一浮先生軼事〉（節錄）　虞逸夫

　　……

　　公少有令聞，湯壽潛先生妻之以女。婚後情好甚篤，惜湯夫人妙齡早世，
未諧白頭之願。公傷悼之餘，感觸過深，竟不再婚。人問其故，公曰：「人命
危淺，眞如朝露，生年歡愛，曾無幾時。一旦溘逝，轉歡成悲，積愛增傷，
徒長煩惱，他無所得。吾見室人臨終時之慘象，怵目驚心，不忍久睹，自此
遂無復續娶之意。」故老人畢生無妻孥家室之累，見素抱一，捨俗遊玄。翛
然塵網之外，沉浸典籍之中。坐進此道，獨有肆志之樂……至其精研佛乘，
咀華味眞，融貫儒釋，自成一家之學，則與早年喪妻，實有微妙之因果關係，
世人罕有知者。

　　屈映光先生嘗謂：「民國初年，我自山東解職（山東省長）歸杭，慕湛翁
名，每欲一識其面。自惟風塵俗吏，復恐造次不見接納。乃與其姊夫丁君謀：
選風日清麗之辰，邀其共遊西湖，我則豫俟于湖心亭，若邂逅相遇者。至期，
果見翁徐行而來，步履從容，修髯垂膺，儼然長者。及通問訊，乃知翁年才
與我齊。始悟湛翁名高，非關年長，實由德尊。」

馬公美鬚髯，蓄鬚甚早。其起因尚有一段趣聞，則鮮爲人知，復性書院副院長沈敬仲嘗爲我言之：「清朝末葉，曾將一批珍貴文物運往英國展覽……聞公不獨學識淵博，又精通英語……爰特聘公爲代表團顧問。其時公方當盛年，出國時西裝革履，彌見英爽。無如在展覽會上，英方人士皆少之，往往誤呼其爲「僕孩」，公以爲大辱。從此憤而蓄鬚，終生更不一剪。」……
……

山城多霧（按：這是就樂山復性書院來說的），偶爾澄霽，心目爲之一豁。馬公辰（按：疑當作「晨」）餐後意興頗佳，出其祖遺宋人山水畫一幀，邀余及沈敬仲共賞。值周鐘岳院長（按：應是周鍾嶽，當時的復性書院院長）來訪，亟嘆妙品。收畫已，即商談書院東遷後之規畫。公擬于講論之暇，別纂《玄籍舉要》一部，以配《儒林典要》。書目已定，有《肇論》、《宏明集（按：應爲弘明集）》、《支道林集》等二十餘種。周贊爲不朽盛事，願力襄其早日成書，以惠後學……

【說明】虞逸夫也當過復性書院董事會秘書。本文原載於香港《書譜》1987 年第一期（總 74 期）頁 30-32。文中提及馬浮有意編纂《玄籍舉要》（屬佛學叢書性質）來搭配《儒林典要》，這個構想在〈復性書院擬先刻諸書簡目〉中並沒有呈現出來。所以這應該是值得注意的一個補充資料。

27.〈抗戰時期產生的新教育機構〉（節錄）　朱匯森

壹、前言

一、新教育機構產生的背景

……戰時教育應國防與建設並重，戰時與戰後兼顧。因此政府除調整各大學院系課程、充實設備外，並改革國民教育制度，試辦六年制中學，設立師範學院，又核准設立復性書院等研究經學的學術機構。
……

柒、人才教育

這裡介紹幾所新教育機構，包括難童天才教育的育才學校，專爲升入大學準備的六年制中學，及精研中國經學的復性書院。
……

三、復性書院

中國固有文化的重新估價，在抗戰時期頗為一般人所注意。戰時教育方針第六條：

> 對於吾國固有之文化精神所寄之文史哲藝，以科學方法加以整理，以立民族之自信。

其時政府對中國固有文化的提高不遺餘力，除在各級學校注重文史地教育外，民國二十八年六月，教育部頒布「私人講學機關設置辦法」六條，其中規定書院及類似書院的私人講學機關設立的條件為：

（一）主持人在學術上有特殊貢獻，資望品格為海內所宗仰者。

（二）不違背三民主義。

（三）經教育部學術審議委員會投票通過者。

（四）學生須大學畢業或同等學歷者。

（五）有充足之資金者。

教育部訂頒了此項規定，書院在制度上才獲得法定的地位。

復性書院院址設於四川嘉定烏尤寺，於民國二十八年九月開學，主持人為馬一浮先生。該院宗旨在講明治術（按：應為「經術」），注重義理，使學生知類通達，深造自得，養成剛大眞固（按：應為「貞固」）之人才。凡志願入學者，不限年齡資格，但須經主講知友介紹。如係大學畢業的，由其本校學科教授介紹；如係從事教育事業的，由其主管機關證明；無人介紹或證明者，亦可逕自申請，惟須具書自陳志願，詳述求學經過，並附所作的文章，請受甄別。經過該院審查，如認為可以造就，即通知來學。初入校時一律為預備生，經兩個月的考察，才得選取為正式生。入學後不納學費，並可領取若干津貼。

該院分通治及別治兩門，課程分為三類：

（一）詩、樂為一類，爾雅、說文附入，現代的文藝、文字、語言諸學並屬之。

（二）尚書、三禮為一類，名、法、墨三家附入，現代所稱的政治、法律、經濟諸學並屬之。

（三）易、春秋為一類，道家附入，現代所稱的哲學、形而上學、倫理學、社會學、經濟諸學並屬之。

讀書法亦有四門：（一）通而不局，（二）精而不雜，（三）密而不煩，（四）

專而不固，都是對時下流弊，痛下針砭。該院指定所讀之書，多為經、史、子、集，學生按照必讀書目，分程研讀，每月呈繳箚記及論文，由講師批正。此外定期請講師開講，揭示綱領，抉發要義，並備學生的質疑問難。這種自學方法，學生自可收到宏效。

該院成立兩年，因為經費困難，學生散歸，以後僅以刻印先賢遺書鉅製為主要工作。每部收回工本費，價格低廉，以廣流傳。此時該院已由講學機構轉變為刻書印行機構，對於文獻的保存與推廣，未嘗沒有相當的貢獻。

【說明】本文原載於《國史館館刊》復刊第二期（1987.6）頁1～34，係作者朱匯深（1943年任教育部視導員，1978任教育部部長，1984任國史館館長）在國史館第23次史事紀要編纂座談會（1987.4.23）上所作專題演講的講稿。文中自述，這篇講稿是根據四十多年前的舊作節刪補綴而成的。跟《第二次中國教育年鑑》一樣，本文也是教育界人士從全國教育發展史的視野來考察，並且都是將復性書院作為當代私人講學機關的唯一代表來介紹的。